新时代饮食文化与营养健康

张娜 许倩 黄英 著

天津

图书在版编目(CIP)数据

新时代饮食文化与营养健康 / 张娜，许倩，黄英著. —— 天津：南开大学出版社，2025.9. -- ISBN 978-7-310-06750-3

Ⅰ．TS971.202；R155.1

中国国家版本馆 CIP 数据核字第 2025BG1794 号

版权所有　侵权必究

新时代饮食文化与营养健康
XINSHIDAI YINSHI WENHUA YU YINGYANG JIANKANG

南开大学出版社出版发行
出版人：王　康
地址：天津市南开区卫津路 94 号　邮政编码：300071
营销部电话：(022)23508339　营销部传真：(022)23508542
https://nkup.nankai.edu.cn

天津泰宇印务有限公司印刷　全国各地新华书店经销
2025 年 9 月第 1 版　2025 年 9 月第 1 次印刷
240×170 毫米　16 开本　14.5 印张　236 千字
定价：42.00 元

如遇图书印装质量问题，请与本社营销部联系调换，电话：(022)23508339

内容简介

　　本书是一部深入探讨现代社会饮食文化及其对健康影响的学术著作。全书通过分析新时代饮食文化的背景、演变及其特征，详细阐述了传统饮食文化的传承与创新，并结合现代饮食模式与健康问题的关系，揭示了饮食对身体健康、慢性病的影响。书中还讨论了营养学基础、健康饮食的原则，以及饮食对心血管疾病、糖尿病和肥胖症的防治作用。此外，本书也关注食品安全问题，探讨了全球化背景下的食品安全挑战与中国的应对策略。同时，作者深入分析了饮食文化与环境可持续性之间的联系，提出了改善饮食习惯、预防疾病的策略。最后，本书还展望了现代饮食科技对饮食文化和健康管理的深远影响，探讨了基因营养学和数字化健康管理的前沿进展。通过全面的理论分析和实践探讨，本书为读者提供了对新时代饮食文化和营养健康的深刻理解，以及如何通过科学饮食促进健康和可持续发展的见解。

前　言

民以食为天，在 21 世纪，随着全球化进程的加速和社会的多元化发展，人们的饮食观念、饮食文化以及饮食方式都发生了深刻的变化。传统的饮食文化与现代饮食文化之间的碰撞与融合，不仅改变了人们的日常生活，也对健康、环境以及全球食品产业产生了深远的影响。在这个变革的时代，饮食不仅仅是为了满足生理需求，它已经成为个体健康、文化传承、社会发展和环境可持续性等多重因素交织的产物。

一、本书的创作背景

饮食文化作为社会文化的重要组成部分，涵盖了人类在食物选择、食物加工、饮食礼仪等方面的智慧和创造。它不仅反映了一个民族的历史传承，也体现了人们对美好生活的追求。然而，随着现代化进程的推进，尤其是全球化带来的饮食多样化与快节奏生活方式的盛行，传统饮食文化面临着严峻的挑战。如何在保持传统饮食文化精髓的同时，适应现代社会对健康饮食的需求，是我们亟须思考的问题。

与此同时，现代饮食的健康问题也引起了广泛的关注。从快餐文化的普及到过度加工食品的流行，人们的饮食结构逐渐发生了改变，肥胖、糖尿病、心血管疾病等慢性疾病的高发率，已经成为全球健康问题的突出表现。这些健康问题的产生，与现代饮食方式中的高热量、高糖分、高脂肪等因素密切相关。如何通过科学的饮食管理，改善饮食结构，预防和控制慢性病，已成为全球各国共同面临的挑战。

在这个背景下，新时代饮食文化不仅要求我们重新审视饮食与健康之间的关系，还需要我们关注饮食文化的创新与可持续性发展。从全球化的角度来看，不同文化背景下的饮食习惯和饮食观念的碰撞与交流，形成了跨文化的饮食融合。这种融合带来了新的饮食理念，同时也促使人们反思传统饮食文化的价值和意义。在此过程中，饮食文化逐渐从一种纯粹的生活方式，向社会、环境和健康等多维度的复杂系统转变。

本书正是在这一背景下应运而生。本书旨在探索新时代饮食文化的演变与发展，分析饮食文化对现代健康管理的影响，并结合现代饮食科技与个性化饮食的最新研究成果，提出优化饮食结构、改善健康状况的可行策略。在此过程中，我们不仅关注饮食文化的传承与创新，还深入探讨饮食健康与环境可持续性之间的关系，力求为读者提供一个全面、系统的饮食与健康的理解框架。

二、本书的创作结构

（一）饮食文化的演变与现代饮食问题的挑战

饮食文化作为文化的重要组成部分，不仅涉及食物本身，还包括人类与食物之间的关系、食物消费的方式以及食物背后的文化符号。随着全球化的加速，不同地区、不同民族的饮食文化不断交融与碰撞，这不仅丰富了现代社会的饮食多样性，也带来了饮食方式的迅速变化。在传统饮食文化中，食物的选择往往受到地域、季节、宗教等因素的影响，具有较强的地方性和历史性，而现代饮食文化则表现出高度的全球化、便捷性和高效性。

在全球化的背景下，西方快餐文化的传播对世界各地的饮食习惯产生了深远的影响。尤其是在发展中国家，快餐文化的兴起带来了饮食结构的改变，传统的家庭餐饮模式逐渐被外卖、速食等便捷饮食方式所替代。这种转变虽然在一定程度上方便了人们的生活，但也带来了不容忽视的健康问题。随着快餐和加工食品的普及，人们的热量摄入过多，营养结构失衡，导致肥胖、糖尿病、心血管疾病等健康问题日益加剧。

面对这一现象，如何在全球化饮食文化的背景下，保持传统饮食文化的精髓，并结合现代营养学的研究成果，构建符合新时代需求的饮食文化，成为当前饮食领域的重要课题。

（二）传统与现代饮食文化的融合与创新

传统饮食文化的核心在于对自然、食材的尊重以及饮食方式的细腻与讲究。许多传统饮食习惯有着悠久的历史，往往承载着丰富的文化内涵和社会功能。比如，中国的"食养文化"注重食材的搭配和烹饪方法，提倡"药食同源"；而地中海饮食则强调蔬果、鱼类和橄榄油的摄入，符合现代营养学对健康的要求。

然而，随着现代化进程的推进，传统饮食文化面临着被边缘化的风险。现代快节奏的生活方式和便捷的饮食选择，使得传统饮食文化中的许多精华逐渐被忽视。为了在全球化的浪潮中保持文化的多样性和传统的价值，饮食文化的创新与本土化改造显得尤为重要。这不仅意味着对传统饮食文化的传承，更包括如何在现代饮食观念的指导下，对传统饮食方式进行创新与融合。

例如，许多餐饮企业已经开始根据现代健康理念对传统菜肴进行改良，通过降低盐分、油脂和糖分等，同时增加蔬菜、豆类等富含膳食纤维和植物蛋白的食材，打造出既符合现代营养需求又保留传统风味的健康饮食。此外，传统的饮食方式也可以通过现代化的烹饪技术和设备进行改造，以便更好地满足快节奏生活方式的需求。

（三）饮食与健康：从文化到科学的转变

饮食与健康的关系自古以来就为人们所关注，但在传统文化中，饮食更多的是一种经验性的总结和生活习惯的传承。现代营养学的兴起，使得饮食与健康之间的关系变得更加科学和系统。营养学的发展为饮食提供了理论依据，帮助人们理解不同食物的营养成分、摄入量与健康之间的联系，从而有助于优化饮食结构，预防和治疗多种健康问题。

现代饮食问题的突出表现就是慢性病的高发，尤其是肥胖、糖尿病、高血压等疾病，这些健康问题与不良的饮食习惯密切相关。通过科学的饮食管理和健康教育，人们可以更好地预防这些疾病的发生。然而，尽管现代营养学提供了理论框架，但如何将其与传统饮食文化结合，如何通过创新饮食文化解决当代的健康问题，仍然是一个亟待探讨的课题。

三、本书的创作目标

本书通过多角度的分析，探讨了新时代饮食文化的背景与演变，研究了传统饮食文化在现代社会中的传承与创新，分析了现代饮食方式带来的健康问题，并结合饮食文化与健康管理、食品安全、环境可持续性等多方面内容，提出了改善饮食结构、预防疾病的策略和方法。

本书的目标是通过深入的理论研究和案例分析，帮助读者全面理解新时代饮食文化的内涵与发展趋势，认识到饮食对个人健康、社会发展及环境的深远影响，并为构建更加健康、可持续的饮食文化提供参考与借鉴。

通过本书的阅读，读者不仅能够理解饮食文化的演变过程，还能够在现代生活中更加理性地对待饮食，作出有利于健康的饮食选择，为提升整体社会的健康水平贡献力量。

本书由塔里木大学张娜、许倩、黄英撰写。具体撰写分工如下：张娜负责撰写第一章至第四章，许倩负责第六章，黄英负责第五章和第七章。由于作者水平有限，加上时间仓促，书中的疏漏和不足在所难免，恳请各位读者提出宝贵意见和建议，以便今后修改完善。

本书的出版，得到了兵团科技计划项目"尖果沙枣 NEP 活性成分及其促进肠道健康机制研究"（2024DA045）、塔里木大学本科专业建设项目"食品卫生与营养学"（XBZYXJ202502）和塔里木大学一流课程建设项目"食品营养学"（TDYLKC202515）的支持。

作者

2025 年 3 月

目 录

第一章 新时代饮食文化的背景与演变 ……………………………… 1
第一节 饮食文化的定义与发展 ……………………………………… 2
第二节 全球化与饮食文化的碰撞 …………………………………… 11
第三节 新时代饮食文化的特征与趋势 ……………………………… 16

第二章 传统饮食文化的传承与创新 …………………………………… 23
第一节 传统饮食文化的核心要素 …………………………………… 24
第二节 传统与现代饮食观念的融合 ………………………………… 32
第三节 传统饮食文化的创新与本土化改造 ………………………… 39

第三章 现代饮食模式与健康问题 ……………………………………… 51
第一节 现代饮食模式的特点与变迁 ………………………………… 52
第二节 现代饮食中常见的健康问题 ………………………………… 57
第三节 现代饮食方式对身体健康的影响 …………………………… 68

第四章 饮食与慢性病的关系 …………………………………………… 85
第一节 营养与动脉粥样硬化 ………………………………………… 86
第二节 营养与糖尿病 ………………………………………………… 91
第三节 营养与痛风 …………………………………………………… 96
第四节 营养与骨质疏松症 …………………………………………… 102
第五节 营养与癌症 …………………………………………………… 106

第五章 饮食文化与食品安全 …………………………………………… 113
第一节 饮食文化对食品安全的影响 ………………………………… 114

第二节　食品安全对饮食文化的反哺 …………………………… 124
　　第三节　构建安全与健康的饮食文化路径 ……………………… 131

第六章　饮食健康与环境可持续性 …………………………………………… 141
　　第一节　环境变化对饮食文化的影响 …………………………… 142
　　第二节　可持续饮食理念与实践 ………………………………… 154
　　第三节　改善饮食习惯预防疾病的策略 ………………………… 168

第七章　现代饮食科技与健康管理 …………………………………………… 181
　　第一节　食品科技的发展与饮食文化的变革 …………………… 182
　　第二节　基因营养学与个性化饮食 ……………………………… 195
　　第三节　数字化健康管理与饮食监控 …………………………… 207

参考文献 ………………………………………………………………………… 219

第一章

新时代饮食文化的背景与演变

随着全球化进程的加快，饮食文化逐渐成为一个多元交织、相互影响的复杂现象。新时代的饮食文化不仅承继了传统饮食的精髓，还在全球化背景下与不同地域、不同民族的饮食习惯碰撞与融合，形成了新的饮食理念和消费模式。本章将通过深入分析饮食文化的定义及其发展过程，探讨全球化对饮食文化的深刻影响，以及新时代饮食文化的独特特征与未来趋势。随着科技的进步和社会生活方式的变化，新时代的饮食文化呈现出更加多元化、健康化、便捷化的特点，反映了人们对饮食安全、营养健康及环境可持续性日益增长的关注。

第一节 饮食文化的定义与发展

一、饮食文化的概念

（一）饮食文化的定义

在漫长的人类社会发展进程中，饮食早已超越了单纯的物质需求，逐渐发展成为一种物质文明与精神文明深度交融的社会文化。饮食不仅是日常生活的基本组成部分，也是社会文化的一个重要体现。对于饮食文化的研究，最早起源于日本和欧美等地；而在中国，饮食文化作为一个独立的研究领域，大致始于20世纪。孙中山先生从科学的角度对民族饮食文化进行了探讨，认为饮食文化体现了社会和文明的进步水平[1]。特别是在《中餐文化：一个人类学与历史学视角》一书出版之后，中华饮食文化开始在学术领域得到系统而科学的研究。[2]

饮食文化的定义可以分为广义和狭义两种。蔡晓梅、司徒尚纪等学者在饮食文化研究方面具有较高的学术影响力，他们认为饮食文化是在特定自然环境与历史人文环境相互作用下，围绕饮食所形成的一系列行为规范及文化实践[3]。

---

[1] 赵荣光.中国饮食文化概论[M].北京：高等教育出版社，2003：4-19.
[2] K. C. Chang. Food in China [M]. New Haven, CT: Yale University Press, 1977.
[3] 蔡晓梅，司徒尚纪.中国地理学视角的饮食文化研究回顾与展望[J].云南地理环境研究，2006（05）：83-88.

在《中华饮食文化史》一书中，亚洲食学论坛主席赵荣光将饮食文化定义为：包括食物原料的开发与利用、食品制作和饮食消费过程中的技术、科学、艺术等内容，以及以饮食为基础的习俗、传统、思想和哲学。这一概念指出，饮食文化是人类在生产与生活中通过饮食表现出的种种方式、过程和功能的总和。赵荣光教授被视为中国饮食文化与食学研究的先驱，他的著作和研究成果广泛应用于国内数百所院校，学术界也普遍认可他总结出的"赵氏理论"。其他学者，如乔淑英等人，也提出了类似的饮食文化定义，并与赵荣光的理论相一致①。

从文化学的角度来看，饮食文化是一种社会实践，它体现了人类的生产方式和生活方式的多样性。饮食不仅仅是物质需求的满足，更与人类的精神生活密切相关。食物的选择、烹饪方法和餐桌上的仪式感，都是文化身份的重要体现。饮食文化通过语言、符号、传统以及社会习俗传递着某个群体的文化价值与认同感。例如，中国的"食不厌精，脍不厌细"，不仅仅是对饮食的要求，更是对精致生活态度的文化表征。

从社会学的角度来看，饮食文化被认为是群体认同的一部分。每种文化的饮食习惯都有其深刻的社会根源。饮食不仅仅反映了对食物的需求，更是群体成员之间建立联系和互动的方式。餐桌上的集体聚会，常常被看作家庭和社会结构的一种反映。在不同的社会环境下，饮食文化也会呈现出不同的功能，如对社会地位的象征、对传统的遵守以及对现代化进程的适应。

总体而言，中国的大多数学者普遍认同饮食文化的定义为：围绕饮食这一核心展开的，涵盖其延伸的产物、行为、社会心理及现象等多个方面的文化体系。这一文化体系不仅包括食物的摄取与饮用，也涵盖了哲学、美学、伦理学等领域的思想与价值观。饮食文化具有极高的包容性和丰富的内涵，本质上是人类对物质与精神生活的追求，以及对美好生活的向往的体现。它蕴含了某个地区、民族对滋味、情感、伦理等方面的独特理解和感受。随着相关研究的深入以及研究队伍的不断扩大，现今已经涌现出

---

① 乔淑英.中国饮食文化概论[M].北京：北京理工大学出版社，2011.

大量关于饮食文化历史发展、内涵、文化要素、特征及应用的研究成果。

（二）饮食文化的主要内容

在《从传统文化看中国饮食》一文中，王玉光揭示了中国饮食文化在精神层面的主要分类，包括精神文化、生命文化、比较文化，同时也分析了其物质层面的显著特点，如食物原料的多元性、饮食品种的丰富性以及烹调方法的多样性。

李维冰和华干林对饮食文化的内容进行了广泛的列举，指出其涉及食物制作及食用的观念、知识、技术、方式、习俗和制度等多个方面。此外，还包括诗文、绘画、影视以及茶器、酒具、餐厅装潢等形式的表达，这些都展示了饮食文化在物质、制度、观念和行为层面的广泛涵盖。蔡晓梅和司徒尚纪认为，饮食文化包含了与饮食相关的所有物质层面和精神层面内容。在物质层面，主要表现在饮食来源、食物加工、饮食结构、餐具器皿、色香味形的搭配，以及饮食团体和饮食方式等方面；在精神层面，则包括与饮食相关的政策、饮食观念、饮食卫生与保健、饮食理论，以及宗教、祭祀、人生礼俗、人际交往、岁时节庆、艺术等领域中的饮食文化现象。杨铭铎则将饮食文化的内容归纳为三个主要层面：以食物为核心的物质层面、组织饮食行为的制度层面（如规格与礼仪），以及引导饮食活动的精神追求层面。

通过对学界代表性饮食文化著作的解读，我们可以看出，不论是按照地域、流派、年代等时空划分，还是对不同饮食类别的文化分析，学者的研究思路通常都围绕这些内容要素展开。例如，赵荣光在《中国饮食文化史》中从食物加工与烹饪、饮食礼俗、食物原料、饮酒器具、主食菜品和膳食结构等多个层面，详细梳理了中华民族五千年来饮食文化的发展脉络；王学泰主编的《中国饮食文化史》和《华夏饮食文化》，通过食物原料、礼乐习俗、烹制技艺、饮食活动等方面，讲述了中国古代饮食文化的历史演变及各省的饮食特色；修宇和郭晓赓编著的《饮食文化概论》，通过分析典型的中西方饮食文化，涵盖了生产、生活、食事活动、营养膳食、餐桌礼仪、饮食旅游及宗教食俗等方面，构建了较为完整的饮食文化概述。

二、中国饮食文化的发展

作为世界四大文明古国之一，中国以其高度发达的物质与精神文明，深刻影响了人类历史的发展进程。尤其是中国丰富多样、工艺精湛的烹饪技艺和由此形成的饮食文化，不仅有着悠久的历史和丰富的内涵，是各个朝代社会进步的象征，也是世界饮食文化的重要组成部分。正因如此，中国被誉为"烹饪王国"，并且"吃在中国"已成为全球公认的事实。

（一）中国饮食文化的孕育期

中国饮食文化的孕育期始于原始社会。在这一时期，人类饮食逐步从生食向熟食过渡。火的使用是这一转变的关键，它标志着史前人类告别"饮血茹毛"的自然饮食方式。著名学者张光直认为，火的发明是中国饮食史上的第一个重大突破，虽然这一成就并非中国独有，但它使得直立猿人能够熟食肉类，进而对人类的生理构造产生深远影响。熟食不仅使直立猿人的牙齿和上下颚变小，脸型发生变化，还促使脑容量增加，智力发展，也因此被认为是人类进化的一个重要标志。

农业与畜牧业的发明是继火的使用后的另一个重大突破。它们对中国饮食文化产生了深远的影响，南北方分别形成了以米饭、稻羹、鱼类、谷物、肉食为特色的饮食传统。与此同时，陶器、酒的发明，盐、蜜糖、食用油等调味品的使用，石磨盘、杵臼等工具的出现，炊事设备逐步完善，烹饪技术不断发展，都表明中国饮食文化的传统体系在史前时期就已经开始孕育。

（二）中国饮食文化的雏形期

夏商时期是中国饮食文化的雏形期。此时，农业和畜牧业在原始社会基础上得到了进一步发展，食材更加丰富，食品加工和储藏技术也取得了显著进步。出现了专门的粮库和食品储存方法，同时，随着"火食之道"的推广，饮食器具逐渐增多，炊事操作技巧也不断创新，形成了多样的烹饪方法。

在这一时期，饮食器具的种类和形态变得更加丰富，涌现出炊器、食器、食品加工器、储存器、水器和酒器等多个系列，每个系列又包括多种器具。可以说,"美食不如美器"的观念正是从这一时期开始形成的。

"食以体政"和"寓礼于食"是夏商时期饮食文化的两大特点。夏商的"礼政"特征,基于史前最亲切、自然的社会饮食习俗,并在此基础上逐步修饰完善,使之成为规范。无论是庶民家庭的饮食习惯,还是国家治理的大政方针,都贯穿了"礼政"理念。在此背景下,作为"礼政"核心的"食礼"也得到了高度重视。从菜肴的品类到烹饪的技巧,从进食的方式到宴席的安排,饮食礼仪的形式体现了鲜明的阶级差异与等级次序。贵族阶层之间通过饮食礼仪维护人际关系,并通过这种形式推广社会人伦规范,显示了原始社会对实际效用的重视。

(三)中国饮食文化的定型期

西周及春秋战国时期是中国饮食文化的定型期。在这一时期,食材的种类更加丰富,谷物品种基本完备,并且出现了"五谷""五畜""五菜"等概念。此外,南北方饮食的分野更加明显,主食的区域差异延续,而副食的菜肴口味也开始呈现南北不同的趋势。周代的"八珍"和《楚辞·招魂》中的菜肴,分别代表了北方和南方截然不同的饮食口味。

食品加工和烹饪技术得到了显著提升,古人已经积累了从食材选择、冷藏保存、主副食搭配到刀工、调味及火候控制的丰富经验。烹饪理论如"食不厌精、脍不厌细"和"和而不同"开始流行,宫廷菜、名菜以及宴席文化逐渐成形。席地赞食、乡饮酒礼、王公宴礼、餐前祭祀等饮食礼仪的建立,是这一时期具有划时代意义的成果,对当时及后世产生了深远影响。

追求饮食享受性和娱乐性是这一时期饮食文化的一个重要特点。受此思想的影响,"医食同源"的理念逐渐兴起,为食疗学的创立和发展奠定了坚实的基础。同时,饮食卫生也得到了广泛关注,诸如《周礼》《吕氏春秋·本味篇》《论语·乡党》和《黄帝内经》等经典文献都对饮食之道进行了阐述。

(四)中国饮食文化的发展期

秦汉时期是中国饮食文化的重要发展阶段。此时,食材更加丰富多样,张骞出使西域带回了葡萄、石榴、大蒜等十多种食物,并将葡萄酒的酿造技术引入中国。当时的人们在制作谷物类食物时,强调熟食及对作物进行去糠的粗加工，并在此基础上，衍生出多样化的主食制作方法。秦汉时期除炒法外，蒸、煮、烤、煎等都已经出现。而豆腐的发明、饮茶风气的兴起以及盐、酒专卖制度的开始，都是这一时期饮食史上的重要事件。特别是豆腐的发明，作为中国对人类文明的重大贡献之一，其不仅丰富了饮食内容，也为植物蛋白的利用开辟了广阔的前景。

汉代末期，中亚地区的面食传入中国，标志着中国饮食史的第三次重要突破。面食的引入，极大地提升了米、麦的使用价值。中国的传统主食由黍、粟为主转向以麦为主，面食的普及使中国饮食文化从"粒食文化"转向"粉食文化"，面食种类丰富，且已出现了发酵面点。

在秦汉时期，独立的厨房和厨房设备得到了快速发展，奠定了传统中国社会厨房的基本格局和厨事活动的基本程序。铁锅、炊具的使用以及炉灶的改革，都使得秦汉时期的饮食文化取得了飞跃性的发展。

此外，秦汉时期南北方饮食文化的差异进一步加深，形成了关中、西北、中原、北方、齐鲁、巴蜀、吴楚七大相对稳定的饮食文化圈。此时期的饮食生活中，社会阶级的差异愈加显著，宴饮活动成为主要的社交形式，并在时间和空间上展现出明显的差异。

（五）中国饮食文化的交融期

魏晋南北朝时期是中国饮食文化的交融期。在这一时期，饮食文化呈现出胡汉交融的特点。各民族将自己的饮食习惯和烹饪方法带到中原，从西域地区传入了胡羹、胡饭、烤肉、涮肉等烹饪技法；东南地区传入了叉烤、腊味等制作方法；南方沿海地区的烤鹅、生鱼等风味也进入了中原；而西南滇蜀地区则带来了红鱼等珍稀食材。这些不同地域的饮食风味极大丰富了魏晋南北朝时期的饮食文化多样性。

随着佛教的传播，素食逐渐流行起来。面食在民间得到进一步普及，并且种类不断增加；乳制品也开始出现在饮食中。烹调方法中，炒菜技术的发明和普及是魏晋南北朝时期饮食史上的一大进步。与煮、炖、蒸、煲等传统方法相比，炒菜的速度更快，能量消耗更低，能更好地保存食物的维生素，且做法更为灵活，成为中国传统烹饪中最为重要的技法之一。在这一时期，关于饮食的著作数量急剧增加，其内容从饮食原料、加工烹饪到饮食文化都有了系统的总结，显示出饮食学作为一门独立学科的初步形成。

（六）中国饮食文化的繁荣期

宋元时期是中国饮食文化的繁荣期。这个时期，饮食原料的来源进一步扩大，食品加工和制作技术也日益成熟。特别是在烹饪领域，取得了显著的成就。厨事分工愈加明确，厨师逐渐成为专业的民间人才群体，市场也日渐形成。烹饪技法不断创新，色、香、味、形的结合在食物中得到了充分展现，食品种类繁多、琳琅满目，令人应接不暇。饮食器具种类齐全，并向小巧、精致的方向发展，体现了工艺和美学的结合。

茶文化和酒文化在这一时期也得到了很大的发展，尤其是茶文化。宋代茶文化继承和发扬了唐代的传统，斗茶、点茶等活动盛行，使饮茶成为一种高雅的文化活动，受到了社会各阶层的喜爱。

饮食业在宋元时期迎来了前所未有的繁荣，打破了坊市的界限，酒楼、茶坊、食店等饮食场所遍布城乡，并实现了全天候经营。饮食业的行业特色愈加突出，优雅的环境布置、热情周到的服务、丰富多样的菜品成为当时经营者所追求的目标。

中外饮食文化的交流在这一时期也达到了前所未有的深度和广度。随着交流的频繁，饮食方式呈现多样化并存的局面。交流范围从邻近的东亚、东南亚扩展到北非、东非，饮食交流的内容远远超过了以往任何时期。

这一时期，饮食著作大量涌现，涵盖了饮食文化的各个领域。特别是茶学的研究成果，引人注目。文人、官僚、厨艺从艺者，甚至帝王、贵族和家庭主妇，都积极参与烹饪技艺和饮食理论的总结与完善。元代忽思慧的《饮膳正要》便是这一时期的重要代表作，这些饮食著作的出现，使中国古代饮食学逐渐成熟。

（七）中国饮食文化的鼎盛期

明清时期是中国饮食文化的鼎盛期。在这一时期，食品原料更加广泛，特别是玉米、甘薯、花生、向日葵、西红柿和马铃薯等食材的传入，极大地改变了人们的饮食结构。食品制作工艺渐趋成熟，形成了以味道为区分的菜系，并最终形成了苏、粤、川、鲁四大地方菜系。烹饪技法达到了登峰造极的程度,方法已多达上百种。食点的艺术化呈现进一步发展,不仅色、香、味、形、声、器六美俱全,工艺精细,且富于营养,名称典雅、富有诗意。此时的"满汉全席"标志着中国古代饮食体系的鼎盛。

明清时期的茶文化也在中国茶文化史上占据了重要地位。茶叶加工方法和饮茶方式经历了创新,明代兴起的炒青制茶法和沸水冲泡的饮法,被誉为"开千古饮茶之宗"。文人对饮茶的推崇,体现了当时茶文化的高雅精神,并反映了明清时期茶人的积极向上与洁身自好的品格。

在饮食思想和理论研究方面,明清时期也达到了新的高度。诸如《居家必备》《遵生八笺》《酒史》《随园食单》《素食说略》《中馈录》等一大批高水平饮食著作应运而生,涵盖了饮食的各个方面。这些著作标志着中国古代饮食学体系的形成,使饮食学成为综合艺术,涵盖了饮食的色香味形、饮食心态、食器与礼仪、保健与养生等多重文化内涵。

"满汉全席"是这一时期的代表性宴席之一,既有宫廷菜肴的精华,又融合了地方风味,体现了满族菜点的独特风味,包括烧烤、火锅、涮锅等,兼具汉族烹饪特色,如扒、炸、炒等,呈现了中华菜系的丰富多样。满汉全席最初是用于满汉官员宴会,席中涵盖了来自北京、山东、江浙、福建、广东等多个地方的菜肴,菜品达108道,分南菜和北菜。每道菜都有讲究的名称与精细的制作,宴席的规模宏大、礼仪庄重,呈现了中国古代饮食文化的瑰丽与深厚。

(八)中国饮食文化的转型期

近代鸦片战争至"中华民国"时期是中国饮食文化的转型期,表现在以下几个方面。

1. 食品原料的变化

除了传统的食品原料外,许多新型食材开始进入中国市场,包括生菜、洋葱、卷心菜等。这一时期,花生油、荷兰奶牛、法式葡萄种子等的引进,以及洋米、洋面、洋酒、洋饼干和洋罐头等的大量进口,打破了中国几千年来自给自足的基础食品原料结构,使得食品来源更加多样化。同时,烧碱、味精、食用香精等的使用,也使得传统烹饪变得更加便捷,味道更加鲜美。

2. 食品加工技术和工艺的变革

社会上逐渐出现了传统手工加工作坊和现代化机器食品加工厂并存的局面。一方面，传统的手工艺作坊生产的食品，以其独特的工艺和烹制手法受到老顾客的喜爱；另一方面，采用现代化生产工艺的食品大量进入市场，形成了一个多元化的食品加工工业和消费市场。

3. 餐饮业的发展

除了传统的老字号餐馆外，新型的饭店、酒楼和西式餐馆如雨后春笋般涌现，并逐渐成为主流。这些餐馆借鉴了西方的经营模式和创新的口味，吸引了越来越多的顾客，甚至有取代传统中式餐馆的趋势。为了适应这一变化，许多中式餐厅开始借鉴西式餐馆的做法，尤其是吸收西式烹饪技法，并将其融入自己的菜品体系，从而在中国传统的八大菜系之外，衍生出了新的菜系组合。

4. 饮料饮品的多元化

这一时期，除了传统的中国茶、酒和汤汁外，西方传来的汽水、咖啡、葡萄酒、啤酒等新型饮品也逐渐受到年轻人的青睐。西式饮料的兴起，反映了人们在潜移默化中逐渐接受了西方饮食文化，使得当时的饮料市场变得更加多元化。

5. 饮食器具的变化

随着西方饮食文化的影响，中国餐桌上的器具也开始多样化。光洁、美观、轻巧且耐用的西式餐具，如高脚酒杯、不锈钢餐具、搪瓷餐具等，逐渐进入中国家庭，成为中上层家庭的必备用具，进一步推动了饮食文化的现代化。

6. 饮食方式的转变

中国传统的进餐方式和程序开始受到西式饮食方式的挑战。西式分餐制因其卫生性而受到一些国人的推崇，尤其是西餐采用的先冷后热的上菜程序，也逐渐被许多中餐馆和家庭接受，从而大大缩短了中式宴会的进餐时间。

这一时期，随着西方现代文明的传入，中国饮食文化逐渐呈现出更加科学和卫生的发展趋势。中国不仅吸收了西方的烹饪技艺和饮食理念，还将本土的饮食文化逐步推向了欧美等地区，并凭借精湛的烹调技艺、美丽的菜肴造型以及独特的风味，在全球声名远扬，赢得了"烹饪王国"和"食在中国"的美誉。

第二节　全球化与饮食文化的碰撞

一、全球化背景下的饮食文化变化

全球化进程的加速（尤其是在经济、文化和信息流通的全球网络中），极大地影响了世界各地的饮食文化。随着国与国之间的联系日益紧密，食材、烹饪技艺和饮食观念的跨国流动不仅促进了多元饮食文化的交流，也改变了人们的饮食习惯和文化认同。

（一）**外来饮食文化的引入**

全球化推动了外来饮食文化的大规模引入，其中西式快餐和国际化餐饮品牌的扩展最为显著。西方的快餐文化，如汉堡、炸鸡、披萨等，已成为全球都市饮食生活的一部分。特别是在大城市和年轻人群体中，西式快餐不仅满足了便捷的饮食需求，也逐渐被当地消费者所接受和喜爱。跨国餐饮品牌，如麦当劳、肯德基、星巴克等，迅速在全球范围内铺开，它们通过标准化的产品和服务满足了全球消费者对快节奏、便捷、高效的需求。

然而，随着全球化的进程加速，很多国际餐饮品牌在进入本地市场时，通常会根据不同国家和地区的口味和文化特点进行本土化调整。例如，在中国，麦当劳推出了符合中国口味的米饭汉堡；而在印度，肯德基的菜单则不提供鸡肉以适应印度的宗教饮食习惯。这些餐饮品牌在本土文化的基础上作出了调整，既保留了原有的品牌特色，又迎合了当地消费者的需求，从而实现了全球化和本土化的双重适应。

（二）**跨国食品工业的影响**

跨国食品工业的扩展不仅带来了全球化餐饮品牌的传播，也促进了地方饮食文化与全球饮食文化的深度互动。在全球化的背景下，一方面，地方饮食文化在全球的传播和影响力不断增强。例如，寿司、泰国菜、意大利面等地方性饮食文化，逐渐成为全球各地饮食市场的重要组成部分，尤其在多元文化社会中，传统地方菜肴被赋予了新的文化意义和商业价值。另一方面，地方饮食文化与国际化品牌的结合催生出了一种融合风味的新型菜肴。例如，许多国家的餐厅开始引入亚洲风味的食材，开发出"东南亚风味的意大利面"或是"墨西哥风味的汉堡"，这种创新性融合菜肴不仅促进了文化的多元化，也为全球消费者提供了更加丰富的饮食选择。

跨国食品工业的影响，也促使地方饮食文化进行创新与自我保护。面对全球化带来的饮食文化冲击，一些国家和地区开始通过制定法律保护传统食材和烹饪技艺，如欧盟推出的"地理标志保护"政策，确保当地特产和传统食品不被外来食品工业所替代。通过这一政策，一些具有地方特色的食物，如意大利的帕尔马火腿和法国的香槟，获得了法律保护，避免了外来品牌的侵蚀和本土特色的消失。

综上所述，全球化背景下的饮食文化变化不仅是外来饮食文化的引入和全球餐饮品牌的传播，更体现为全球化与本土文化的互动与融合。这一过程中，各地饮食文化不断创新、调整，并且在全球范围内相互借鉴和融合，塑造出更加丰富多元的全球饮食生态。

二、饮食文化的碰撞与融合

随着全球化和跨文化交流的加深，饮食文化在不同地区和民族之间发生了复杂的碰撞与融合。这种文化交流不仅体现在食材、烹饪技法的交换和创新上，还表现为传统饮食习惯与现代饮食观念的对立与协调。全球化的推动既带来了新的饮食理念，也对当地传统饮食文化产生了深远的影响。

（一）饮食文化的冲突

饮食文化的冲突常常表现在传统饮食习惯与现代饮食观念之间的对立上。传统饮食文化往往具有较强的地域性和历史性，它强调食材的天然与原汁原味，注重食物与健康的平衡，且往往融入了深厚的文化价值。例如，中国传统饮食文化强调"食养结合"，推崇食材的营养价值和药膳结合。而西方现代饮食观念则更多强调便捷性、快节奏和标准化生产，快餐文化的兴起就体现了这一点。现代人更注重快速、高效和方便，快餐和即食食品成为许多人的首选。

这种对立往往体现在饮食习惯的改变上。现代人越来越倾向于选择加工食品和外卖，享受快捷的饮食服务，但这种便捷的饮食方式却与传统的烹饪方法和进餐礼仪背道而驰。比如，快餐的标准化生产意味着缺少了食物的个性和文化背景，而传统餐饮则更注重食材的搭配、烹饪过程的细节和家族或社会传统的传承。

（二）跨文化饮食创新

随着饮食文化的全球化和现代化，跨文化饮食创新成为一种趋势。传统与现代、地方与全球、健康与便捷之间的融合，正在塑造一种新的饮食文化形式。例如，许多餐厅开始采用全球风味融合的菜单，将不同文化的元素结合在一起，形成新颖的菜肴。比如，意大利的比萨饼与美国的快餐文化融合，创造出了"美式比萨"，这种创新不仅吸引了全球消费者，也使得传统菜肴焕发新生。

在健康饮食方面，许多传统饮食文化也在现代化的过程中作出了调整。传统的营养均衡理念与现代健康饮食趋势相结合，形成了低脂、低盐、高纤维、植物基等符合现代健康需求的新型饮食。例如，传统的亚洲饮食文化注重蔬菜和米饭的搭配，现代健康饮食理念则对这一传统进行了创新与调整，推出了更多的素食和绿色饮食选择，这种结合既保持了传统的健康基础，又迎合了现代人对健康的追求。

（三）全球化饮食对当地饮食文化的冲击

全球化饮食文化的普及，特别是快餐文化的兴起，对许多地方的饮食习惯产生了深远的影响。在许多发展中国家，快餐文化的传播迅速改变了当地传统饮食的节奏和结构。快餐作为全球化饮食文化的一部分，带来了便捷、高效、标准化的餐饮体验，迅速吸引了大量消费者。然而，这种快速、便捷的饮食方式却往往忽视了食物的营养成分和传统的饮食礼仪，导致了肥胖症、心血管疾病等健康问题且使这些问题日益严重。

例如，在中国，尽管传统饮食强调食物的多样性和营养均衡，但随着麦当劳、肯德基等快餐品牌的兴起，年轻一代开始习惯于快速、便捷的西式快餐，这种转变对家庭饮食习惯和餐桌文化产生了影响。传统的家庭聚餐和慢食文化逐渐被快节奏的餐饮模式取代，许多人逐渐偏向于外卖和速食，这不仅改变了饮食的方式，也影响了家庭成员之间的互动和饮食健康。

总体来说，全球化带来的饮食文化碰撞和融合，在不同文化之间建立了更加紧密的联系。传统饮食习惯与现代饮食观念的对立与融合，跨文化饮食创新的兴起，以及全球化饮食对当地饮食文化的冲击，都是全球化时代饮食文化变化的重要表现。这一过程中，饮食文化不断发展创新，同时也在维护传统的过程中迎接新的挑战和机遇。

三、全球化对饮食文化的影响

全球化的浪潮正在深刻影响着全球各地的饮食文化，既带来了文化的传播与多样性，也引发了一些本土文化的消失和现代化趋势的压制。在这一过程中，全球化既为世界饮食文化的发展提供了机遇，也带来了一些挑战，尤其是在如何平衡文化多样性与同质化之间的问题上。

（一）全球化对饮食文化传播与多样性的促进作用

全球化为饮食文化的传播提供了前所未有的机遇。通过全球贸易、旅游、信息交流等手段，各国的饮食文化得以广泛传播，并相互影响、融合。在这一过程中，许多传统的地方饮食和餐饮理念跨越国界，被更多地区的消费者所接受。例如，寿司、披萨、汉堡等具有强烈地方特色的食品，在全球范围内取得了广泛的认同和喜爱。同时，全球化的饮食文化交流也促进了食材和烹饪技术的共享，许多餐厅开始融入不同文化的烹饪方法，创造出新的混搭风味，从而丰富了全球饮食市场的选择。

这一过程不仅是食物的交流，更是文化的交流与碰撞。通过多元饮食文化的融合，世界各地的人们能体验到更多元化的餐饮体验，提升了跨文化理解与认同。例如，近年来，许多西方国家的餐厅推出了亚洲风味的菜肴，而亚洲餐馆也开始采用西方的烹饪技术和餐饮理念，形成了独特的跨文化菜系[①]。这种饮食文化的多样性，不仅提升了人们的食物选择，也促进了不同文化之间的互相学习与理解。

---

① 程小敏，张洋图. 中国饮食文化世界"申遗"的"高大上"与"小确幸"[J]. 中国烹饪，2014（010）：000.

（二）全球化带来的文化同质化问题

然而，全球化带来的文化同质化问题也不容忽视。在全球化的背景下，外来文化和全球品牌的入驻，使得一些地方性的饮食文化逐渐被边缘化甚至同化。尤其是在大型跨国餐饮品牌的影响下，一些传统的饮食习惯和本土菜肴正面临消失的危机。例如，西式快餐的普及不仅改变了人们的饮食习惯，也使得本土小吃和传统菜肴的市场逐渐萎缩，传统的饮食文化和餐桌礼仪正面临被现代化、标准化生产所压制的问题。

此外，全球化的现代饮食方式以快捷、便利为主要特点，追求高效和标准化，往往忽视了传统烹饪的复杂性和细致性。随着快餐文化的流行，许多传统的慢食文化和家庭聚餐的饮食方式逐渐消失，导致人与人之间的饮食联系变得更加疏远。快速食品的普及虽然迎合了现代社会的需求，但也在很大程度上压制了传统饮食文化中对食物和烹饪过程的精致追求。

（三）在全球化的背景下保护和弘扬传统饮食文化

面对全球化带来的饮食文化同质化问题，各国应采取有效的对策，保护和弘扬传统饮食文化。一方面，其加强对传统饮食文化的教育与传承至关重要。各国可以通过教育体系和文化活动向年轻一代传授传统饮食知识，讲述传统菜肴的历史背景、烹饪技巧和文化内涵，以增强人们对本土饮食文化的认同感。

另一方面，政府和文化组织可以通过政策和活动来保护和推广传统饮食文化。例如，其可制定文化遗产保护法律，将具有重要历史和文化价值的传统菜肴列入非物质文化遗产，确保这些饮食文化得到尊重与保存。此外，其可利用现代科技手段，如社交媒体和数字平台，帮助传统饮食文化更广泛地传播，吸引全球消费者的兴趣。

在全球化背景下，传统饮食文化并非无法适应现代化发展。通过创新与融合，传统饮食文化可以与现代饮食需求相结合，创造出新的饮食形式。例如，一些餐厅通过结合传统食材与现代烹饪技法，推出更健康、环保的菜肴，既保留了传统的精髓，又符合现代消费者的需求[1]。通过这种方式，

---

[1] 将晖.一岁一冬夏 醇美又吉祥[J].中国烹饪，2022（001）：000.

传统饮食文化可以在全球化的背景下焕发新的生命力。

总体来说，全球化为饮食文化的传播和多样性提供了机遇，但也带来了文化同质化的挑战。保护和弘扬传统饮食文化，既需要各国采取有效的保护措施，也需要通过创新和融合使传统文化适应现代需求，从而在全球化的浪潮中找寻到平衡。

第三节　新时代饮食文化的特征与趋势

一、新时代饮食文化的主要特征

随着全球化进程的加快和生活方式的转变，新时代的饮食文化展现出多个鲜明的特征。这些特征不仅反映了社会经济发展的需求，也体现了人们对健康、便捷、文化多样性和环保的日益关注。

（一）健康化

健康已成为新时代饮食文化的核心追求之一。随着生活水平的提高和健康知识的普及，越来越多的人开始注重饮食的健康性，减少高盐、高油脂和高糖食物的摄入。健康饮食的趋势不仅体现在对食材的选择上，更反映在烹饪方式的变化上。蒸、煮、烤等低油、低盐的烹饪方法逐渐替代了油炸、煎烤等高脂肪的烹饪方式。

与此同时，营养均衡成为人们饮食的重要标准。越来越多的人选择多样化的饮食结构，强调植物性食物的摄入，如蔬菜、水果、全谷物和豆类等，减少动物性脂肪和过量的肉类摄入，进一步推动了以素食为主的健康饮食潮流。新的健康饮食理念也促进了功能性食品和保健食品的快速发展，许多食物添加了维生素、矿物质或益生菌等成分，以帮助改善身体健康。

（二）便捷化

现代社会快节奏的生活方式要求饮食更为便捷。随着都市化进程的加快和工作压力的增加，越来越多的人选择外卖、速食和即食食品作为日常饮食的解决方案。这些便捷的饮食方式不但省时省力，还能够满足人们在忙碌工作之余对饮食的基本需求。

外卖服务的普及进一步促进了这一趋势，特别是在大城市中，快餐和外卖已经成为年轻人群体的主流选择。与此同时，超市和便利店里的速食和即食食品种类也越来越多，快速加热即食餐、即食面、预先包装好的沙拉和健康餐盒等食品，满足了人们对快捷、方便和美味的需求。

这一趋势也促使食品企业不断创新，推出适合忙碌生活方式的产品与服务，一是低热量、高营养的速食食品；二是智能化产品与服务，比如定制化的营养餐盒和通过APP定制的外卖服务。

（三）多元化

全球化的推动使得不同国家和地区的饮食文化得到广泛传播和融合。跨文化的交流不仅促进了外来饮食文化的引入，还促进了本土饮食文化的创新和多样化。世界各地的食材和烹饪技巧相互交流和融合，形成了独特的跨文化饮食风格。例如，西餐中的意大利面、寿司、墨西哥玉米饼等食物进入了全球市场，同时，亚洲、拉丁美洲、非洲等地的传统美食也逐渐走向世界。许多餐馆通过创新菜单，将不同地域的食材和烹饪方法相结合，创造出如"意式火锅""日式汉堡"以及"亚洲风味的意大利披萨"等混搭风味的菜肴。这种饮食文化的融合不仅丰富了人们的食物选择，也促进了不同文化的理解和认同。

此外，随着跨国食品品牌的崛起，不同地区的消费者在日常饮食中逐渐接触到更加多样化的食材和风味。如，中国的快餐市场开始引入西式早餐、沙拉吧等形式；而欧美市场也开始流行亚洲的清淡食品，如寿司、亚洲汤面和米饭类菜肴。

（四）环保与可持续性

随着全球环保意识的提升，人们对可持续性饮食方式的关注度不断增加。植物性饮食逐渐成为一种流行趋势，越来越多的人选择减少肉类消费，转向以蔬菜、豆类和全谷物为主的饮食。这种饮食方式不仅有益健康，也有助于减少农业生产对环境的压力，特别是温室气体的排放。

同时，减少食物浪费也是现代饮食文化中的一个重要议题。许多国家和地区通过政策和倡导，鼓励消费者合理规划食材使用、避免浪费。此外，越来越多的餐厅和食品公司开始推行环保包装、回收和可降解材料的使用，并减少一次性餐具的使用，以减轻塑料污染和环境负担。

可持续性还表现在生产和供应链的优化上，越来越多的食品企业采用绿色生产方式，推动本地食品生产和短链供应，减少食物运输过程中的碳排放。同时，食品标签上关于产地、生产方法以及可持续性认证的信息也逐渐成为消费者关注的重点，推动了更环保的饮食习惯的形成。

总体来说，新时代的饮食文化展现出健康化、便捷化、多元化和环保可持续性的特点，这些特征不仅反映了人们饮食观念的变革，也顺应了全球化、社会发展和环保意识提升的趋势。随着社会对这些新特征的不断追求，饮食文化将在未来进一步发展和演变，迎接新的机遇与挑战。

二、技术驱动下的饮食文化演变

随着科技的飞速发展，尤其是数字化技术、基因科学和食品科技的进步，饮食文化也经历了深刻的演变。现代技术不仅改变了我们的饮食方式，还塑造了新的饮食理念，使得饮食文化在健康、便捷性和个性化方面得到了全新的诠释。

（一）数字化饮食文化

数字化技术在饮食文化中的应用正在改变人们的日常饮食习惯。智能饮食设备，如智能冰箱、智能厨房设备、智能餐具等，正逐渐成为现代家庭的一部分。这些设备能够根据个人的健康需求、口味偏好和饮食习惯提供个性化的食谱建议，甚至通过智能厨房设备自动烹饪食物，减少了人们时间和精力的投入。

同时，数字健康管理平台也对饮食习惯产生了深远的影响。智能手环、健康监测设备以及健康管理应用程序可以实时跟踪个人的饮食数据，如热量摄入、营养成分、食物过敏反应等。这些平台通过收集和分析数据，向用户提供关于饮食的个性化建议，帮助人们更加科学地控制体重、优化饮食结构以及提高整体健康水平。例如，基于大数据和人工智能的饮食推荐系统，能够根据用户的健康状况和目标（如减肥、增肌、控制血糖等），自动生成个性化的饮食计划和食谱[①]。

（二）基因营养学与个性化饮食

基因科学的进步为个性化饮食提供了前所未有的机会。基因营养学作为一门新兴学科，通过分析个体的基因信息，揭示不同人群在营养吸收、代谢速度和食物反应方面的差异。这使得饮食不再是"一刀切"的普遍适用，而是更加注重个体的特定需求。

通过基因测试，个人可以了解自己对某些食物的敏感性（如乳糖不耐症或麸质过敏）、所需的营养素种类，进而评估饮食习惯对健康的潜在影响。例如，一些基因测试可以帮助人们了解他们是否具有高胆固醇风险，从而能够指导他们调整饮食结构，减少高脂肪食物的摄入。随着基因组学和生物技术的不断发展，越来越多的个性化饮食方案应运而生，消费者可以根据自己的基因背景制定更为科学和精确的饮食计划，以最大限度地提高健康效益。

个性化饮食不仅关注个体的基因特征，还能够与生活方式和疾病预防相结合。例如，癌症患者可能需要不同的营养支持，而运动员则可能需要更多的蛋白质或碳水化合物。在未来，基因营养学可能会成为主流的饮食科学，帮助每个人根据自身基因特点进行科学、定制化的饮食管理。

（三）食品科技创新

食品科技的创新也在推动饮食文化发生重要变革。近年来，人工肉、植物蛋白和功能性食品的快速发展，改变了人们对食物来源和营养的认知。人工肉的出现使得人们对肉类消费的方式产生了根本性的改变。通过植物蛋白或细胞培养技术生产的人工肉，能够提供与传统肉类相似的口感和营养成分，却极大减少了环境负担和动物福利问题。随着人们环保意识的提升，人工肉逐渐受到欢迎，尤其在环保和可持续性饮食理念的推动下，越来越多的消费者选择植物基或人工肉产品，以减少对自然资源的消耗。

植物蛋白的推广也在饮食文化中占据了越来越重要的位置。豆类、坚果、种子等植物来源的蛋白质正在逐步替代传统的动物性蛋白，成为素食

[①] 王粤.基于多特征的健康饮食推荐系统的设计与实现[D].重庆：重庆邮电大学，2025.

者和健康饮食追求者的理想选择。这不仅推动了素食文化的发展，也改变了全球对蛋白质来源的看法，使得植物性食品在传统饮食中占据越来越重要的地位。

此外，功能性食品的兴起也对饮食文化产生了重要影响。功能性食品包括添加了特殊营养成分（如益生菌、膳食纤维、抗氧化剂等）的食品，这些食品不仅提供基本的营养价值，还具有健康促进作用。随着人们对健康生活的重视，功能性食品逐渐成为现代饮食的重要组成部分，越来越多的消费者开始选择这些食品来改善免疫系统、促进消化、控制体重等。

综上所述，技术驱动下的饮食文化演变不仅体现在个性化饮食方案的创新上，还包括食品生产方式、营养补充以及便捷烹饪方式的革新。随着数字化技术、基因科学和食品科技的不断发展，饮食文化将继续向着更加科学、个性化和可持续的方向发展，极大地改变我们的饮食习惯和生活方式。

三、新时代饮食文化的未来趋势

随着社会的不断发展和科技的进步，新时代的饮食文化将朝着更加个性化、健康化、可持续化的方向演变。未来饮食文化的主要趋势将集中在健康调节、环保理念、全球与本土饮食文化的融合，以及智能化饮食管理等方面，这些趋势不仅体现了现代社会对食品和健康的关注，也反映了人们在日常饮食中的科学性与个性化需求。

（一）饮食与健康的深度结合

未来饮食文化的一个重要发展趋势是饮食与健康的深度结合。随着人们对健康管理的关注度提升，饮食不再仅仅是满足基本生理需求的工具，而是成为个体健康管理的重要组成部分。未来的饮食将更加注重食物对健康的精准调节，随着基因营养学和个性化营养学的不断进步，人们可以根据自身的健康状况、遗传基因和生活方式制定个性化的饮食计划。

例如，随着人类基因组学的发展，人们可以通过基因测试获得有关自己的食物敏感性、代谢特征、营养需求等信息，从而制定出最适合自己的饮食方案①。随着这些科技的普及，个性化饮食不仅能够帮助人们预防疾病、提高免疫力，还能帮助调节体重、改善肠胃健康。食品生产和餐饮行业也将会根据这一趋势推出更多适应消费者健康需求的产品，如低糖、低脂、富含膳食纤维的食品等。

（二）生态友好的饮食方式

随着全球环保意识的不断提升，生态友好的饮食方式将成为未来饮食文化的重要组成部分。植物基饮食将逐步成为主流选择。植物基饮食不仅有助于降低环境污染和减少碳排放，而且对健康也具有明显的益处。植物蛋白代替动物蛋白的趋势正在发展，越来越多的人选择植物基食品，如豆类、坚果、植物奶等，作为日常饮食的主要来源。

此外，循环经济和绿色生产理念的推广将进一步影响饮食文化的未来发展。随着人们对食品浪费和资源利用效率的关注，食物的生产和消费将更加注重减少浪费、优化资源的利用和降低环境负担。例如，在未来的饮食模式中，剩余食物将被更有效地回收和利用，食品包装也将采用更加环保的材料，减少塑料和其他有害物质的使用。

（三）全球化饮食与本土化融合的继续深化

全球化饮食文化的影响在未来将更加深远，全球化与本土化的饮食文化融合将继续深化。在全球化的推动下，世界各地的饮食文化将进一步交融，本土饮食文化在吸收外来元素的同时，也将更加注重保持和弘扬传统特色。未来的饮食文化不仅是全球美食的多元融合，也将呈现出一种更加个性化的趋势，融入每个国家或地区的文化特色。

例如，中国传统的中餐将继续吸收西餐的烹饪技法和饮食元素，创造出更多的混搭菜系和创新菜肴。同时，西方国家的饮食文化也开始重视东方食材和调味品的运用，如大豆、海藻、酱油等，这种融合的趋势将推动全球饮食市场的多样化发展。

这种融合不仅体现在食材和菜肴的创新上，还体现在饮食观念的交流

---

① 骆玥，张一民，许可，等.超重/肥胖儿童青少年精准营养实施的发展策略研究[C]//中国营养学会第十五届全国营养科学大会.1.北京体育大学运动人体科学学院，2.北京体育大学运动与健康研究院，2022.

与融合上。随着跨文化的饮食习惯和饮食礼仪的共享,未来的饮食文化将更加注重跨文化的理解与尊重,同时继续传承本土文化的精髓。

(四)智能化饮食文化的普及

随着人工智能、物联网和大数据等技术的不断进步,智能化饮食文化将成为未来饮食文化的一个重要组成部分。智能饮食管理和健康监测设备将逐渐融入人们的日常生活中,其通过精准的健康数据监控,帮助人们更好地管理自己的饮食习惯和健康状况。

智能厨房设备将不仅限于食物烹饪,还可以根据个人的健康需求和口味偏好,自动调整烹饪方式和食材组合。同时,结合健康监测设备和应用程序,消费者可以实时跟踪自己食物的营养成分、摄入量和热量等数据,甚至能够通过饮食管理平台定制符合个人健康状况的食谱。

这一趋势不仅提升了饮食的便捷性,也让饮食文化逐渐向更加科学、个性化和健康化的方向发展。智能化饮食可使每个人都能根据自己的健康目标和需求,制定更加合适的饮食计划,从而提升整体健康水平。

总之,新时代饮食文化的未来趋势将朝着更加健康、环保、多元化、智能化的方向发展。随着科技的不断进步和社会的变化,未来饮食文化将不断适应新的需求和挑战,成为更加注重个体健康、社会责任和环境可持续性的综合性文化。

第二章

传统饮食文化的传承与创新

传统饮食文化是一个民族历史、生活方式和社会价值观的体现,承载着深厚的文化底蕴与世代相传的智慧。随着时代的变迁,传统饮食文化在现代社会中面临着诸多挑战与机遇。如何在保持独特性和传承性的同时,使其与现代饮食需求相结合,成为当前饮食文化研究的重要议题。

第一节　传统饮食文化的核心要素

一、中国古代饮食文化的基本思想

古代中国人特别强调饮食与宇宙节律的协调一致,认为人类的饮食应与自然的变化同步,随季节、气候和时间的不同而调整食物的种类和性质。早在先秦时期,这一思想便已形成,并在《礼记·月令》中有所记载。该文明确指出,春夏秋冬的食物应有所区别,反对季节性食物的颠倒。例如,"行夏令"或"行秋令"时,必有天灾,反季节食物的食用则被认为是不符合自然规律的。[①]孔子提倡"不食不时",既指要按时用餐,也强调不吃反季节的食物,这与当代一些人为了炫耀而选择反季节食物的做法截然不同。西汉时期,宫廷内已经开始通过温室种植一些季节性食材,如葱、韭菜等,西晋的富人也开始使用暖棚种植。这种注重与宇宙节律协调的饮食思想,成为华夏饮食文化的独特特色,虽然至今这种思想在现代社会已大多只保留在节日食俗中。

"阴阳五行"理论作为中国传统思想中设定的宇宙模型,也影响了饮食文化的形成。根据这一理论,饮食作为人类生活的重要组成部分,必须遵循宇宙的规律,才能保证身体的健康和平衡。因此,中国古代的饮食理论将味道分为五种,形成了"五味"说。这种分类虽然显得有些简化,但它体现了古人对食物的系统认识,并将谷物、畜类、蔬菜和水果分别归入"五谷""五肉""五菜"和"五果"的类别中,虽然这一做法在现代看来可能显得过于固定化。更为深刻的是,《礼记·郊特牲》中提到"凡饮,养阳

---

① 黄存垣. 老年人的冬季养生[J]. 老友, 2005(2): 1.

气也,凡食,养阴气也"①,即饮品有助于阳气的滋养,而食物则维持阴气的平衡,只有通过饮食与天地的阴阳调和,才能"交与神明",最终达到"天人合一"的境界。因此,在祭天时,饮食必须严格遵循阴阳五行的规律,这一理论也被后来的道教饮食思想继承,并成为其核心理论之一,认为食物能影响人体的阴阳气,过度进食会影响健康,因此道教提倡"辟谷"——尽量少吃,甚至达到不吃的境地,以此追求阳气的增强和身体的修炼。

在中国传统文化中,"中和之美"是最高的审美理想。根据《礼记·中庸》中的定义,"中"并不是简单的"居中"或"中立",而是指恰到好处、合适的度;"和"则是指不同事物之间的协调与平衡。在饮食上,这种思想体现为"和"的概念,正如《古文尚书·说命》中的名句所示,"若作和羹,惟尔盐梅",强调的是羹汤的调味技巧,关键在于咸(盐)与酸(梅)两味的平衡。这种"和"的理念不仅应用于烹饪,还是社会和个人生活的核心价值。在《左传》中,晏婴谈到"和"时,指出"和"并非"同",而是指不同意见的协调和统一。因此,中国哲学认为天地万物都应在"中和"状态中找到平衡和发展,这种思想反映了饮食文化的本质:人与自然、人与社会、个人与集体之间的和谐与平衡。

这一"中和之美"的理念源自古代烹饪实践和理论的启发,也深刻影响了古代人们的饮食生活。通过调和味道、平衡食材,中国古代饮食文化实现了对食物的精细控制,不仅追求食物的美味,还注重其与身体、自然和宇宙之间的和谐统一。

二、中国饮食文化的基础理论

(一)食医合一

1. 食医合一的历史渊源

在原始农业出现之前的漫长采集和渔猎时代,我们的祖先便已注意到许多植物、动物和矿物等食物中,存在一些超越普通食物功能的特殊作用。可以说,医药学的最初雏形就孕育在早期人类的饮食实践中,这也反映了

---

① 金岚. 古人饮食养生经 [J]. 甘肃林业, 2002 (02): 49.

医学的起源和发展的一般规律。中国的传统医学，尤其是"本草学"，已有两千多年的历史。

"本草"一词最早在汉代已被使用，其起源可以追溯到上古的采集活动。《淮南子》一书中记载，神农"尝百草之滋味，水泉之甘苦，令民知所辟就，当此之时，一日而遇七十毒"[①]，这一记载反映了食物与医学之间的紧密关系。神农，作为中国古代传说中的伟大智慧和特异功能的象征人物，集众多本领于一身，这些本领很多源于长久的生产和生活实践经验，也有些是人们理想与愿望的赋予。这些内容反映了原始人类在生产和生活中的智慧积累。神农被记作"神农氏"，是一个擅长农业的部落群体，约出现在原始农业初步发展的时期，即大约4000年至7000年前。但"尝百草之滋味"的故事明显来源于原始采集时代，甚至可追溯至距今约1万年前的时期，反映了采集为生的早期人类活动。

由于饮食的营养和医药功能相互依赖与影响，"医食同源"的观念逐步发展成了中国饮食文化的核心理念，最终形成了具有中国特色的"食医合一"传统。这一传统直接影响了中国饮食文化的独特性，使得饮食著作与农业和医药学的著作密不可分。无论是贾思勰的《齐民要术》，李时珍的《本草纲目》，还是其他无数相关著作，都紧密结合了食物、农业与医药的理论与实践。这一思想实际上与现代生物科学的农业和医药学视角相近。由此，中国传统文化中一直有着"万物交感"的自然和谐理念，始终探求与自然和谐共生的人类生命的科学真谛。

因此，饮食和医药在中国文化中并非割裂的两个领域，它们互为补充、相辅相成，彼此启发与促进。历史上，几乎所有本草书中的药材，往往都是人们日常食用的食物。而那些被人们食用的食材，也几乎无一不是被视为具有药性或药用价值的物质。这种食医合一的思想，不仅在中国传统文化中占据了重要地位，也为后代医学和饮食文化的发展奠定了坚实的基础。

2. 食医制度的出现

"食医合一"的实践与认知逐步发展，最终促成了食医制度的形成。食

---

① 王志恒.浅议中药的毒性[J].时珍国医国药，2007，18（8）：2.

医制度的最早文字记载出现在中国饮食史上的"三代时期"（夏、商、周）。最早在周代，王宫内就已设有专门的管理与研究机构，并配备了专职的"食医"。这些"食医"在宫廷中地位尊崇，担任着类似营养师的角色，职务在宫廷秩序中占有重要位置。

关于食医所掌管的膳品种类，虽然没有详细的文字记载，但可以推测，食医负责周王膳品的搭配和制作，涉及的食材和调料的种类、质地和数量依旧难以考证。尽管一些膳品的具体制作方法未被清晰记载，但我们通过研究烹饪工具、工艺、饮食习惯、饮食心理以及历史文化背景，可以对当时的膳食方式作出一定的推测。

重要的是，食医职司所遵循的原则具有超越历史时期和社会阶级的深远意义。这些原则不仅关注食物的合理搭配，还着眼于人与自然的和谐与人体机能的协调，倡导根据季节变化合理饮食，强调食物味型、季节变化、食欲以及健康之间的关系。虽然在距今2000多年甚至更远的古代，医学和营养学仍处于初步阶段，无法像今天一样科学地解释当时的饮食生活，但这些基于长时间积累的朦胧认识和总体把握的原则，显示出其深刻的智慧。

可以说，今天我们所理解的饮食与医疗保健学的许多理论和成就，正是在古代周宫廷食医职司的原则不断深化、发展和科学化的基础上逐步成型的。这一历史过程为现代饮食医学奠定了理论基础，并影响至今。

（二）饮食养生

饮食养生源自食医同源的认识和食医合一的思想与实践。先秦时代，饮食养生的思想最为丰富，尤其是老子和庄子，他们提出了通过"吐故纳新"的气功（导引）来健身和延年益寿的理念。先秦诸子大多追求长寿，成书于战国末期的《吕氏春秋》则可以视为先秦饮食养生思想的集大成之作，反映了当时的认识水平。总体而言，饮食养生思想的明确发展并成为社会实践，直至汉代才逐渐独立并得到推广。

饮食养生的核心在于通过有意义的饮食调理来达到健康长寿的目的。汉代为饮食养生的独立发展创造了条件。随着经济发展、贵族享受的生活、政治上的"无为"政策推行以及老庄思想的流行，再加上谶纬学说和仙道风气的兴起，饮食养生逐渐成为上层社会的风尚，并形成了一种专属于权贵阶层的社会实践。这一实践经过历代不断深化，最终成为中国饮食文化中的宝贵传统，并使饮食养生理论成为一条重要的思想原则。汉代人开始深入探讨古人长寿的秘诀，他们得出的结论之一是"食饮有节，起居有常"，因此，导引和服食成为养生家追求长寿的重要手段。导引多由道家采纳，而服食则受到贵族阶层的重视。虽然这两者相辅相成，但由于社会地位和条件的不同，它们各自有不同的侧重点。

唐宋时期的六七百年间，养生家层出不穷，直到元代饮膳太医忽思慧的《饮膳正要》一书出版，全面总结了饮食养生及食疗、保健思想和成就。明清时期，饮食养生的思想进一步深化，实践范围逐步扩大，超越了过去仅限于上层权贵阶层的局限，开始被更多的文人士子所推崇和实践。忽思慧认为，饮食的原则应有益于养生，并强调"食饮必稽于本草"，即饮食应遵循本草的理论，认为饮膳是养生的首要事务。通过合理的饮食来实现健康长寿，逐渐成为中国古代的科学饮食观。

元明之交，著名养生家贾铭不仅写出了我国第一部详细论述饮食禁忌的专著《饮食须知》，还通过身体力行享年 106 岁。他生于宋末，在明初便已百岁高龄。在回答明太祖朱元璋关于养生术的问题时，贾铭简洁地说："无他，惟注意饮食而已。"明代万历年间，李时珍在《本草纲目》中将饮食养生思想建立在科学唯物的基础上，进一步巩固了这一学说。清代文人顾仲对烹饪有深入研究，他将菜肴与养生结合起来，选择对健康长寿有益的食材，强调"饮食以卫生"的原则。

综上所述，中国古代饮食养生思想经历了长时间的发展，逐渐形成了理论体系和实践方法，并且在不同历史时期不断深化与扩展，为现代的饮食文化和健康观念提供了深远的影响。

（三）本味主张

中华饮食文化长期注重食物的天然味性和食材的独特风味，这是一个自古以来不断丰富和发展的重要原则。古人对"味性"有着独特的理解，其中"味"指的是食物原料的自然属性，通过人类的鼻、舌等器官可以直接感知；而"性"则代表了食物的功能性，这是一种无法直接通过感官体验的物质特性。中国古人认为"性"源于"味"，因此，天然味性的重视贯穿了中国饮食文化的整个发展过程。早在先秦时期,《吕氏春秋》中的《本味》篇就对"味"的理念进行了深入的探讨。该篇从治术与哲学角度详细论述了食物原料的天然味道、调味品的相互作用,以及水火对味道的影响等内容,展现了人们对食物隽美味道的高度认识和追求。

唐代的《酉阳杂俎》提道:"唯在火候,善均五味"①,这表明中国烹饪技术已经超越了汉魏时期的粗放加工,进入了"烹"和"调"并重的阶段。同时,它也反映了人们在饮食上对味道和生活质量的更高追求。

到了明清时期,美食家的不断涌现使得对味道的追求达到了历史的新高度。许多美食家主张,食物应兼具"可口"和"益人"两种功能,这样的食物才算是上品。中国古代饮食思想中的重要代表人物,18世纪的美食学大师袁枚(1716—1797年),提出了更为精致的看法,他认为:"求香不可用香料""一物有一物之味,不可混而同之""一碗各成以味""各有本味,自成一家"。② 这些观点反映了中国人对食物隽美味道的永不满足的追求,以及上流社会宴席上不断变化的味道呈现。

(四)孔孟食道

孔孟食道,严格来说,是指春秋战国时期孔子(公元前552—前479年)和孟子(约公元前372—约前289年)两人的饮食思想、理念和实践所体现的基本风格与原则。孔子与孟子在饮食生活上的实践有很多相似之处,且他们的思想有着明显的师承关系,思想体系高度一致。事实上,孟子一生的经历和遭遇与孔子极为相似,孟子曾表示"乃所愿,则学孔子也",足见其对孔子思想的承继与践行。孔、孟的饮食生活消费水平基本属于中下层,这既与他们的经济条件有关,也与他们的饮食观念密切相关,这些观念在他们的食生活风格和原则中起到了更为决定性的作用。

1.孔子的饮食思想和原则

孔子的饮食思想和原则集中体现在他的一段名言中:"食不厌精,脍不厌细;色恶不食;臭恶不食;失饪不食;不时不食;割不正不食;不得其酱不食;肉虽多,不使胜食气;唯酒无量,不及乱;沽酒市脯不食,不撒

---

① 万建中.烹调与火候[J].烹调知识,1994.
② 钱静波.一涉粉饰,便伤至味[J].作文与考试:高中版,2019(10):2.

姜食，不多食；祭于公，不宿肉；祭肉，不出三日，出三日，不食之矣。"这段话不仅是孔子饮食主张的完整表述，也可以视为他对中国饮食思想的历史性总结。略去祭祀礼俗等因素，可以提炼出孔子饮食主张的科学体系——饮食应追求美好，加工与烹制应力求恰到好处，遵守时令节令，不追求过度饱食，注重卫生，讲究营养，恪守饮食文明。总体来说，这些原则可总结为"二不厌、三适度、十不食"。其中，最为人知且具有代表性的便是"食不厌精、脍不厌细"八个字，通常被视作孔子食道的高度总结。

孔子的"八字主张"是在祭祀食物的原则下提出的，因此主要用于祭祀时的食物要求和饮食规范。这一主张的核心是祭祀食物应"洁"和"美"——"美"并无固定标准，而是根据献祭者的条件而定；祭祀之心应"诚"，洁净与诚意才符合祭祀的"敬"字。虽然这段话主要涉及祭祀饮食，但它对孔子日常饮食观念的启示意义深远。在孔子所处的时代，食物、烹调工具、烹饪方法以及饮食习惯仍然较为简陋，但孔子依然主张食物的精致与营养，反映了他追求道德和节制的生活态度。孔子认为："中人之情也，有余则侈，不足则俭，无禁则淫，无度则逸，从欲则败……"他主张节制饮食，不贪图享乐，警惕自己陷入过度欲望，始终保持饮食和行为的节度，从而实现"仁"和"道"的追求。他甚至认为，个人对衣食的态度反映了其品行操守，那些耻恶衣食的人，孔子认为是庸鄙之徒，无法与道德高尚的人为伍。

2. 孔子的食物生产实践

孔子所强调的"精"和"细"两字，只有放在他所处的时代背景下，才能得到准确的理解。春秋时期的中国，生产力水平有限，谷物脱壳主要依靠杵臼捣制，这种方法的脱壳率较低，米粒常常伴有未完全脱去的谷皮。因此，所谓的"精"并不是指现代标准的精细，而是指那时能够得到的、颗粒完整的米。在孔子的时代，米粒的完整度较为珍贵，因此他强调祭祀时应选用精米，这种米比粗米更符合祭祀食物的标准。同样，"脍不厌细"中的"细"也指的是对肉类原料的精细切割，尤其是生肉。由于肉类原料的腥味较重，必须将肉切得更薄、更细，以便更好地入味，且更易咀嚼与消化。在孔子时代，青铜刀具是主要的切割工具，只有具备高超的刀工和细致的态度，才能将肉切割成薄片。孔子强调"脍不厌细"，不仅表达了肉类口感的重要性，也体现了对食物加工的精细态度，暗示着对祭祀神明的诚意和敬意。

总体来说，孔子的饮食主张强调食物原料的选择、加工和制作必须严谨认真，注重卫生，以最大化地发挥食材的利用价值和烹饪技艺的水平。这一思想和实践至今依然影响着中国的饮食文化。

3. 孟子的饮食思想

孟子在饮食思想上完全继承并坚定地崇奉孔子的理念，不仅如此，他通过自己的理解与实践，进一步将孔子的思想深化，形成了一个系统的"孔孟食道"理论，具体包括"食志—食功—食德"三个方面的原则。孟子主张："非其道，则一箪食不可受于人；如其道，则舜受尧之天下，不以为秦，子以为泰乎。"他认为，食物的获得应当符合道德原则，不应接受不义之食，无论是劳力者还是劳心者，都应通过正当劳动获得食物。孟子在这里强调的是，"食志"的原则，意思是通过有益于社会和他人的劳动来获得食物，这样的食物是正当的，也是值得追求的。他用"梓匠轮舆，其志将以求食也；君子之为道业，其志亦将以求食与"来说明，即便是从事劳动的人，也应通过自己的创造性劳动来获得食物，体现了劳动的正当性和意义。

"食功"则可以理解为通过等价的劳动成果来换取养生之食，强调的是没有"素餐"的观念。"士无事而食，不可也"表明没有经过劳动的人不能享受食物。孟子的"食德"则强调在饮食中必须遵守正直和礼仪的原则，避免不正当的食物来源。他推崇齐国的仲子，称其在面对不义的财禄时拒绝享受，"以兄之禄位不义之禄，而不食也；以兄之室为不义之室，而不居也"，体现了孟子对食物选择和道德行为的坚持。孟子更进一步强调，"鱼我所欲也，熊掌亦我所欲也。二者不可得兼，舍鱼而取熊掌者也。生我所欲也，义亦我所欲也。二者不可得兼，舍生而取义者也"，说明即使面临生死抉择，仍应坚守义理而非追求私欲。

孔子与孟子的饮食思想在实践和理论上密切相关，二者的思想高度一致，共同构成了中国历史上民族饮食思想的伟大成就，也成为中国传统饮食文化的核心。孔孟食道，不仅在春秋战国时期是中国饮食思想的主导力量，而且对后世的饮食文化产生了深远影响。孔孟食道强调节制和道德，主张简约、节制饮食，讲求礼仪和道德约束，尤其在小农经济时代背景下，这种饮食思想体现了对个人欲望的抑制。

尽管"孔孟食道"具有历史的革命性和进步性，它也有其局限性，尤其是在当代社会，随着时代和生活方式的变化，这些饮食理念逐渐不完全适应现代社会人们的需求。无论如何，孔孟食道作为传统饮食思想的基石，依然在中国饮食文化中占据重要地位，深刻影响着当代中国人的饮食生活与实践。

中国古代的饮食礼仪也深刻植根于"食礼"理念之中，这种思想被认为是所有礼仪制度的基础。在北方地区，饮食礼俗逐步发展成为社会规范，并影响了整个国家的饮食文化。在汉高祖刘邦即位后，他遇到"群臣饮酒争功，醉或妄呼，拔剑击柱"的混乱局面，最终通过采纳叔孙通的"采古礼与秦仪杂就之"，建立了朝仪礼法，确保饮食场合的秩序和礼节的执行。

从先秦到汉代，各家学派都不同程度地重视饮食，尤其是儒家思想对饮食的关注，体现了饮食对个人修养和社会秩序的重要作用。老子提出"治大国若烹小鲜"，墨家提倡节俭的饮食方式，儒家则强调饮食的礼仪与卫生，这些都构成了中国饮食文化的核心内容。

第二节　传统与现代饮食观念的融合

一、传统饮食文化的主动全球化

早在五世纪，历史学家便注意到中国富人的餐桌上，已经出现了印度尼西亚香料的身影[①]。这一现象标志着中国饮食文化与其他地区的交流与融合，体现了中国传统饮食文化的全球化趋势。陈玉兰指出，在雅加达成立之前（1527年），已经有中国定居者在那里，后来成为荷兰的殖民地，并

---

① 张京涛，郭淑萍，谢志云.调味品工业的生产现状和发展趋势［J］.中国标准化，2002（3）：15-15.

且该城市的名字在 1618 年改为巴达维亚。事实上，早在明朝时期，中国的烹饪食材和烹饪方法已经随着郑和的航海活动传播到东南亚和印度尼西亚的一些地区。

郑和作为明朝的外交使者，为了加强与其他国家的文化交流和贸易关系，于公元 1405 年开始了对南海和印度洋周边地区的航行。在这一过程中，他不仅传播了中国的文化，还将中国的烹饪技艺和食材带到东南亚，特别是印度尼西亚。这一文化传播的影响，至今在印度尼西亚的饮食中依然可见，许多当地的烹饪方式与中国饮食的烹调方法紧密相连。事实上，印度尼西亚的饮食方式与中国烹饪密不可分，尤其是在过去的几个世纪里，印度尼西亚的饮食和中国烹饪的交融已经形成了丰富的文化交汇。

考古学家的研究表明，在吕宋岛和婆罗洲的考古遗址中，曾出土大量中国宋朝时期的烹饪用具和贸易商品，进一步证明了早期中国烹饪文化在这些地区的传播。这些考古发现不仅展示了中国古代食材和烹饪器具的流通，也反映出中原文明与东南亚地区的深厚联系。

此外，郑和的航海活动还促使了燕窝贸易的兴起。燕窝作为中国古代饮食文化中的一项珍贵食材，通过郑和的海上丝绸之路，早在公元 1405 年就开始进入东南亚和其他地区的市场，至今在许多亚洲国家的饮食中仍占有一席之地。这也表明中国饮食文化在全球范围内的早期传播，进一步促进了多元化的饮食交流和融合。

在十七世纪，西班牙统治下的马尼拉成为一个重要的国际贸易和文化交流中心。当时，马尼拉有大量的中国旅居者和商人，他们的烹饪技艺和食材随之进入当地的饮食文化，逐渐融入菲律宾的饮食传统。过去四百年里，成千上万的中国人沿着福建海岸线定期往返于马尼拉和中国之间，这为福建美食成为菲律宾饮食中不可或缺的一部分提供了历史性背景。

吴燕和、袁同凯在新几内亚巴布亚岛的研究中指出，从十九世纪末开始，当地人便开始接触到中国的烹饪方式，并将从中国进口的蔬菜和一种特有的芋头融入他们的菜谱中[①]。这一变化标志着中国饮食文化在全球化过

---

① 吴燕和，袁同凯.族群意识·认同·文化[J].广西民族大学学报（哲学社会科学版），1998（3）：5.

程中的深远影响。中国食材和烹饪方法不仅在东南亚和太平洋岛屿地区生根发芽，而且随着中国移民的到来，进一步推动了世界各地对中国美食的认同与喜爱。

几个世纪以来，中国美食不断吸纳来自世界各地的食材和烹饪方法，使其成为一个全球化的饮食体系。这一过程中，异国元素逐渐融入中国的传统菜肴中，不仅提升了中国料理的多样性，也使得中国菜系呈现出更加丰富的风味。随着世界各地交流与融合的加深，中国饮食文化越来越多地反映出跨文化和多民族的特色，成为世界饮食文化的重要组成部分。

在中国的主要城市中，无论是传统的国菜还是各民族的地方特色菜肴，都呈现出多文化、多民族和跨国的特点。这些饮食的多样性不仅展示了中国古老饮食文化的包容性，还体现了中国饮食文化在全球化背景下的不断创新和适应。如今，中国饮食文化已经不仅仅是中国人民的传统，它已成为全球文化交流中的一个重要元素，为世界各地的人们带来了多样的美食享受。

二、饮食健康观念的转变

随着时代的发展，饮食健康观念经历了显著的转变，传统饮食理念与现代健康理念逐渐融合，形成了更加科学、均衡和多元的饮食观念。这一转变不仅涉及食材的选择和烹饪方法的变化，还体现在对食物营养的深度理解和对健康的全面关注。

（一）传统与现代健康理念的结合

传统饮食文化注重食材的天然性和健康性，这种理念深深植根于中国数千年的饮食实践中。古代的中国饮食注重食材的原生态，强调食物的本味和自然属性，倡导食物与季节、气候、身体状况之间的协调。例如，传统的食疗理念强调根据不同的季节和人体的需求，选择应季食材，以达到养生和调节身体的目的。中医理论中的"食疗"观念，也是传统饮食文化中重要组成部分，强调食物本身具有调理身体、治病养生的功能。

然而，随着现代健康理念的兴起，饮食逐渐向科学化、精确化的方向发展。现代健康理念强调营养的均衡，注重脂肪、糖分、盐分的摄入控制，提倡低脂、低盐、富含纤维的食物,这些理念为传统饮食文化注入了新的活力。例如,现代营养学强调膳食纤维对肠道健康的重要性,而这一点与传统饮食文化中注重蔬菜和全谷物摄入的理念是一致的。两者的结合体现在对低脂、低盐、高纤维食物的推崇上,现代人逐渐从传统的食材中提取出更健康、更适合当下生活方式的元素,如减少油炸食物的摄入,增加蔬果、豆类和全谷物的摄入量,形成了新的饮食健康趋势。

这种结合不仅体现在食材的选择上,还影响了烹饪方法的转变。传统的蒸、煮、炖等低油低盐的烹饪方式,与现代健康饮食理念的提倡相吻合,越来越多的现代人开始回归传统的健康烹饪方式,而非依赖过多的油炸和高糖调料。通过这种融合,传统的健康饮食理念与现代的营养学理念得以互相补充,形成了更符合现代健康需求的饮食模式。

(二)食品科技的助力

现代科技的发展,尤其是在营养学领域的突破,推动了传统饮食健康理念的科学化和精准化。过去,传统饮食文化中的健康理念多依赖于经验和实践,而现代科技通过对食材成分、营养价值和人体需求的深入研究,提供了更加科学和系统的饮食指导。

营养学的进步使得我们对食物中的营养成分有了更深入的理解。通过科学分析,现代科技揭示了不同食材中的脂肪、蛋白质、碳水化合物、微量元素等成分如何影响人体健康。这不仅帮助人们更精确地制定饮食计划,也推动了健康食品的创新。例如,低脂、低糖、富含膳食纤维的食品应运而生,这些食品不仅符合现代健康饮食的标准,也能帮助解决传统饮食中可能存在的高油、高盐问题。

此外,现代食品科技还推动了健康食品的进一步发展。通过基因组学、食品加工技术和新型食品添加剂的应用,研究人员开发出了功能性食品,如含有益生菌的酸奶、富含 ω-3 脂肪酸的鱼油、补充维生素和矿物质的强化食品等。这些创新食品为人们提供了更多的选择,满足了现代人对健康的追求,同时也让传统饮食文化中的"食疗"理念得到了更加科学的实现。

总之,现代科技在营养学和食品加工领域的进步,不仅为传统饮食健康理念提供了新的科学解释和支持,也推动了健康食品的创新和普及。这一转变体现了传统饮食文化与现代科学相结合的趋势，使得饮食健康理念更加全面、科学和精确，从而帮助人们更好地实现健康目标，促进全球健康饮食文化的发展。

三、节令与时令食材的现代化应用

（一）节令食材的选择

传统饮食文化强调根据节令和季节变化来选择食材，这一理念根植于中国几千年的饮食实践中。在传统饮食观念中，不同的季节适合食用不同的食材，这不仅符合自然规律，还能最大程度地满足人体的营养需求和健康要求。例如，春季食用春笋、春菜等有助于清肝解毒，夏季则推荐吃清凉降火的瓜果，秋冬则重视温补，食用富含蛋白质的食物如羊肉、牛肉等。传统饮食理念通过食物与季节的协调，帮助人体保持内外的平衡，调节身体的气血和免疫力。

这种节令食材的选择不仅仅是基于食物的季节性，更多地是与健康和养生理念相结合。时令食材新鲜、天然，富含季节特有的营养成分和抗氧化物质，对保持健康、预防疾病起着至关重要的作用。在现代社会，随着对健康饮食和生态环保的日益关注，季节性食材的使用再次成为现代饮食文化中的亮点。现代人越来越注重选择符合季节的食物，这不仅能满足健康和营养的需求，同时也符合可持续发展的理念。季节性食材的选择能够减少不必要的食品浪费，降低对环境的负担，是推动健康饮食和环境保护的有力手段。

例如，冬季常见的柑橘类水果富含维生素 C，有助于提高免疫力，抵抗寒冷季节中的流感，而夏季的绿叶蔬菜则富含水分和维生素，能够清热解毒，保持身体水分的平衡。随着健康饮食理念的普及，越来越多的现代餐厅和家庭选择根据季节变化来规划菜单，推广时令食材，以确保食物的新鲜度和营养价值。

（二）现代烹饪方式的结合

在现代烹饪技艺和生活方式的影响下，传统节令食材的使用也得到了新的诠释和应用。现代烹饪技术的创新，如蒸、煮、炖、烤等方法的普及，使得传统食材能够最大限度地保留其天然风味和营养成分。同时，现代餐饮业逐渐注重快捷、便利和营养的平衡，这要求烹饪方式更加高效、简便且有创意。

现代烹饪技艺不仅能够更好地保留食材的营养，还能使传统的节令食材融入现代人的饮食需求中。例如，低温慢炖技术使得传统食材如鸡胸肉、牛肉等能够保持更嫩滑的口感，同时将食材中的营养成分充分提取，这种技术被广泛应用于汤品和炖菜中。现代化的厨房设备如智能电压力锅、多功能蒸汽烤箱等，也使得烹饪变得更加便捷，现代家庭在享受时令食材的同时，能够节省时间和精力。

此外，随着人们对健康和营养的重视，现代饮食文化中的餐饮方式也更加多样化。诸如低脂、高蛋白的烹饪方式，以及蔬菜、豆类、全谷物等食材的多元化应用，使得传统的节令食材更加符合现代人的健康需求。传统的食材不仅被应用在传统的中式菜肴中，还在融合菜系、创新菜肴中得到了新的表现。例如，时令蔬菜可以作为沙拉、寿司、汤品、甚至是低卡甜点的主要食材，成为现代健康饮食的一部分。

与此同时，现代快节奏的生活方式使得人们在享受传统节令食材时，开始寻求更加便捷的方式。许多餐厅和食品商开始开发速食、即食产品，如速冻蔬菜、即食汤品等，这些产品虽然方便，但依然保留了时令食材的营养价值，使人们在忙碌的生活中仍能享用健康的季节性食物。

通过现代烹饪技艺的改进和新餐饮方式的采用，传统节令食材的现代化应用不仅满足了人们对健康和营养的需求，还融入了现代社会对便捷、快速和多样化的追求。这种融合使得传统饮食智慧在现代社会中焕发出新的活力，并将继续推动全球饮食文化的发展。

四、饮食观念的多元化

随着全球化进程的加速，世界各国的文化日益交融，饮食文化的多元化也成为这一趋势的重要表现。不同国家和地区的饮食习惯与烹饪技艺通过跨国交流与融合，极大地推动了本土饮食文化的创新与多元化发展。以前传统上局限于某一地区的饮食文化，今天正越来越多地吸纳外来元素，形成新的饮食观念。这种文化多元化的推动不仅拓宽了人们的饮食视野，还促进了食材、烹饪方法和饮食风格的多样化，使得全球范围内的饮食文化趋于丰富和多元。

在过去的几十年里，越来越多的人开始接纳并融入其他国家和地区的饮食文化。例如，意大利的披萨、寿司、印度的咖喱等，已经成为全球许多地方的日常饮食。与此同时，越来越多的本土餐饮品牌开始将传统的本地饮食与外来饮食文化结合，创造出独具特色的菜品。这种融合不仅仅体现在食材和口味的创新上，还在餐饮方式、用餐文化和烹饪理念上得到了体现。例如，西餐的牛排与中国的麻辣火锅结合，形成了风味独特的"火锅牛排"，体现了两种饮食文化的结合与创新。此外，国际化的餐饮品牌也通过本土化的改造，迎合当地市场的需求和口味偏好。许多跨国餐饮企业根据不同文化背景和地方饮食习惯调整其菜单，以适应不同地区的消费者。例如，快餐品牌如麦当劳、肯德基等在进入中国市场后，根据中国人偏爱的口味，推出了诸如米饭、酸辣口味等符合本地口味的菜单。这种跨国餐饮文化的交流与本土化发展，促进了全球饮食文化的融合与创新。

在现代餐饮业中，融合与创新已成为饮食文化的重要趋势。许多餐厅通过将传统地方食材与现代烹饪技法相结合，创造出新的饮食形式，满足了消费者对美味、健康、便捷以及新颖的多样化需求。这种融合不仅是不同文化间的相互借鉴，更是一种创新的表达，它展现了传统饮食文化与现代饮食文化的互动。例如，在"融合菜系"中，西式的食材和烹饪方法与传统的中国食材结合，创造出了许多新式菜肴。像"中式西餐"便是一种典型的饮食创新形式，这些菜肴将中西方的食材和风味巧妙地结合在一起，创造出新的味觉体验。例如，利用中式的酱料、香料和烹饪方法，调制西式的牛排和鱼类，既保留了西餐的精致，又融入了中餐的浓郁口味，满足了消费者对多元化饮食体验的需求。在某些地方，传统的亚洲食材被巧妙地应用于现代西餐中，例如，利用日本的寿司食材（如生鱼片、海苔）做成的意式披萨，或在意大利面中加入辣椒和蒜蓉等具有中餐风味的元素，这些创新都体现了全球饮食文化的交汇与融合。

另外，一些餐厅还创新地将植物性食材与传统的肉类菜肴结合，创建出符合现代健康饮食理念的"植物肉"菜单。例如，采用大豆蛋白和植物性食材制作的"素汉堡"，或者用豆腐和海藻代替传统的肉类做成的"素煲仔饭"，这种创新不仅满足了健康饮食的要求，还符合环保和可持续发展的理念。

通过这些融合与创新的案例，我们可以看到，传统饮食与现代饮食文化的结合为餐饮业带来了更多的可能性。它不仅展现了饮食文化的多样性，还推动了全球饮食文化的变革和创新。随着社会的发展，人们对食物的需求也日益多样化，这种文化的交融和创新使得饮食不仅仅停留在营养和口味的层面，而成为一种文化表达和全球共享的资源。

第三节 传统饮食文化的创新与本土化改造

一、传统食材与现代烹饪技法的结合

随着现代生活方式的快速发展，人们对饮食的需求不仅仅局限于美味和传统，还注重健康、便捷和多样性。在这种背景下，传统食材与现代烹饪技法的结合为传统饮食注入了新的活力，既保留了食材的天然风味，又满足了现代人的健康需求和快速生活节奏。这一结合不仅有助于传统食材的创新发展，还推动了饮食文化的进一步演化。

（一）食材的多样化与创新

在现代饮食文化中，传统食材不仅得到了广泛的创新和丰富，还通过现代化的加工与烹饪技法，使其更加符合现代人对健康与美味的双重需求。随着消费者健康意识的不断提高，传统食材的使用方式正在发生巨大的变化。现代厨师们通过各种先进的烹饪方式，使传统食材不仅保留其原汁原味，还能更好地满足现代社会对营养、健康和味道的追求。例如，传统的豆类、蔬菜和谷物等食材，在现代烹饪中被重新诠释，并通过低脂、低糖等健康方法得到全新的呈现。豆类，如大豆、红豆和绿豆等，作为高蛋白、低脂肪的食材，早已在传统饮食中占据重要地位。而现代厨师则通过蒸、煮、炖等健康烹饪方式，赋予这些食材新的生命，使其能够最大程度地保

留其天然的风味和营养成分。相较于传统烹饪中常用的油炸和高盐调味，现代的烹饪方法更加注重健康，减少了不健康的脂肪和盐分的摄入。

此外，随着人们对饮食健康的重视，现代食品科学不断推动传统食材的创新和应用。例如，豆腐和海藻等传统食材如今成为现代素食菜肴中的重要组成部分，特别是在植物性饮食趋势的推动下，豆腐被广泛运用到多种现代素食餐点中，成为低脂、富含蛋白质的替代食品。海藻作为一种富含矿物质、低热量的食材，也在现代菜肴中越来越常见，尤其是通过创新的烹饪方式，使其更加符合现代人的健康饮食要求。

传统的中华烹饪技法，如炖汤、蒸菜等，在现代厨房中也得到了创新和发展。许多传统的炖品和汤品，通过现代科技和营养学的结合，进行了现代化的调整。例如，传统的鸡汤在现代烹饪中，可能通过低脂鸡胸肉和有机蔬菜的搭配，营养更加丰富且更加符合现代健康饮食的标准。再如，蒸菜这一传统烹饪方法也通过现代技术如高压蒸汽锅的使用，不仅节省了烹饪时间，也能更好地保留食材的营养成分。

这种食材的多样化和创新使传统食材焕发了新的生命力，并为现代饮食文化注入了新的活力。它们不仅能满足现代人对健康的需求，还在美味和营养之间找到了完美的平衡。通过传统食材与现代烹饪方式的结合，现代饮食文化不再仅仅局限于传统的做法，而是创造出更具创新性、更符合现代健康标准的菜肴。

（二）现代化的加工和保存方式

现代食品技术的发展，尤其是在食品加工和保存方面的创新，使得传统食材的使用更加方便且长久。随着现代科技的进步，食材的保存方式变得更加高效，这不仅大大延长了食材的保质期，还最大限度地保留了其营养成分。这些现代化的加工与保存方式，不仅让传统食材变得更加适应现代社会快节奏的生活需求，还减少了食物浪费，为消费者提供了更健康、便捷的饮食选择。

例如，冷冻技术的应用使得季节性食材能够全年供应，消费者不再受季节变化的限制，随时都能购买到新鲜的传统食材，如蔬菜、水果等。以冷冻蔬菜为例，现代冷冻技术能在采摘后的最短时间内通过迅速冷冻，保留其丰富的营养成分，使得食材不仅新鲜且营养不流失。消费者无需担心食材的季节性问题，可以在任何季节享用到新鲜的绿色蔬菜，方便且健康。

此外，真空包装和无添加剂保鲜技术的广泛应用，也为传统食品的保存提供了更安全、更环保的选择。通过真空包装技术，食材中的水分和空气被有效去除，从而减少了细菌的滋生，延长了食材的保质期。现代食品包装不仅保持了食物的原始风味，还避免了使用有害化学物质，确保了食品的健康性。无添加剂保鲜技术通过自然方法如气调包装等，保持食物的新鲜度和营养价值，同时避免了人工添加剂对健康可能带来的危害。

现代食品技术还使得一些传统食材，如新鲜鱼类、肉类和酱料等能够通过高效的加工和保鲜方式在更长时间内维持其风味和营养。例如，生鲜海产品通常通过冷链运输和深冷技术保鲜，使得即使是远离海岸线的地区也能享受到新鲜的海味。这些技术的应用不仅提升了食材的品质，也让现代消费者能够享用到更多种类的传统食品。

这些现代化的加工和保存方式不仅让传统食材的使用更加便捷，也使得人们能够更加轻松地享受健康、美味的传统食品。无论是在家庭日常饮食中，还是在外出就餐时，现代食品技术的创新都让传统饮食更加适应现代生活的节奏与要求。随着技术的不断进步，未来我们将看到更多传统食材以更健康、更便捷的方式进入我们的餐桌，为我们的饮食文化注入更多创新和活力。

综上所述，传统食材与现代烹饪技法的结合，不仅使得传统饮食文化得以传承和创新，还推动了健康饮食理念的普及与实践。现代烹饪技法与食品技术的融合，为传统食材注入了新的生命，使得它们更加符合现代人的健康需求、口味偏好以及快节奏的生活方式。

二、地方饮食文化的本土化改造

随着全球化和现代化的进程，地方饮食文化的本土化改造成为文化传承与创新的重要部分。地方特色食材和烹饪方式在传统文化的基础上，通过现代食品技术和创新的餐饮理念，焕发出了新的活力。地方饮食文化的本土化改造不仅传承了传统美食的精髓，还满足了现代消费者对健康、美味和便捷的需求，推动了饮食文化的持续发展。

（一）地域性食材的创新应用

地方特色食材是传统饮食文化的重要组成部分，它们深深植根于当地的自然环境、气候条件以及历史文化背景。每种食材都有其独特的风味和用途，与当地人的生活方式和健康观念息息相关。然而，随着全球化的推进和人们健康饮食意识的提高，许多传统食材和烹饪方法需要进行创新，以更好地适应现代消费者的需求和生活方式。传统食材的创新应用不仅有助于保留地方特色，还能将其与现代健康标准相结合，创造出更符合现代人饮食需求的美味。

1.传统食材的现代化改良

许多地方的腌制食物、发酵食品等，通过现代食品技术的改良，不仅保留了原有的风味和营养，还更加符合现代人的健康饮食标准。传统的腌制食品，如酱菜、酸菜等，通常使用高盐、长时间的保存方法，这虽能有效保存食物，但同时也带来了高盐、高脂肪的问题，与现代低盐、低脂、高纤维的健康饮食趋势相悖。

为了解决这一问题，现代食品科技对传统腌制和发酵技术进行了创新。通过使用低盐、低糖的配方，以及引入更多富含益生菌的成分，传统腌制食品不但能够保留其独特的口感，还能带来健康益处。例如，现代化的低盐腌制技术使得酱菜在保留原有酸爽味道的同时，增加了益生菌和维生素等有益成分，有助于促进肠道健康和免疫系统的提升。因此，现代的腌制食品不仅符合传统口味，还满足了现代消费者的健康需求，成为日常饮食中不可忽视的健康配菜。

类似地，传统的发酵食品如豆腐乳、酱油、酸菜等，也经历了现代化的生产过程，采用了更为精确的发酵环境和时间控制，确保食品的卫生和营养价值。例如，经过科学管理的发酵过程能有效去除不必要的细菌和杂质，同时保持丰富的风味和有益成分。这种现代化的发酵技术不仅提高了食品的安全性，还使其更符合现代健康饮食标准，成为现代饮食文化中的重要组成部分。

2.地域性食材的广泛应用

除了腌制和发酵食品，许多地域性食材，如香料、野菜、豆类和根茎类蔬菜等，通过现代化的烹饪方法和创新应用，成为现代健康饮食的一部分。随着人们健康饮食意识的增强，越来越多的地方特色食材被重新挖掘并结合现代烹饪技术，创造出既符合现代口味又能满足营养需求的美食。例如，传统的中药材和香料如枸杞、黄姜和红枣等，在现代素食和健康餐饮中被广泛使用，既增强了食物的药用价值，又提升了营养成分含量。这些食材不仅在餐桌上增加了风味，更为现代饮食文化注入了更多的健康元素。

地方特有的蔬菜和水果，如某些地方的根茎类蔬菜、野菜等，也逐渐成为现代健康饮食的主角。这些食材富含天然营养成分，如膳食纤维、维生素和矿物质，不仅对健康有益，也满足了人们对天然、无公害食物的需求。通过现代化的烹饪技巧，如蒸、煮、炖等，不仅保留了这些食材的天然风味，还能最大限度地保留其营养价值。

3. 本土化的餐饮品牌创新

现代餐饮业正在将传统地方美食与现代元素相结合，推动地方饮食文化的创新和发展。许多本土餐饮品牌通过对传统美食的改良，使其既保留传统风味，又能够满足现代消费者对健康、营养和便捷的需求。这种创新不仅体现在菜品设计和口味的改良上，还体现在品牌的经营理念、餐饮环境设计和服务方式的创新。

例如，地方特色小吃如煎饼果子、麻辣火锅、包子等，在现代餐饮品牌的创新中得到了全新的诠释。这些传统美食经过改良，不仅口味更符合现代人的健康需求，还更加符合现代快节奏生活的特点。例如，传统的火锅通过加入更多蔬菜、低脂肉类和健康食材，推出了低脂火锅、素火锅等新形式，吸引了越来越多注重健康饮食的年轻消费者。

此外，餐饮品牌在传统地方美食的创新过程中，还注重餐饮环境和用餐体验的设计。现代化的装修风格、创新的菜单设计和便捷的点餐系统等，使得传统美食不仅更具时尚感，也更加符合现代消费者的生活需求。许多餐饮企业通过数字化点餐系统、简化菜单和提升服务质量，优化了用餐流程，提供了更加便捷的就餐体验，从而适应了现代人对快捷、美味和健康的饮食需求。

本土餐饮品牌在地方美食的创新过程中，不仅关注本地市场，也将目光投向国际市场。随着全球化的发展，越来越多的地方小吃和传统菜肴通过创新的烹饪方式和包装设计，走向了世界的舞台。例如，地方特色的美食通过现代餐饮品牌的国际化发展，成为世界各地消费者的美食选择。这种跨文化交流不仅促进了地方饮食文化的传播，也让全球消费者有机会品尝到融入现代元素的传统美食。

总之，地方饮食文化的本土化改造不仅推动了传统食材和烹饪技艺的创新，也满足了现代消费者对健康、便利和创新的需求。通过现代烹饪技法和创新的餐饮品牌，本土餐饮企业成功地将传统美食与现代元素结合，创造出了新的饮食形式和消费体验，使得地方饮食文化在全球化的背景下继续蓬勃发展。

三、传承与创新的文化融合

饮食文化的传承与创新是一个不断演变的过程，它不仅涉及传统饮食技艺的继承，也包括现代社会对健康、便利以及美学的新要求。通过将传统饮食文化与现代元素融合，既能保持食物的文化底蕴，又能满足现代社会的需求。这种文化融合不仅是对传统饮食的保护，也是在创新中寻找新的表达方式和创新空间，使得传统饮食文化在全球化的背景下焕发新的生机。

（一）传统烹饪技艺的现代化

传统的烹饪技艺，如蒸、煮、炖、烧等，几千年来在世界各地的饮食文化中得到广泛应用，尤其在中国，这些烹饪方法不仅是烹饪技巧的体现，更与健康理念息息相关。蒸、煮、炖等传统技法以其温和的烹饪方式，在保留食材原汁原味的同时，也最大限度地保留了食物中的营养成分。相比于高温油炸和过度加工，这些方式可以更好地保留食材中的维生素、矿物质和蛋白质，符合现代人追求低脂、低热量的健康饮食需求。

然而，随着现代饮食观念的变革和科技的发展，传统的烹饪技艺不仅需要传承，更需要创新和适应时代的需求。现代厨房的各种高效电器，如压力锅、蒸锅、慢炖锅等，极大地提高了传统烹饪方法的效率和便捷性，使得传统技艺能够适应现代快节奏的生活方式。这些现代化的烹饪设备不仅保留了蒸、煮、炖等传统技艺的精髓，同时还能有效地缩短烹饪时间，并提高食物的口感与营养保存率。例如，压力锅能够以更高的温度和更短的时间完成炖煮，使得食材在更短时间内软化入味，同时保留了大量的营养成分。

同时，传统食材的选择也在不断创新，以满足现代人的健康需求。例如，低脂、低糖、高纤维的食材逐渐成为现代烹饪中的主流选择。蔬菜、水果、豆类、全谷物等天然食材被广泛应用，取代了高脂肪、高糖分的食材。在这方面，现代厨师们已经不再局限于传统食材，而是采用了创新的方式，以健康的食材搭配创造出既符合传统口味又满足现代营养需求的美味佳肴。

例如，传统的炖菜和汤品在现代餐厅中经过创新，采用新的食材搭配和现代营养学的指导，提升了菜肴的健康价值。慢炖汤使用了更多的低脂高蛋白食材，如鸡胸肉、海鲜、豆腐等，而传统的炖肉、炖汤则采用了更多富含纤维、低脂肪的食材组合。这不仅提升了食物的营养价值，同时也使得传统菜肴更加符合现代人的饮食健康要求。

现代餐饮业中，许多厨师开始尝试将传统菜肴与创新技术结合，创造出新的烹饪体验。分子料理便是一个典型的例子，它通过现代科技与传统菜肴结合，在味觉、视觉甚至触觉上都带来了全新的享受。例如，将传统的蒸菜与分子料理的技术相结合，利用液氮等先进手段对食材进行快速处理，可以在保持原味的同时，赋予菜肴不同的口感和外观，这不仅让传统技艺得到了创新，也带来了前所未有的美食体验。

（二）食文化的创新与保护

食文化的创新与保护是对传统饮食文化的尊重与提升。传统饮食文化蕴含着深厚的历史与文化价值，它不仅代表了一种独特的生活方式，也体现了人与自然的和谐关系。随着现代社会的发展和全球化进程的推进，传统食文化面临着现代生活方式的冲击，这要求我们在创新中保护其核心价值和文化传承。

首先，现代饮食文化继承了传统对食材精挑细选的原则，特别是在食物质量的追求上。传统食材往往有着丰富的历史背景和深厚的地域文化，而在现代社会，这些食材也在经过科学研究和可持续农业的推动后，变得更加符合现代人的需求。例如，有机食品、绿色食材的使用逐渐成为现代饮食的趋势，许多餐饮品牌开始注重从生态保护和环境友好的角度出发，选择本地季节性食材，避免对环境造成不必要的负担。这种从传统食材到现代营养需求的过渡，不仅保留了食材的文化内涵，也提高了食物的营养价值，促进了健康饮食理念的普及。

其次，传统饮食文化中的细节和仪式感在现代社会依然占据重要地位。许多文化中对餐饮的仪式感十分注重，例如，中国的"宴席文化"、日本的"茶道"、法国的"美食艺术"，这些传统饮食礼仪不仅是社会互动的重要组成部分，也是文化的传承方式。现代餐饮业在创新中注重保留这些传统文化符号，通过现代化的服务方式和用餐体验，使传统的饮食礼仪与现代餐饮文化相结合。这种融合使得传统饮食文化在现代社会中焕发出新的生机，既能保留传统的美学和仪式感，又能符合现代社会的餐饮需求。

再次，在现代社会，随着环保和可持续发展的理念不断深入，许多传统饮食文化中的做法也在逐步调整。例如，传统的食物保存方式和储存技术在现代科技的支持下得到了改进。通过真空包装、冷链物流等现代化技术，不仅减少了食物浪费，也延长了食品的保质期。这些现代技术的应用不仅让食物的保存更为高效，也使得消费者能够更方便地享用到新鲜和安全的食品。

最后，现代饮食文化更加注重环保与健康。许多餐饮品牌已经开始提倡使用本地季节性食材，避免过度加工和包装，倡导更加简约而有意义的食物生产和消费方式。这种绿色环保的饮食方式，不仅保护了环境，也符合了现代消费者对健康和营养的需求。

总之，传统饮食文化的创新与保护，在保留传统精髓的同时，通过现代烹饪技法和创新思维的结合，推动了食文化的进步。这种文化融合不仅为传统饮食注入新的活力，也为现代社会提供了更加健康、营养、可持续的饮食选择。

四、饮食健康观念的本土化

随着现代社会的不断发展,健康饮食的理念逐渐成为人们生活方式的重要组成部分。在这一过程中,传统的饮食文化与现代健康观念的结合,促进了饮食健康观念的本土化发展。通过融合现代营养学与传统养生理念,以及倡导绿色饮食与生态环保,传统饮食文化在现代社会中焕发出新的生命力。

(一)融合现代营养学与传统养生理念

传统饮食文化蕴含着丰富的养生智慧,诸如五行理论、食疗法等,这些理念强调食物与人体健康之间的密切关系,并通过合理的食物搭配和烹饪方法来达到调节体内平衡的效果。五行理论中的"金木水火土"分别与不同的食物和食材相对应,通过顺应季节变化、个人体质和生活环境等因素,选择合适的食材来帮助维持身体健康。传统的食疗法也同样强调通过食材来调理身体,常见的如利用某些食物来增强体力、调节脾胃、养血补气等。

然而,随着现代营养学的迅速发展,传统养生饮食理念逐渐与现代营养学相结合,形成了一个新的健康饮食模式。这种结合使得传统饮食文化在现代社会中得到了进一步的拓展和完善。现代营养学通过对食物中各种营养成分的科学分析,帮助人们更深入地理解传统饮食中的养生智慧。例如,传统食疗中的一些方法,如通过食材调理肠胃、增强免疫力等,经过现代科学研究的验证,发现这些食疗方法确实对身体健康有益,能够有效促进肠道健康、提高免疫力等。

现代营养学注重膳食平衡与营养成分的科学摄入,传统的食疗方法则更加关注食材的天然属性和对身体的调理作用。现代营养学的科学分析对食物中的营养成分进行了更精确的评估,并提供了健康饮食的具体指导,如如何通过合理的膳食结构来保持健康、预防慢性病等。而传统食疗中的"药食同源"理念则强调食物与药材的结合,通过食材搭配达到治疗和保健的效果。这种融合让传统饮食方法更符合现代健康饮食标准,并通过科学依据为现代人提供更加健康的生活方式。

例如，现代营养学提出了合理搭配蔬菜、水果和全谷物的饮食结构，而在传统食疗中，也有类似的食材搭配，如春季食用有益于肝脏的绿色蔬菜、夏季食用清凉降火的食物等。这些食材选择不仅有助于维持身体的平衡，还符合现代营养学中对多种维生素和矿物质的补充要求。因此，现代人可以从传统饮食中汲取丰富的养分，同时在烹饪和饮食方式上更注重科学和精准。通过这种现代营养学与传统养生理念的结合，人们能够更好地维持健康，提高生活质量，预防和缓解一些常见的慢性病。

（二）绿色饮食与生态环保的结合

随着环保意识的提高和可持续发展理念的普及，绿色饮食逐渐成为现代人关注的焦点。这种饮食方式不仅强调使用天然和有机食材，还着眼于减少对环境的负担和推动食物生产过程中的可持续发展。传统饮食文化中有许多与自然和生态相契合的观念，如尊重自然、顺应季节的食材选择以及节俭的饮食方式，这些理念与现代社会对生态环保的关注逐渐融合，推动了绿色饮食的普及。

在传统饮食文化中，食材的选择通常与季节、气候、土壤和环境密切相关。传统的中餐烹饪方法非常注重食材的时令性，强调根据季节的变化选择合适的食材。例如，春季食用有益于肝脏的绿叶蔬菜，夏季食用清凉降火的食物，秋冬则多以滋补、温暖身体的食材为主。这种顺应自然的饮食方式不仅有助于身体健康，还能减少对环境资源的浪费。此外，传统饮食文化中的节俭观念强调食材的充分利用，避免浪费食物。这一思想在现代社会得到了重新认识和重视，尤其是在全球资源紧张和环境污染的背景下，避免食物浪费和提倡节约已成为全球共识。

现代绿色饮食则更加强调通过减少动物性食材的摄入、增加植物性食材的比例来降低环境污染和碳排放，推动可持续农业的发展。现代研究发现，养殖业对环境的负担远大于种植业，而植物性食物对生态环境的影响较小。越来越多的餐饮品牌和家庭开始采用有机食材、低碳食物和本地生产的季节性食材，避免使用过度加工的食品和不环保的包装。这种绿色饮食不仅关注个体的健康，还更加注重食品生产和消费对生态环境的影响。

此外，随着人们对食物生产过程环保性的关注，越来越多的餐饮品牌在运营过程中实施可持续发展策略。例如,使用可降解包装材料、减少食物浪费、支持本地农业等,都是绿色饮食的重要组成部分。现代餐饮品牌还鼓励顾客选择植物性菜单,提供无肉或低肉的饮食选项,既满足消费者对健康饮食的需求,也减少了对环境的负担。绿色饮食文化的兴起,使得传统饮食文化中的自然与节俭思想得到了现代的重新审视和发扬。

这种绿色饮食与传统饮食文化的结合,不仅推动了生态环保的理念,还使得更多人关注健康饮食。现代饮食方式更加强调食材的多样性、营养价值和环境友好性。在这种融合下,传统饮食文化不仅保持了其文化内涵和营养价值,还与现代健康、环保的需求相适应。绿色饮食的普及,不仅符合现代人的健康需求,也促进了全球饮食文化的可持续发展。

总之,现代营养学与传统养生理念的结合以及绿色饮食与生态环保理念的融合,促进了健康、可持续的饮食文化的形成。这种文化融合不仅帮助人们实现更健康的生活方式,还推动了对食物生产过程的环境责任意识,形成了更符合现代社会需求的饮食模式。

饮食健康观念的本土化是传统饮食文化在现代社会中的一个重要转型过程。通过融合现代营养学与传统养生理念,传统饮食文化不仅在健康领域得到了进一步的发展,还帮助人们形成了更科学、均衡的饮食方式。同时,绿色饮食与生态环保的结合,既传承了传统节俭和尊重自然的饮食观念,也契合了现代社会对可持续发展和环境保护的迫切需求。通过这种融合,传统饮食文化不仅得到了创新,也为现代社会提供了健康、环保和可持续的饮食选择。

第三章

现代饮食模式与健康问题

现代饮食模式在全球化与城市化进程中迅速发展，随着科技进步、生活方式变化以及文化交流的加深，饮食习惯已发生了深刻的变革。从快餐文化的兴起到外卖产业的蓬勃发展，现代人追求便捷和高效的饮食方式，然而，这一趋势也带来了诸多健康问题。现代饮食中普遍存在的高热量、高脂肪、高盐分等特点，导致肥胖、代谢综合症、心血管疾病等慢性病的发生率日益增加。此外，不均衡的饮食结构与加工食品的普及，使得微量营养素的缺乏和食物过敏问题逐渐显现。

第一节　现代饮食模式的特点与变迁

一、便捷化与快节奏饮食

（一）快餐文化的兴起与外卖行业的发展

随着社会的发展和城市化进程的加快，人们的生活节奏变得越来越快，工作和生活压力也随之增加。快餐文化的兴起正是响应这一变化的产物。快餐不仅提供了快捷方便的饮食解决方案，还满足了人们对快速用餐和即时消费的需求。尤其是在繁忙的工作日，快餐成为许多上班族和学生的首选，其不仅能节省宝贵的时间，还能快速填饱肚子。

随着互联网技术的不断进步，外卖行业也得到了蓬勃发展。外卖平台的兴起使得消费者可以在任何时间、任何地点选择自己喜爱的食物，并通过手机下单，几乎不需要离开自己的工作岗位或家庭。这一便利的服务不仅满足了快节奏生活中的饮食需求，还让更多人能够享受各种美食，甚至是以前无法轻易获得的异国风味。外卖行业的迅速发展促使了更多餐饮企业和个人商家加入其中，提供更多种类的餐饮服务，使得消费者的选择更为多样化。

（二）方便食品和即食食品的普及

现代生活方式的变化也催生了方便食品和即食食品的普及。随着快节奏的生活要求，人们越来越倾向于选择无需烹饪、即食的食品。这些方便食品不仅节省了烹饪时间，而且多数都采用了现代化的包装技术，保持了食物的口感和营养成分，提供了一种便捷的饮食选择。

方便食品，如即食面、罐头食品、冷冻食品等，因其便于储存、快速准备和即食的特点，成为许多人日常饮食的一部分。这些食品适应了现代人对时间效率的高度需求，尤其在忙碌的工作日或紧张的日程安排下，它们成为人们不容忽视的饮食选择。然而，虽然方便食品在时间上提供了极大的便利，但其通常含有较高的盐分、糖分和添加剂，过度依赖这类食物可能会影响健康，尤其是对于长期营养不均衡的人群。

（三）现代人对快速、便捷饮食的需求

现代人对便捷饮食的需求反映了社会生活方式的巨大变化。由于工作、学习以及个人生活的压力，人们的时间变得越来越宝贵，饮食也不再是单纯的生理需求，而是更多地融入了快节奏的生活模式。为了适应这种变化，消费者越来越倾向于选择能够快速准备且符合现代需求的饮食方式。

在这种背景下，餐饮行业也进行了快速的转型与创新，提供了更加符合现代人需求的食品和服务。例如，餐饮外卖的便捷性和多样性，迎合了消费者在繁忙的生活中需要快速享用餐食的愿望。与此同时，许多餐饮商家也开始提供定制化的快餐和即食产品，以满足健康、口味等方面的个性化需求。

现代人对便捷饮食的偏好并不意味着对饮食质量的完全妥协。随着健康饮食意识的提高，越来越多的消费者开始要求便捷食品不仅要迅速满足口腹之欲，还要注重营养成分的均衡。例如，低脂、低盐、高纤维、无添加剂的即食食品逐渐在市场中占据一席之地，以迎合人们对健康饮食的关注。饮食行业也在积极探索如何在满足快捷需求的同时，提供更加健康、营养的食品，力求在便捷和健康之间找到平衡点。

总体来看，现代人对便捷化饮食的需求是社会发展和科技进步的必然产物，而这种饮食方式的普及和发展，将继续对人们的饮食习惯、健康状况以及餐饮行业的未来方向产生深远影响。

二、高度加工食品的普及

（一）罐头、冷冻食品及速食产品的盛行

随着现代科技的发展和食品工业的进步，罐头、冷冻食品和速食产品成为现代饮食的重要组成部分。这些食品不仅便于存储和运输，还能够提供方便、快捷的用餐选择。尤其是在工作和生活节奏加快的当今社会，罐头食品和冷冻食品因其不易腐败、即食或只需简单加热便可食用的特性，得到了广泛的应用。许多人依赖这些方便食品，尤其是在忙碌的日常生活中，速食产品成为快速解决温饱问题的便捷选择。

罐头食品和冷冻食品的盛行，极大地改变了传统的烹饪习惯和食品选择。这些食品在加工过程中通常经过高温处理或冷冻处理，使得它们能够在没有冷藏设施的情况下保存较长时间，适应了现代生活方式的需求。同时，速食产品和即食食品的普及，满足了消费者对快速餐饮的渴求，让人们在繁忙的生活中无需花费大量时间准备食物。

然而，虽然这些高度加工的食品为人们提供了极大的便利，它们的营养成分往往较为单一，且可能缺乏新鲜食材所包含的微量元素和维生素。长期依赖这些食品可能会影响健康，尤其是在营养摄入不均衡的情况下。

（二）加工食品对现代饮食的影响

高度加工食品的普及对现代饮食产生了深远的影响。这些加工食品通常通过添加防腐剂、色素、香料和其他人工添加剂来延长保质期和提升口感。然而，这种加工方式通常会导致食品中天然营养成分的流失，而人工添加物的摄入则可能对人体产生负面影响。

随着现代加工技术的不断创新，越来越多的食品得以快速加工并大量生产，这些食品往往更便宜、便捷，但它们的营养价值却远不如新鲜食物。加工食品常常含有大量的盐、糖和油脂，而这些成分在高加工食品中被过度使用，导致消费者在无意中摄入过多的热量和不健康的成分。

此外，加工食品的过度消费可能会导致肥胖、心血管疾病、糖尿病等慢性病的发生。尤其是现代社会中许多人不注意膳食平衡，过多依赖加工食品和速食产品，往往忽视了新鲜食物中的营养元素，如维生素、矿物质和纤维等。逐渐改变这种饮食方式，减少对高度加工食品的依赖，成为许多健康专家提倡的饮食方向。

（三）快餐和包装食品的高盐、高脂肪成分

快餐和包装食品是现代饮食中不可忽视的一部分，这些食品通常通过

高盐、高脂肪和高糖的成分来提升口感,并通过加工工艺使其更加便于存储和食用。然而,这些高盐、高脂肪的成分对健康产生了显著的负面影响。

高盐摄入是现代饮食中的一个普遍问题。长期摄入过多的盐分会导致高血压等心血管疾病的风险增加。快餐和包装食品中盐分含量通常较高,尤其是速食面、即食餐和零食类产品。与此同时,高脂肪的摄入也可能导致体重增加、胆固醇升高等问题,而这又与许多慢性疾病密切相关。

现代快餐往往以油炸食物为主,而油炸食品中含有大量的饱和脂肪和反式脂肪酸,这些成分不仅增加了心血管疾病的风险,还对体内的脂肪代谢产生不良影响。过多的脂肪摄入还可能导致肥胖,增加糖尿病等代谢性疾病的风险。

此外,包装食品中的糖分和脂肪含量常常超过健康饮食的推荐标准,这使得现代人很容易在不知不觉中摄入过多的卡路里。为了满足现代人对便捷食物的需求,快餐和包装食品厂商往往忽视了食物中的营养平衡,而只注重口感的提升。

总体来说,快餐和包装食品的高盐、高脂肪成分对现代人的健康构成了巨大挑战。虽然这些食品能提供方便快捷的饮食选择,但如果长期过量食用,将对身体健康带来不良影响。因此,如何平衡传统饮食习惯与现代便捷饮食方式,减少高盐、高脂肪食品的摄入,成为保持健康饮食的关键。

三、饮食选择的多样化

(一)素食、植物基饮食等新兴饮食趋势

随着全球对健康饮食关注度的提升,素食和植物基饮食逐渐成为越来越多人选择的生活方式。素食和植物基饮食不仅代表了一种健康的饮食方式,也反映了人们对环境和动物福利的关注。植物基饮食强调以植物为主的食物,包括蔬菜、水果、全谷物、坚果和豆类等,而不包括或限制动物产品的摄入。这一饮食方式不仅能减少患慢性病的风险,如心血管疾病、糖尿病和某些癌症等,还能有助于控制体重、改善肠道健康。

素食和植物基饮食的兴起不仅受到健康因素的推动,环保和伦理考量也是重要驱动力。随着对气候变化和环境保护问题的关注增加,植物基饮

食被认为是减少碳足迹和水资源消耗的有效方式。动物饲养业被认为是温室气体排放的重要源头之一，越来越多的人选择通过减少肉类和动物性食品的摄入来为环境保护贡献力量。

此外，素食和植物基饮食也逐渐成为一种文化现象，吸引了越来越多的年轻消费者。素食餐厅、植物基食品品牌的兴起，为消费者提供了更多选择，并且使这些饮食方式从一种生活方式转变为一种主流的饮食趋势。

（二）有机食品、健康饮食的兴起

随着人们健康意识的提高，有机食品成为现代饮食的重要组成部分。有机食品指的是在种植和养殖过程中不使用化学肥料、农药、转基因种子等人工合成的化学物质，而是通过生态农业方式进行生产，保证食品的天然和无污染。随着食品安全问题频频引发公众关注，有机食品因其较低的化学残留和更高的营养价值，成为消费者的首选。

与此同时，健康饮食的兴起也催生了各种相关的食品和饮食模式的普及。现代人更加关注饮食中的营养成分和食品的来源，低糖、低盐、高纤维、高蛋白等健康饮食理念开始受到更多人的青睐。有机蔬菜、全谷物食品、草饲牛肉和有机鸡蛋等成为健康饮食的标配，而无添加剂、无防腐剂的食品则更受消费者喜爱。

健康饮食的兴起不仅仅是局限于有机食品的选择，还包括人们对食材的全面关注。越来越多的人开始注重营养成分的搭配和烹饪方法的选择，低脂、低糖和高纤维的饮食逐渐成为主流，健康饮食的理念开始渗透到日常生活的方方面面。

（三）健康饮食趋势对饮食模式的塑造

随着健康饮食趋势的推动，现代饮食模式经历了显著的变化，消费者的饮食选择也变得更加注重营养均衡和食物的天然属性。健康饮食的趋势不仅影响了个人饮食习惯的转变，也对餐饮行业和食品生产商带来了深远的影响。越来越多的餐饮品牌开始调整菜单，推出更多符合健康饮食要求的菜肴，如低卡路里、低脂肪、富含植物蛋白的食品。

超市和食品零售商也纷纷引入更多健康、无添加的产品，满足市场对健康食品的需求。此外，餐饮行业的变化还体现在外卖和便利食品的健康化。例如，一些外卖平台提供了专门的健康餐单，许多传统餐饮品牌也开始推出素食、低脂、高纤维的健康餐饮选项，迎合了消费者对健康饮食的需求。

这种饮食趋势的转变还影响了食品制造和农业生产方式。为了满足市场对健康食品的需求，越来越多的食品生产商开始使用天然、有机的食材，改进加工方式，减少不必要的添加剂和防腐剂。此外，许多农场和农业生产商也积极向有机种植和绿色农业转型，以提供更健康、更安全的食物。

总体来说，健康饮食趋势正在深刻地塑造现代饮食模式。消费者对营养均衡、食材来源、食品安全等方面的要求越来越高，推动了餐饮和食品行业在健康饮食方向上的创新和改革。这一趋势不仅有利于个人健康，还促进了更环保、更可持续的食品生产方式，为未来的饮食文化发展奠定了基础。

第二节　现代饮食中常见的健康问题

一、肥胖与代谢综合症

（一）现代饮食与肥胖的关系

肥胖在现代社会中已经成为一个普遍而严重的健康问题。随着工业化和全球化的加速发展，现代饮食结构发生了巨大变化，进而推动了肥胖问题的蔓延。过去，人们的饮食较为简单，以谷物、蔬菜和少量肉类为主，但随着生活方式的改变，尤其是快餐文化的兴起，现代人越来越倾向于选择高热量、低营养密度的食物。这些食物虽然能够迅速满足人们对能量的需求，但它们缺乏必要的微量元素、维生素以及膳食纤维。

现代饮食中的高热量食物往往富含糖分、精制碳水化合物和不健康的脂肪，尤其是加工食品、快餐、零食等，它们的普遍特点是富含糖和盐、低纤维、低蛋白质，且饱和脂肪和反式脂肪的含量较高。这些食物能在短时间内提高人体的血糖和血脂水平，进而促使脂肪的储存。当人们过度摄入这些食物时，热量的摄入会超过身体的需求，导致热量过剩，长期积累的多余热量最终转化为脂肪，导致肥胖的发生。

此外，现代社会的工作方式和生活节奏也在很大程度上影响了体重管理。随着科技的发展，越来越多的人从事久坐的工作，电子设备的普及使得人们的运动量大幅减少。长期的久坐生活方式降低了身体的能量消耗，加剧了肥胖的发生。许多人因为工作压力和生活节奏紧张，缺乏运动的时间和动力，形成了一个恶性循环——不运动导致肥胖，肥胖又导致身体健康问题，进而影响生活质量。

因此，现代饮食的特点和现代生活方式的改变共同作用，成为肥胖流行的主要原因。减少高热量食品的摄入、增加膳食中的纤维和健康脂肪的比例，以及增加体育活动，成为现代人预防肥胖的重要手段。

（二）高热量、高糖食物对体重的影响

高热量是肥胖的罪魁祸首之一。人们对这些食物的偏爱，使得肥胖问题愈加严重。高热量食物通常是指那些提供大量能量但营养价值较低的食物。这类食物往往富含糖分、脂肪，尤其是反式脂肪和饱和脂肪。常见的高热量食物包括油炸食品、甜点、含糖饮料、快餐等。这些食物的摄入会导致热量过剩，超出了人体的能量需求，最终转化为脂肪储存在体内，导致体重增加。

糖分是体重管理的另一个关键因素。高糖食物在进入体内后，会迅速转化为葡萄糖，进入血液并提高血糖水平。为了应对这一变化，胰腺会分泌胰岛素，胰岛素的作用是帮助血糖进入细胞内，为细胞提供能量。然而，频繁摄入高糖食物会导致胰腺长期高负荷工作，胰岛素分泌增加。如果这种状态持续过长时间，人体可能会发展出"胰岛素抵抗"的现象，即细胞对胰岛素的反应减弱，胰岛素无法有效地调节血糖水平。

胰岛素抵抗不仅会导致糖尿病的发生，还会加速脂肪的积累。因为胰岛素不仅是调节血糖的激素，还是促进脂肪存储的激素。高水平的胰岛素会促使脂肪在身体内的积存，尤其是在腹部。长期高糖饮食还可能导致食欲控制机制的紊乱，使得人们的饥饿感和饱腹感无法得到正确的调节，从而增加食物的摄入量，进一步加重肥胖。

此外，糖分的摄入还会影响大脑的奖励机制。当我们摄入高糖食物时，

大脑会分泌多巴胺等"快乐激素",这种奖励机制让人感到愉悦,并产生继续摄入糖分的欲望。这也是为何许多人会对糖分产生依赖,反复摄入高糖食物,从而形成了一个难以打破的恶性循环。长期如此,体重的增加几乎是不可避免的。

总体来说,高热量和高糖食物通过提供过多的能量和促使脂肪积存,加剧了肥胖问题。控制食物中的热量和糖分摄入,选择更健康、低糖和高纤维的食物,减少高糖、高热量食物的摄入,是有效管理体重、预防肥胖的关键。

(三)肥胖引发的糖尿病、心血管疾病等

肥胖不仅是外观上的问题,更是影响健康的严重因素。肥胖会引发一系列代谢性疾病,尤其是糖尿病、心血管疾病等。肥胖的根本原因在于能量过剩,长期热量摄入过多,导致脂肪积累,尤其是内脏脂肪。这些脂肪细胞不仅仅是能量储存库,它们还会分泌多种激素和炎性物质,导致代谢紊乱,增加患病的风险。

一是肥胖与 2 型糖尿病密切相关。肥胖者体内的脂肪,特别是腹部的内脏脂肪,会分泌各种激素和细胞因子,这些物质干扰胰岛素的正常作用,导致胰岛素抵抗的发生。胰岛素是调节血糖的关键激素,胰岛素抵抗的发生意味着胰岛素无法有效地控制血糖,导致血糖升高,最终发展为糖尿病。研究表明,肥胖是 2 型糖尿病的最主要危险因素,尤其是在中老年人群中,肥胖与糖尿病的发病率呈显著正相关。

二是肥胖也会导致心血管疾病的发生。肥胖会增加患高血压的风险,高血压本身是心脏病、冠心病、脑卒中的主要危险因素。肥胖还会导致血脂异常,血液中的胆固醇和甘油三酯水平升高,这些脂质会在血管壁上积聚,形成动脉粥样硬化,导致血管变窄,影响血液流动,从而引发心脏病和中风等心血管疾病。肥胖对心脏的负担也非常大,过多的脂肪会增加心脏的工作量,长期下来可能导致心力衰竭。

三是肥胖还与许多其他疾病相关,包括某些类型的癌症、睡眠呼吸暂停症、关节炎等。肥胖所引起的炎性反应、激素紊乱以及代谢失调,都会增加患病的风险。

总体来说，肥胖是导致多种代谢性疾病的关键因素，尤其是糖尿病、心血管疾病等严重健康问题。控制体重、改善饮食结构、增加运动量，是预防和治疗肥胖相关疾病的有效方法。

二、高盐饮食与高血压

（一）高盐摄入对血压的影响

盐，特别是氯化钠，是日常饮食中最常见的调味品之一，但其摄入过量对健康的危害却常常被忽视。人体的正常功能依赖于适量的盐分，但过量的盐分则会引发一系列健康问题，尤其是高血压。高盐饮食是高血压的重要危险因素之一，且其作用机制已被广泛研究。

盐分的主要成分是钠离子，钠离子是体内调节水分平衡的重要元素。摄入过多的盐分会导致体内钠离子浓度升高，这会影响肾脏的功能，减少其排出多余钠的能力。随着血液中钠离子浓度的增加，体内的水分也随之增多，造成血容量增加。这种血容量的增加，直接导致血管内的压力增大，从而引起血压的升高。

此外，高盐饮食还会影响血管的弹性，导致血管的收缩和变窄。盐分过多的摄入会促使肾脏释放更多的激素，这些激素会引起血管平滑肌的收缩，导致血管变窄，进一步加重血压的升高。研究表明，长期高盐饮食会导致血管硬化和动脉粥样硬化，进一步增加心血管疾病的风险[1]。

对于正常人来说，适量摄入盐分并不会对血压产生明显影响。然而，当盐分摄入量过多时，人体的调节机制可能会失效，进而导致血压升高。特别是在那些已经患有高血压或高血压家族史的人群中，过量盐分的摄入更容易加重病情。因此，控制盐分摄入对于防止高血压的发生及其控制至关重要。

（二）快餐和加工食品中的盐分过量

现代饮食结构的变化是高盐饮食的一个重要因素。近年来，快餐和加工食品的普及使得人们在日常饮食中摄入的盐分量大幅增加。快餐、即食

---

[1] 吴志婷，葛郁芝，刘秋玲.800例动脉硬化与心血管疾病危险因素的相关性分析[J].江西医学院学报，2009，49（005）：71-73，76.

食品和罐头食品等通常含有大量的盐分，以增加食物的风味和延长保质期。相比于传统的家庭烹饪，外卖和加工食品中的盐分含量通常更高。例如，一份汉堡包、炸鸡、披萨等快餐食品的盐分含量远远超过自制饭菜中的盐分。这些食品中添加高盐成分，不仅是为了增加味道，还能通过抑制微生物生长，以延长食品的保存时间。即食面、冷冻披萨、罐头汤、腌制食品等常见的加工食品都含有丰富的盐分，且由于其食用便捷，许多人无意识地摄入过多的盐。

快餐食品中每一份的盐分摄入量普遍超出了健康推荐的盐摄入量。例如，一份快餐可能含有的盐分已经接近甚至超过了一个成年人每日推荐的盐摄入量。这种高盐饮食的习惯，长期以往，会对血压和整体健康产生负面影响。此外，许多加工食品在制造过程中会添加不必要的盐分，而这些食品又很难通过标签或口味直接识别。例如，一些包装好的蔬菜、调味酱、薯片等虽然看起来较为健康，但其中的盐分含量往往超标，而消费者未能充分意识到这些潜在的隐形盐源。

因此，快餐和加工食品中的过量盐分摄入是导致现代人群高盐饮食的一个重要原因。为了减少高盐饮食的危害，选择自制、少加工的饮食，减少外卖和高盐加工食品的摄入，是每个人维护健康的关键步骤。

（三）高盐饮食与高血压的长期危害

长期摄入过量的盐分不仅会导致短期的血压升高，还会对心血管系统及其他器官造成长期的危害。高盐饮食的长期影响通常是渐进的，很多人在日常生活中难以察觉，直到发生严重的健康问题。

一是高盐饮食的最直接后果就是高血压。高血压是导致心脏病、脑卒中、肾衰竭等一系列疾病的重要危险因素。长期高血压会对血管造成持续的压力，导致血管壁增厚、硬化，最终引发动脉粥样硬化、冠状动脉疾病、心脏病和中风等心血管疾病。高血压对脑血管的影响尤为严重，它是引发脑卒中的重要原因之一。脑卒中的发生通常是由于血管破裂或血栓堵塞所致，而高盐饮食引发的高血压就是其中的重要诱因。

二是高盐饮食对肾脏的危害也不可忽视。肾脏是负责调节体内水和盐分平衡的主要器官。当盐分过多时，肾脏需要更加努力地排除过多的钠离子,长时间的高盐负担可能导致肾功能逐渐下降,甚至引发慢性肾衰竭。肾脏功能的损害还会进一步加重高血压的病程,因为肾脏不良的代谢会导致更多的液体在体内滞留,增加血容量,进一步升高血压。

三是长期的高盐饮食还会增加胃癌的风险。有研究发现,过多的盐分会刺激胃黏膜,增加胃癌的发生几率。盐分在胃中的积累会损伤胃壁,导致胃部慢性炎症,这种持续性的炎症反应是胃癌发生的一个潜在风险因素。

四是更为严重的一点,过量的盐分摄入还可能导致骨质疏松。高盐饮食会增加尿液中的钙排泄,导致体内钙质流失,进而影响骨密度,增加骨折的风险。尤其是老年人,骨质疏松和高血压的双重影响使得他们的健康问题更加复杂,导致生活质量严重下降。

高盐饮食已经成为现代社会许多健康问题的根源之一,尤其是高血压的发生和发展。摄入过多的盐分不仅直接导致血压升高,还会引发一系列的心血管疾病、肾脏疾病等慢性病。快餐和加工食品的普及是现代高盐饮食的主要来源,而这些食品往往被忽视了其中的隐形盐分。为了解决这一问题,减少盐的摄入,特别是减少加工食品和快餐的摄入,是至关重要的。通过控制盐分的摄入量,保持健康的饮食习惯,我们可以有效降低高血压的发生风险,改善整体健康状况。

三、营养不均衡与微量营养素缺乏

(一)高糖、高脂食物对营养均衡的破坏

随着社会的发展和饮食方式的变化,现代人群的饮食结构发生了显著变化。特别是在工业化和城市化的推动下,快餐、零食和加工食品的消费逐年增加。这些食品往往富含高糖和高脂肪成分,而缺乏人体所需的其他营养成分。高糖和高脂食物的过量摄入,不仅会导致肥胖、代谢综合症等健康问题,还会破坏体内的营养均衡,对健康造成深远影响。

高糖食物,如软饮料、糖果、甜点等,提供了大量的热量,但其中的营养成分极为贫乏。尽管这些食物可以迅速提供能量,但它们几乎不含有人体所需的微量营养素,如维生素和矿物质。长期摄入过多的糖分,不仅

会导致体内热量过剩，还可能影响其他营养成分的吸收。过量糖分摄入，尤其是高果糖玉米糖浆等加工糖源，已被证实与胰岛素抵抗、脂肪肝等代谢疾病密切相关。这些糖分还可能导致炎症反应的增强，进而影响肠道健康和微量营养素的吸收。

与高糖食物类似，高脂肪食物，尤其是富含饱和脂肪和反式脂肪的食物，长期过量摄入同样对营养均衡构成威胁。油炸食品、快餐、加工肉类、奶油和某些包装零食等是高脂肪食品的常见来源。这些食物提供大量的热量和脂肪，但很少含有身体所需的维生素、矿物质和膳食纤维。高脂饮食不仅会破坏正常的脂肪代谢，还可能导致体内脂肪储存过多，进而引发肥胖、糖尿病、心血管疾病等慢性疾病。

此外，长期高糖、高脂食物的摄入还可能影响食欲调节机制，导致摄入更多的食物，进一步加重营养不均衡的情况。人们往往忽视这些不健康食物的缺乏营养价值，过度依赖这些食物作为日常饮食的一部分，导致必需的微量营养素摄入不足，最终影响身体的整体健康。

(二) 维生素、矿物质缺乏症的发生

营养不均衡的饮食结构直接导致了微量营养素的缺乏，尤其是维生素和矿物质的缺乏。维生素和矿物质在人体内承担着重要的生理功能，参与能量代谢、免疫功能、骨骼健康、神经系统等多个方面的调节。维生素和矿物质缺乏会直接影响人体的健康，甚至引发严重的疾病。

其中，维生素 A、维生素 D、维生素 C 和维生素 B 族等是人们最容易缺乏的维生素。维生素 A 主要来自动物肝脏、深绿色蔬菜和胡萝卜等食物，它对视力、免疫系统、皮肤健康至关重要。缺乏维生素 A 会导致视力问题，如夜盲症，还可能引发免疫力下降，容易感染疾病。维生素 D 主要通过阳光照射合成，但也可以通过摄入鱼肝油、强化牛奶等食物获得。维生素 D 对于钙的吸收至关重要，缺乏维生素 D 会导致骨骼发育不良、骨质疏松、甚至佝偻病等问题。维生素 C 则存在于新鲜水果和蔬菜中，尤其是柑橘类、草莓和绿叶蔬菜中。它是人体抗氧化防御系统的重要组成部分，参与胶原蛋白的合成，并对免疫系统发挥关键作用。缺乏维生素 C 会导致坏血病，表现为牙龈出血、伤口愈合困难等症状。

矿物质方面，铁、钙和镁是人体常见的容易缺乏的矿物质。铁是构成血红蛋白的主要成分，缺乏铁会导致贫血，常见症状为乏力、面色苍白等。女性在月经期间、孕妇以及儿童，容易出现铁缺乏的情况。钙是骨骼和牙齿的重要组成部分，缺乏钙会导致骨密度下降，进而引发骨质疏松症，增加骨折的风险。钙的主要来源为奶制品、绿叶蔬菜和豆类。镁参与人体超过300种生化反应，缺乏镁会影响肌肉和神经的正常功能，导致抽搐、疲劳等症状。

维生素和矿物质的缺乏不仅仅会影响人体的正常生理功能，还可能导致一系列严重的健康问题。因此，确保合理的膳食结构，增加富含维生素和矿物质的食物摄入，对于保持身体健康至关重要。

（三）现代饮食中蔬菜、水果摄入不足的问题

现代饮食的另一个突出问题是蔬菜和水果的摄入不足。尽管许多人知道蔬菜和水果对健康的重要性，但由于工作繁忙、饮食习惯以及加工食品的普及，很多人摄入的蔬菜和水果远远低于推荐的量。根据世界卫生组织（WHO）的建议，成年人每天应摄入至少400克的水果和蔬菜，但许多人的实际摄入量往往低于这一标准。

蔬菜和水果是重要的微量营养素来源。它们富含多种维生素（如维生素C、维生素A等）、矿物质（如钾、镁等）、膳食纤维以及天然抗氧化物质（如类胡萝卜素和多酚等）。这些成分对于维持身体健康、预防疾病具有重要作用。例如，蔬菜和水果中的膳食纤维有助于维持肠道健康，降低便秘和肠癌的风险。维生素C则有助于增强免疫力，促进皮肤健康。钾有助于调节血压，防止高血压的发生。

然而，随着现代人对快餐、加工食品和高热量食物的偏爱，蔬菜和水果的摄入量在全球范围内呈下降趋势。许多人因生活方式和饮食习惯的改变，往往忽视了蔬菜和水果的重要性，导致膳食中缺乏这些关键的营养成分。此外，现如今市场上出售的部分加工蔬菜和水果（如罐装水果、冷冻蔬菜等）往往会添加糖分和盐分，减少了原有的营养价值。

这种蔬菜和水果摄入不足的饮食习惯，长期来看，会导致体内缺乏重要的微量营养素，增加慢性疾病的风险。为了解决这一问题，个人应有意

识地增加蔬菜和水果的摄入量，尤其是多样化选择不同种类的蔬菜和水果，以确保获得全面的营养支持。

营养不均衡和微量营养素缺乏是现代社会中日益严重的健康问题。高糖、高脂的饮食结构破坏了体内的营养平衡，导致维生素和矿物质的缺乏，进一步影响人体的各项生理功能。与此同时，蔬菜和水果的摄入不足是导致微量营养素缺乏的重要原因之一。为了改善这一状况，人们应注重均衡饮食，增加蔬菜、水果和其他富含微量营养素的食物的摄入，确保摄入足够的维生素和矿物质，以支持身体的长期健康。通过改善饮食结构，优化日常膳食，我们可以有效预防营养不良和相关疾病的发生。

四、食物过敏与饮食敏感问题

（一）食物过敏和饮食敏感症状的增加

近年来，食物过敏和饮食敏感问题的发生频率逐渐增加，这不仅引起了公众的广泛关注，也成为医学领域的研究热点。食物过敏是指免疫系统异常反应，错误地识别某些食物中的成分为有害物质，从而产生过度的免疫反应。食物过敏症状可以轻微到严重不等，通常表现为皮肤瘙痒、肠胃不适、呼吸困难，甚至引发过敏性休克等危及生命的情况。

食物过敏的增加可能与现代生活方式和环境变化密切相关。现代人饮食习惯的改变，尤其是加工食品和快餐的普及，使得人们接触到的食物种类大大增多。许多加工食品中含有过敏原，这些食品不仅是高糖、高脂的食物，还可能包含一些容易引发过敏的物质，如坚果、牛奶、鸡蛋、海鲜等。由于现代人的饮食结构越来越单一，某些过敏源的暴露频率增加，也导致了过敏问题的加重。

此外，随着城市化进程的加快，环境污染、空气质量的下降以及生活压力的增大，都可能对人体的免疫系统产生影响，导致免疫系统出现失调，进而引发过敏反应。研究发现，环境中的污染物、化学物质等因素可能会干扰人体的免疫功能，使得过敏症状更加普遍。特别是在儿童和青少年群体中，食物过敏问题尤其突出。儿童的免疫系统尚未完全成熟，对外部环境的适应能力较弱，容易引发过敏反应。

现代医学研究表明，食物过敏不仅仅是由单一食物引发的，有时多个食物成分共同作用才会引发过敏反应。例如，一些含有高蛋白质的食物，如牛奶、蛋类、鱼类、坚果等，往往是食物过敏的常见诱因。这些食物中的蛋白质分子会在人体内被免疫系统错误地识别，从而引发过敏反应。此外，一些加工食品中的食材组合和食品中的高蛋白成分也可能引发过敏反应。

总体来说，食物过敏症状的增加与饮食结构的变化、环境因素以及现代生活方式密切相关。认识并了解食物过敏的原因和症状，对于有效预防和治疗食物过敏至关重要。

（二）食品添加剂与化学成分对健康的影响

现代工业化食品生产过程中，大量使用了食品添加剂和化学成分，以延长食品的保质期、改善口感、增加色泽和风味。虽然这些食品添加剂在一定程度上改善了食品的外观和质量，但一些化学成分对健康可能带来潜在的危害，尤其是长期食用含有添加剂和化学成分的食品，可能导致健康问题的发生。

食品添加剂一般分为防腐剂、色素、香料、甜味剂、增稠剂等。尽管许多食品添加剂都经过严格的安全检测，并被认为在一定剂量下是安全的，但有些添加剂对人体健康的影响仍存在争议。例如，某些人工色素和防腐剂被认为可能对人体产生不良反应，甚至引发过敏反应。特别是对一些敏感人群来说，食品中的人工添加剂可能会引起皮肤过敏、呼吸道刺激、头痛、恶心等症状。

化学成分的使用，尤其是在加工食品中的化学成分，如反式脂肪、人工香料、香精、亚硝酸盐等，也可能对人体健康造成长期影响。研究表明，反式脂肪酸的摄入会增加心血管疾病的风险，亚硝酸盐与某些类型的癌症有相关性，长期食用含有这些成分的加工食品，会增加患病的几率。虽然许多国家对食品添加剂的使用有明确的规定，但随着全球化和工业化食品生产的加速，市场上出现了大量未经严格测试的食品，增加了不良反应的风险。

特别是对于一些患有过敏体质的人群，某些化学添加剂可能会导致过敏反应或加重已有的过敏症状。常见的如苯甲酸、亚硫酸盐、胺类化学物质等，它们在某些人群中容易引发过敏反应，表现为呼吸困难、皮疹、胃肠不适等症状。这也提醒我们，日常饮食中应尽量选择天然、有机和少加工的食物，以减少摄入过多化学添加剂的风险。

尽管现行食品安全监管体系日益完善，但食品添加剂和化学成分对健康的潜在危害仍需要我们时刻关注。为了确保健康，消费者应了解食品标签，选择更健康、天然的食物，并避免过度依赖加工食品。

（三）现代饮食中的过敏源与潜在危害

现代饮食中，食物过敏源的种类和来源比以往更加多样。随着全球化的进程，人们的饮食结构发生了重大变化，许多传统饮食中的食材逐渐被新型加工食品和进口食材所替代。这些新型食材和食品中可能含有不常见的过敏原或潜在危害物质，增加了过敏问题的复杂性和多样性。

常见的食物过敏源包括牛奶、蛋类、花生、坚果、海鲜、鱼类、谷物（特别是小麦）等。这些食物中的蛋白质成分容易引起免疫系统的过度反应，从而导致过敏症状的发生。此外，一些人对某些添加剂或人工调味品（如味精、食品色素等）也可能产生过敏反应。这些食品中的成分一旦进入人体，会被免疫系统错误地识别为有害物质，激活免疫反应，导致过敏症状的出现。

现代饮食中的潜在过敏源还包括那些被加工过的食物。例如，某些包装食品和即食食品中，除了原料之外，还含有多种化学成分和添加剂，这些成分有时会成为过敏反应的触发因素。又例如，某些含有亚硝酸盐、人工甜味剂、人工香料等成分的食品，可能会引发不适，尤其是对敏感人群来说，这些化学物质不仅增加了过敏反应的风险，还可能带来更严重的健康问题。

此外，现代饮食中还存在过敏源的交叉污染问题。比如，许多加工食品生产过程中，不同食材和原料可能在同一生产线上交叉使用，导致过敏源的交叉污染。这种交叉污染的存在，增加了食物过敏的发生风险，特别是对于那些对某些过敏源极为敏感的人来说，稍微的交叉污染就可能引发严重的过敏反应。

总体来说，现代饮食中食物过敏源的种类逐渐增多，过敏问题变得更加复杂和多样化。随着食品工业化、加工食品的普及，过敏源的隐蔽性和交叉污染的问题愈加严重。因此，消费者应对饮食中可能存在的过敏源保持高度警惕，尤其是对于有过敏史的人群，选择食品时需特别注意食品标签，避免接触已知的过敏源。

食物过敏和饮食敏感问题已经成为现代社会健康领域的突出问题。食物过敏症状的增加与现代生活方式、饮食习惯以及环境因素密切相关。食品添加剂和化学成分的使用尽管提高了食品的便利性，但也带来了潜在的健康危害。现代饮食中的过敏源和潜在危害多样化，食品中的化学成分、加工过程中的交叉污染等都可能成为引发过敏反应的因素。因此，为了减少食物过敏的风险，消费者应增强对食物成分的认知，选择天然、少加工的食品，并注意食品标签，尽量避免摄入可能引发过敏的食物成分和添加剂。

第三节 现代饮食方式对身体健康的影响

一、短期健康风险与饮食习惯的关联

（一）快餐与高糖食品对短期健康的影响

在现代社会中，快餐和高糖食品已经成为许多人的日常饮食选择。由于快节奏的生活方式和忙碌的工作日程，越来越多人选择便捷的快餐和零食来填补日常的饮食需求。然而，这些食物通常具有较高的热量、糖分和不健康的脂肪，长期摄入将对身体造成不良影响，但它们在短期内的影响同样不容忽视。

快餐和高糖食品对短期健康的最大影响之一就是血糖水平的剧烈波动。高糖食品，尤其是精制糖和加工糖，进入体内后会迅速升高血糖水平。为了应对血糖的升高，胰腺会分泌大量胰岛素来帮助血糖进入细胞，但这种快速波动的血糖水平会影响能量的稳定供应，导致短时间内的能量不足或过剩。结果，许多人在吃完高糖食物后的短期内感到一时的兴奋和精力充

沛,但这种"高峰"之后,通常会迅速感到疲劳、烦躁甚至昏昏欲睡,这种现象通常被称为"糖崩溃"(sugar crash)。

快餐中的高脂肪和高盐成分也是短期健康风险的重要因素。很多快餐食品如炸鸡、汉堡和薯条,通常含有大量的饱和脂肪和反式脂肪,这些脂肪可以迅速进入血液并影响血脂水平。在短时间内,过多的脂肪会导致血液中的脂肪酸浓度升高,增加心脏的负担,引发心悸、胸闷等不适症状,特别是对于那些本身有心血管风险的人来说,这种不良影响更加显著。

此外,过量的糖分和脂肪不仅会导致血糖波动,还会加重肝脏的负担。肝脏是糖分和脂肪的代谢中心,长时间摄入过多糖分和脂肪会导致肝脏功能负担过重,甚至在短期内出现脂肪肝的表现,如胃部不适、体力下降等。因此,快餐和高糖食品的短期摄入不仅会导致能量不平衡,还可能对肝脏和心脏等重要器官造成负面影响。

(二)高盐和高脂肪食物导致的即时健康问题

除了高糖食品,现代饮食中还普遍存在大量高盐和高脂肪食物,这些食物对短期健康的影响同样显著。许多加工食品、外卖餐和零食中都含有大量的盐分和不健康的脂肪,尤其是反式脂肪和饱和脂肪。这些不健康的食物不仅满足了口感的需求,却在短期内给身体带来许多即时的健康问题。

高盐食品对短期健康最直接的影响是导致体内水分滞留和血压升高。盐分主要由钠离子组成,过量的钠离子会使体内的水分保持在血管内,从而增加血容量,进而引起血压的升高。虽然这些短期内的血压波动通常是暂时的,但频繁摄入高盐食物会加重血管的压力,导致血管硬化,增加心脏的负担。此外,高盐饮食还可能影响肾脏的健康,因为肾脏需要更多的努力来排除过多的钠离子,长期下去可能会导致肾功能损害。

高脂肪食物对短期健康的影响则表现在对血液循环和血糖调节的干扰。短期内,摄入大量的脂肪尤其是饱和脂肪和反式脂肪,会使血液中的脂肪酸含量急剧升高,导致血脂异常。这种短期的血脂升高会加重血管的负担,影响心脏的正常功能,并可能引发心悸、呼吸急促等症状。此外,高脂肪食物还会影响胰岛素的作用,增加胰岛素抵抗的风险,这对身体的短期代谢水平产生负面影响。

高盐和高脂肪食物的短期负面影响不仅仅限于心血管系统和内分泌系统，过量的盐分和脂肪还会对消化系统产生负担，增加胃肠道的不适感。短时间内摄入过多油腻食物，可能导致胃部的不适、胀气、恶心等症状。此外，过度的盐分和脂肪摄入还会加剧身体的炎症反应，使得免疫系统在短期内更加"过度活跃"，从而导致身体其他系统的不平衡。

（三）短期内的不良饮食习惯对身体的负面影响

短期内的不良饮食习惯不仅会引发即时的健康问题，还可能对身体的多个系统产生深远的负面影响。现代人频繁摄入快餐、加工食品、含糖饮料等，虽然短期内看似并不产生严重的健康问题，但这种不健康的饮食方式，长期下来对身体的影响是不可忽视的。

首先，不良饮食习惯会导致营养摄入不均衡。现代快餐和加工食品虽然能提供大量的热量，但往往缺乏身体所需的基本营养素，如维生素、矿物质、膳食纤维等。短期内，如果一个人频繁食用这些食品，身体的营养需求将得不到有效满足，导致体内营养成分失衡。即使在短期内，这种营养失衡也可能引发疲劳、免疫力下降、肠胃不适等问题。长期下去，可能导致更加严重的健康问题，如缺乏维生素引发的皮肤病，或长期缺乏膳食纤维导致的便秘等。

其次，短期内的不良饮食习惯还可能对心理健康产生负面影响。食物不仅仅是身体的能量来源，它还会影响大脑的化学物质平衡。例如，过多的糖分摄入会影响血糖波动，从而影响大脑的功能，导致情绪波动和精神不稳定。高糖食物会激活大脑中的奖励系统，导致短期的"愉悦感"，但随后的"糖崩溃"则会引发情绪低落和焦虑感。长期以来，这种反复波动的饮食模式可能导致情绪障碍，甚至增加抑郁症和焦虑症的风险。

再次，不健康的饮食方式还会影响肠道健康，尤其是缺乏膳食纤维的食物。膳食纤维对于促进肠道蠕动、保持肠道健康非常重要，缺乏纤维的饮食会导致便秘，进而引发肠胃不适、胃胀气等问题。短期内，肠胃问题可能并不严重，但如果这种不健康的饮食习惯持续下去，可能会导致更为严重的消化系统疾病。

最后，更为重要的是，不良饮食习惯对免疫系统的影响。短期内，食物中的高糖、高脂、高盐成分可能会增加体内的炎症反应，抑制免疫细胞的正常功能，导致免疫力下降，易感染疾病。特别是在季节交替或流感季节，免疫力低下的人群更容易患上感冒、流感等疾病。

短期健康风险与饮食习惯有着紧密的联系。快餐和高糖食品的摄入会导致血糖波动、能量不平衡和心脏负担增加，而高盐和高脂肪食物则会直接导致血压升高、血脂异常和消化系统不适。短期内的不良饮食习惯，虽然看似不会产生明显的健康问题，但其对身体的负面影响却是潜移默化的，长期积累下去将引发更为严重的健康问题。因此，养成健康的饮食习惯、减少高糖、高脂、高盐食物的摄入，不仅能够有效避免短期的健康风险，还能对长期健康起到积极的保护作用。

二、长期健康风险与慢性疾病的关系

（一）长期摄入加工食品和不健康饮食的风险

在现代社会中，加工食品和不健康饮食已经成为许多人日常生活的一部分。从速食餐到预制冷冻食品，再到零食和含糖饮料，这些食品的便捷性和味道让许多人在忙碌的生活中依赖它们。虽然它们可以在短期内提供便利和满足味蕾，但长期依赖这些食品却极大增加了健康风险，尤其是慢性病的发生。

加工食品通常富含高糖、高脂肪和高盐等成分，而缺乏必要的营养物质如膳食纤维、维生素和矿物质。长期摄入这些加工食品会导致能量过剩，而不利的脂肪和糖分摄入则会扰乱身体的正常代谢功能。这些食品往往经过精细加工，去除了许多自然食材中的营养成分，同时添加了大量的防腐剂、色素和人工调味剂。这些化学物质的长期摄入，可能对身体产生潜在危害，如影响内分泌系统、加剧身体的炎症反应和破坏免疫功能。

高糖、高脂的加工食品是导致肥胖、糖尿病、心血管疾病等慢性病的重要诱因。长期摄入过多的糖分会引发胰岛素抵抗，增加体内脂肪储存，并诱发 2 型糖尿病的发生。同时，高脂肪的食物，特别是含有反式脂肪和饱和脂肪的加工食品，会增加血液中的胆固醇水平，促进动脉粥样硬化，最终导致心脏病和中风等心血管疾病。与此同时，加工食品中的高盐成分会升高血压,增加高血压引发心脏病和肾脏疾病的风险。

这些长期的健康风险不仅仅局限于代谢性疾病,还会引发一系列复杂的健康问题。肠胃健康是其中之一,长期依赖加工食品可能会破坏肠道菌群的平衡,导致消化不良、便秘、腹胀等问题。缺乏膳食纤维的饮食还会增加肠癌的风险,导致便秘和肠道健康问题。除了肠道问题,长期摄入加工食品还可能加重体内的氧化压力,进而导致细胞损伤,增加癌症的发病风险。

因此,长期摄入加工食品和不健康饮食不仅增加了慢性病的风险,还可能破坏多个器官系统的健康,降低生活质量。为了避免这些健康风险,减少加工食品的摄入,选择富含营养的天然食物,并保持平衡的饮食,成为改善健康的关键步骤。

(二)慢性病与不规律饮食模式的直接联系

不规律的饮食模式是现代社会中普遍存在的一种现象,特别是在快节奏的生活中。由于工作压力、生活节奏加快和个人习惯的影响,许多人往往没有固定的饮食时间,或者不按时进餐,甚至频繁跳过正餐。这种不规律的饮食习惯对身体健康有着深远的负面影响,尤其是对慢性病的发生起到了催化作用。

一是不规律的饮食模式直接影响血糖水平的稳定。当餐次不规律或进食过量时,人体的血糖和胰岛素水平会受到干扰。食物摄入的时间不规律会导致胰岛素分泌的不稳定,进而影响血糖的平稳波动。长时间处于这种血糖波动状态中,胰岛素分泌过量可能导致胰岛素抵抗的发生,而胰岛素抵抗则是 2 型糖尿病的根本原因之一。

二是长时间的不规律饮食还会增加体内脂肪的积累,尤其是腹部脂肪的增加。研究表明,不规律进餐的人群更容易出现腹部肥胖,而腹部肥胖被认为是心血管疾病和代谢综合症的一个重要危险因素。长期摄入过多的热量,特别是高糖和高脂肪的食物,会导致体重增加,增加罹患高血糖、高血脂和高血压的风险,进而促进心脏病、糖尿病等慢性病的发生。

三是不规律的饮食习惯也与肠道健康密切相关。肠道对食物的处理依赖于规律的饮食时间和食物的种类。不规律的进餐模式会扰乱肠道的消化和吸收功能，影响肠道菌群的平衡。肠道菌群失衡会导致免疫系统功能下降，增加肠道感染、肠炎、便秘和其他消化系统疾病的风险。此外，肠道健康问题还与多种慢性病的发生有关，如结肠癌、炎症性肠病等。

四是不规律的饮食模式可能对心理健康产生负面影响。过度饥饿或进食过量时，身体的激素水平会出现不平衡，影响大脑中的神经递质，从而加剧情绪波动，导致焦虑、抑郁等心理健康问题。这些问题进一步加剧了身体的代谢紊乱，并为慢性病的发生提供了温床。

因此，不规律的饮食习惯与慢性病之间存在直接的联系，尤其是对代谢性疾病和心血管疾病的影响极为明显。为了有效预防慢性病，保持规律的饮食时间和健康的饮食结构是至关重要的。

（三）现代饮食方式与癌症、心脏病的关系

现代饮食方式对癌症和心脏病的关系已经成为全球健康领域的一个重要研究课题。越来越多的研究表明，现代饮食方式，特别是高糖、高脂、高盐和低纤维的饮食结构，是导致这些慢性病发生的主要因素。

癌症的发生通常与多个因素密切相关，其中不健康的饮食方式是影响癌症风险的重要因素之一。高脂肪饮食被认为是多种癌症的危险因素，特别是乳腺癌、结肠癌和前列腺癌等。长期摄入高脂肪食物会导致体内的激素水平波动，尤其是雌激素的过度分泌与乳腺癌的发生密切相关。此外，富含红肉和加工肉类的饮食也与结肠癌和胃癌的风险增加相关。加工肉类中含有的亚硝酸盐和其他致癌物质，长期摄入可能引发细胞的DNA损伤，增加癌症的发生几率。

与此同时，现代饮食中的高糖、高脂肪成分也与心脏病的发生密切相关。大量摄入精制糖和加工糖会导致血糖的剧烈波动，增加胰岛素抵抗的风险，进而诱发代谢综合症和糖尿病。而高脂肪饮食尤其是反式脂肪和饱和脂肪，会导致血脂异常，升高低密度脂蛋白（LDL）胆固醇水平，进而促进动脉粥样硬化的形成。动脉粥样硬化会加重心脏病的风险，进而导致冠心病、中风等心血管疾病的发生。

现代饮食中的高盐成分也与心脏病密切相关。过多的盐分摄入会增加血压，高血压是心脏病和中风的主要危险因素之一。长期高盐饮食还会损

害肾脏功能，加重高血压对心脏和肾脏的负担。

除了直接的健康影响外，现代饮食方式还通过影响体重和免疫系统，进一步加剧癌症和心脏病的风险。过度摄入高糖和高脂肪食物往往导致肥胖，肥胖是多种慢性病的"温床"，尤其是心脏病、糖尿病、癌症等。肥胖不仅会增加体内的炎症反应，还会导致免疫系统功能下降，使得身体更容易受到外界有害因素的侵袭。

因此，现代饮食方式通过多种途径与癌症、心脏病等慢性疾病之间存在密切的关系。为了预防这些疾病，改善饮食结构，减少加工食品、红肉和过多糖分的摄入，增加膳食纤维和健康脂肪的摄入，保持良好的生活习惯，显得尤为重要。

三、饮食与肠道健康的关系

（一）加工食品与肠道菌群失衡的影响

近年来，越来越多的研究揭示了肠道健康与整体健康之间的紧密联系。肠道菌群，作为人体内的微生物群落，参与着消化、免疫系统调节、代谢过程以及营养吸收等多种重要生理功能的运转。肠道微生物的平衡对于保持身体健康至关重要。然而，现代社会中，随着加工食品的普及和不健康饮食模式的盛行，肠道菌群失衡问题逐渐显现，成为现代人健康问题的重要源头。

加工食品是指经过工业处理、包装并通常添加了防腐剂、色素、甜味剂等化学成分的食品。常见的加工食品包括快餐、零食、即食面、罐头食品等。这类食品在制作过程中往往会失去大部分的天然营养成分，并含有大量不利健康的成分，如人工添加剂、过多的糖分、盐分、饱和脂肪和反式脂肪等。更为重要的是，这些食品对肠道菌群的影响不容忽视。

一方面，加工食品中的高糖、高脂肪和低纤维成分是肠道菌群失衡的主要诱因。研究表明，长期摄入高糖、高脂肪的饮食可以改变肠道微生物的组成，减少有益菌的数量，促进有害菌的生长。高糖饮食有助于肠道内"坏"细菌的增殖，这些细菌会导致炎症和免疫反应的异常，进而损害肠道健康。而高脂肪的饮食则促进有害菌群的扩展，干扰肠道内的良性菌群平衡，导致肠道屏障功能的下降，从而增加肠道炎症的风险。

另一方面，加工食品中常见的防腐剂、人工色素和化学添加剂也可能影响肠道健康。一些化学物质被证实能够通过改变肠道微生物群落结构，影响肠道的屏障功能，甚至加剧肠道炎症反应。长时间食用这些化学添加剂可能导致肠道菌群的失衡，并增加消化系统疾病的风险，如肠易激综合症（IBS）、炎症性肠病（IBD）等。

综上所述，加工食品通过高糖、高脂肪、低纤维的食物结构以及化学添加剂的作用，破坏了肠道微生物的平衡，导致肠道健康问题的发生。为了维持肠道菌群的平衡和健康，减少加工食品的摄入，选择天然、未加工的食物成为至关重要的一步。

（二）高纤维食物与肠道健康的关联

高纤维食物在肠道健康中起着至关重要的作用。膳食纤维是植物性食物中不可消化的部分，它不仅是维持肠道正常功能的关键营养素，还能够通过促进有益菌的生长，帮助保持肠道微生物的平衡。食物中的膳食纤维可以分为可溶性和不可溶性两种，它们各自对肠道健康有着不同的作用。

可溶性纤维存在于水果、蔬菜、豆类和某些谷物中，它能够溶解在水中形成粘稠物质，帮助减缓食物的消化过程，控制血糖水平，并促进胆固醇的排泄。这种纤维对于调节血糖、降低胆固醇以及维持健康的肠道菌群至关重要。可溶性纤维可以为肠道内的有益菌提供食物源，从而促进这些细菌的生长和繁殖。研究表明，食用富含可溶性纤维的饮食可以增加益生菌的数量，帮助增强肠道免疫功能，并减缓有害菌的生长。

不可溶性纤维主要存在于全谷物、坚果、蔬菜和水果的外皮中。不可溶性纤维不能被人体消化，它通过促进肠道蠕动，帮助消化道内的废物和毒素排出体外。它还能加快肠道内容物的通过，减少便秘的发生。定期摄入富含不可溶性纤维的食物，有助于维持肠道的健康，并降低患肠癌的风险。此外，不可溶性纤维的摄入还能够促进肠道有益菌群的生长，帮助平衡肠道微生物的种类和数量，从而提高肠道屏障的功能，增强对病原微生物的抵抗能力。

膳食纤维对于肠道健康的另一个重要作用是促进短链脂肪酸的生成。

短链脂肪酸是由肠道中的益生菌分解膳食纤维产生的,它们不仅为肠道细胞提供能量,还能够抑制肠道内有害细菌的生长,减少肠道炎症。短链脂肪酸,如醋酸、丁酸等,已经被证明具有抗炎作用,并在预防多种消化系统疾病中起着关键作用。

因此,摄入足够的膳食纤维,尤其是来自水果、蔬菜、全谷物和豆类的食物,对于肠道健康至关重要。适当增加膳食纤维的摄入,有助于维持肠道微生物的平衡、促进肠道蠕动、改善消化功能,并预防便秘、肠道炎症、结肠癌等问题。

(三)不良饮食与肠道炎症、便秘的关系

不良饮食习惯,特别是高糖、高脂肪和低纤维的饮食,与肠道炎症和便秘有着密切的关系。肠道炎症和便秘是现代社会中常见的消化系统问题,它们往往与饮食习惯密切相关,尤其是长期不健康的饮食方式,会导致这些问题的发生和加剧。

高糖饮食是导致肠道炎症的重要原因之一。研究发现,长期摄入过多的糖分,尤其是精制糖,会导致肠道内的有害菌大量繁殖,并抑制有益菌的生长。这种肠道菌群失衡的现象会引发肠道炎症,并影响肠道免疫系统的正常功能。肠道炎症的出现不仅会导致肠道不适,如腹痛、腹胀、腹泻等症状,还可能加剧肠道相关疾病的发生,如肠易激综合症和炎症性肠病。

高脂肪饮食同样是肠道炎症的主要诱因之一。过多的脂肪,尤其是饱和脂肪和反式脂肪,会改变肠道微生物的组成,促进有害菌的生长,并引发慢性低级别的肠道炎症。肠道炎症会破坏肠道屏障功能,使肠道更容易受到病原体的侵袭。此外,肠道炎症还可能引发免疫系统的异常反应,进一步导致全身性的炎症反应,增加患糖尿病、心血管疾病等慢性病的风险。

便秘是另一个与不良饮食习惯密切相关的健康问题。缺乏膳食纤维的饮食是导致便秘的主要原因之一。膳食纤维在肠道中吸水膨胀,增加粪便的体积,刺激肠道蠕动,帮助废物的排出。长期摄入低纤维的食物,特别是精制面包、快餐和加工食品,会导致肠道蠕动减缓,进而引发便秘。便秘不仅影响日常的排便功能,还可能引发肠道不适、腹胀、腹痛等问题,

严重时还可能导致痔疮和肠道疾病的发生。

总之，不良饮食习惯，尤其是高糖、高脂肪和低纤维的饮食，与肠道炎症和便秘有着密切的关系。为了保持肠道健康，减少肠道炎症和便秘的发生，饮食中的膳食纤维摄入至关重要，避免过多的糖分和脂肪，保持饮食的均衡，是维持肠道健康的基础。

饮食与肠道健康密切相关，不健康的饮食习惯会导致肠道菌群失衡、肠道炎症、便秘等问题，进而影响整体健康。加工食品通过高糖、高脂肪、低纤维以及化学添加剂的作用，破坏肠道微生物的平衡；而高纤维食物则有助于维持肠道健康，促进有益菌的生长，减轻肠道炎症。改善饮食结构，增加膳食纤维的摄入，减少加工食品的摄入，是保持肠道健康的关键。通过正确的饮食习惯，我们可以有效预防和改善肠道健康问题，提升整体生活质量。

四、代谢率与现代饮食方式的互动

（一）高糖、高脂食物对代谢速率的影响

代谢速率是指身体进行生理过程所需消耗的能量的速度，它受多种因素的影响，包括基因、环境、年龄、性别以及饮食习惯等。在现代饮食方式中，尤其是高糖和高脂肪食物的普遍摄入，已经成为影响代谢速率的重要因素。高糖和高脂肪食物不仅提供大量的能量，还会在短期和长期内对代谢过程产生深远的影响。

高糖食物是导致体内代谢率波动的一个重要因素。食物中的糖分，尤其是精制糖，如白糖、果糖和高果糖玉米糖浆等，进入体内后会迅速转化为葡萄糖，导致血糖水平的剧烈波动。在吃下高糖食物后，血糖水平迅速上升，胰腺分泌大量胰岛素以帮助血糖进入细胞。这种迅速的血糖波动不仅会使代谢速率在短期内发生剧烈变化，还会增加胰岛素抵抗的风险，进而影响整体的代谢效率。

长期摄入高糖食物可能会导致胰岛素水平的长期升高，胰岛素抵抗逐渐发生。胰岛素抵抗使得细胞对于胰岛素的反应减少，导致体内无法有效地利用糖分，最终导致糖分转化为脂肪储存，增加肥胖的风险。而肥胖本

身则是代谢率降低的一个重要因素,因为脂肪组织的代谢效率远低于肌肉组织,脂肪的储存会导致基础代谢率的下降,形成一个恶性循环。

同样,高脂肪食物对代谢速率的影响也不容忽视。尤其是富含饱和脂肪和反式脂肪的食物,如油炸食品、快餐和加工食品,它们不仅会直接影响代谢速率,还会导致身体内脂肪的增加,进一步降低代谢效率。高脂肪饮食的摄入会导致血液中的脂肪酸浓度升高,这不仅增加了肝脏的负担,还可能导致脂肪肝的形成。脂肪肝会影响肝脏对能量的代谢,进而使得身体对食物中能量的利用效率下降,降低整体代谢水平。

总体来说,长期摄入高糖和高脂肪食物不仅会直接导致体重增加和代谢效率下降,还可能通过影响胰岛素敏感性、增加脂肪储存和降低肌肉质量,进一步降低代谢速率。为了保持良好的代谢健康,控制糖分和脂肪的摄入,保持合理的饮食结构是至关重要的。

(二)久坐不动与饮食模式的互动

现代社会中的久坐生活方式是导致代谢率下降的重要因素之一。许多人在日常生活中大部分时间都处于久坐状态,无论是工作、学习,还是休闲娱乐,久坐几乎贯穿了整个生活。然而,久坐不动不仅影响身体的运动能力,还会对代谢过程产生长期的负面影响,尤其是与饮食习惯的互动,使得代谢效率进一步降低。

久坐对代谢的影响首先体现在基础代谢率的下降。基础代谢率指的是在休息状态下,身体维持生命活动所消耗的能量。在长期久坐的情况下,身体的肌肉活动减少,尤其是下肢和核心肌肉群的活动,导致肌肉量减少。肌肉是消耗能量的主要部位,肌肉量减少意味着基础代谢率的降低。因此,久坐不动的人群往往有较低的代谢率,更容易积累脂肪,增加体重。

久坐生活方式与不健康饮食习惯相互作用,进一步加剧了代谢率的下降。现代饮食中常见的高糖、高脂食物与久坐不动的生活方式结合,增加了肥胖、糖尿病和心血管疾病的风险。当人们长时间处于久坐状态时,消耗的能量减少,身体无法有效利用摄入的热量,导致多余的热量转化为脂肪储存。而高糖和高脂肪食物的摄入,尤其是精制糖和不健康脂肪,导致血糖波动大,胰岛素分泌增加,进而加剧胰岛素抵抗,影响代谢的正常进行。

此外，久坐不动的生活方式还可能通过影响肠道健康来进一步降低代谢效率。研究发现，久坐不仅会导致肠道蠕动减缓，影响食物的消化吸收，还可能导致肠道菌群失衡。肠道菌群的失衡会导致免疫系统的异常反应，进一步加剧身体的炎症反应，降低身体对营养成分的吸收和代谢效率。

因此，久坐不动的生活方式与不健康饮食之间的互动使得代谢效率下降，增加了肥胖、代谢综合症等慢性病的风险。为了提高代谢率，保持身体健康，除了改善饮食结构外，增加日常的身体活动，避免长时间久坐，成为提升代谢效率和保持健康的关键。

（三）健康饮食适度运动对代谢效率的提升作用

与不健康饮食和久坐不动的生活方式相对的是健康饮食和积极的生活习惯，它们对代谢效率有着积极的提升作用。健康饮食不仅可以为身体提供必需的营养素，还可以通过调节血糖、血脂和荷尔蒙水平，帮助提高代谢率，促进脂肪燃烧和能量消耗。

健康饮食中的高纤维食物有助于维持良好的代谢状态。膳食纤维存在于全谷物、蔬菜、水果、豆类等食物中，它们不仅可以促进肠道健康，增加饱腹感，还能帮助平稳血糖水平，避免血糖剧烈波动。膳食纤维还能够促进脂肪的代谢，帮助减少体内脂肪储存，从而提高代谢效率。此外，富含膳食纤维的食物有助于维持肠道菌群的平衡，促进有益菌的生长，进一步改善代谢过程。

健康饮食中，富含优质蛋白质的食物同样对提高代谢效率至关重要。蛋白质具有较高的热效应，即食物在消化和吸收过程中消耗的能量较多。与脂肪和碳水化合物相比，蛋白质能增加更多的热量消耗，这也有助于提高代谢率。优质蛋白质来自瘦肉、鱼类、蛋类、豆类和坚果等食物。这些食物不仅能为身体提供充足的氨基酸，促进肌肉的修复与生长，还能有效提升基础代谢率，帮助燃烧更多的卡路里。

另外，健康饮食中的健康脂肪对代谢效率的提升也有积极作用。与不健康的反式脂肪和饱和脂肪不同，单不饱和脂肪和多不饱和脂肪（如橄榄油、坚果、鱼类中的 ω-3 脂肪酸）具有促进脂肪代谢的作用。适量摄入这些健康脂肪，不仅有助于降低胆固醇水平，还能改善胰岛素敏感性，从而提升代谢效率。

除了健康的饮食，规律的身体活动同样对代谢效率至关重要。运动，特别是力量训练和有氧运动，可以增加肌肉量，提高肌肉的代谢率。肌肉组织的代谢效率远高于脂肪组织，因此，增加肌肉量可以有效提升基础代谢率，帮助身体在休息状态下消耗更多的能量。

总体来说，健康饮食通过提供适量的膳食纤维、优质蛋白质和健康脂肪，能够改善血糖、血脂和激素水平，促进脂肪燃烧，提高代谢效率。而规律的体育活动则通过增加肌肉量和改善心血管健康，进一步提升身体的代谢率。因此，健康饮食和适度运动的结合是提高代谢效率、促进健康的重要途径。

现代饮食方式与代谢率之间的关系密不可分。高糖、高脂肪食物、久坐不动的生活方式以及不规律的饮食习惯会严重影响代谢速率，导致代谢效率的下降，进而增加肥胖、糖尿病、心血管疾病等慢性病的风险。而健康饮食尤其是富含膳食纤维、优质蛋白质和健康脂肪的饮食，有助于提升代谢效率，促进脂肪代谢和能量消耗。同时，保持规律的身体活动，也是提升代谢率的关键。通过优化饮食结构和生活方式，我们可以有效提高代谢效率，保持良好的身体健康。

五、饮食对心理健康的影响

（一）高糖食物对情绪和认知功能的影响

现代饮食中，高糖食物的普遍摄入已成为人们日常生活的常态。甜食、含糖饮料和各种加工食品中都含有大量的精制糖，虽然它们能迅速带来愉悦的味觉体验，但它们对心理健康的负面影响却越来越被人们重视。大量研究表明，高糖食物不仅影响体重和身体健康，还对情绪和认知功能产生深远的影响。

高糖食物对情绪的影响是显而易见的。摄入高糖食物后，血糖水平会迅速升高，身体会通过分泌胰岛素来调节这一波动。然而，随着血糖水平的急剧上升，身体很快会经历"糖崩溃"，即血糖急剧下降。这个过程导致了能量的突然丧失，进而会使我们的情绪变得焦躁不安，容易感到疲倦和无力。此外，血糖波动对大脑的影响也非常直接。短期内，糖分的摄入会使大脑释放多巴胺，产生愉悦感，然而这种愉悦感是短暂的，随之而来的便是情绪低落和焦虑感的出现。

长期过度摄入高糖食物还可能导致心理健康问题的加重。一些研究发现，持续摄入大量糖分与抑郁症和焦虑症的发生密切相关。高糖食物的频繁摄入会导致身体持续的胰岛素波动，而这种波动与体内的炎症反应密切相关。慢性炎症会影响大脑的化学物质平衡，干扰情绪调节，进而增加患抑郁症和焦虑症的风险。

高糖食物对认知功能的影响也不容忽视。长期食用高糖食物可能会降低大脑的认知能力。研究表明，过多的糖分会影响大脑的神经递质系统，尤其是对记忆和学习能力产生负面影响。糖分过高的饮食会加速与认知退化相关的神经元损伤，可能导致记忆力下降和注意力分散，增加老年痴呆症和其他神经系统疾病的风险。高糖食物对大脑结构的改变，尤其是对海马体的影响，可能导致情绪和认知功能的长期受损。

因此，虽然高糖食物能够带来短期的愉悦感，但其对情绪和认知功能的负面影响却远远超过了其带来的即时满足。控制糖分的摄入，选择健康的、低糖的饮食方式，对于维护心理健康至关重要。

（二）快餐和加工食品对心理健康的负面作用

快餐和加工食品是现代社会常见的饮食选择，尤其是在忙碌的工作和生活节奏下，许多人因便利性而选择外卖和速食。然而，长期依赖这些食品不仅对身体健康有害，也会对心理健康产生不良影响。快餐和加工食品通常含有高脂肪、高盐、高糖以及各种人工添加剂，这些成分的摄入对大脑和情绪产生了负面作用。

一是快餐和加工食品中的高脂肪成分对心理健康有显著的影响。研究发现，摄入过多的饱和脂肪和反式脂肪会改变大脑中神经递质的功能，导致神经系统的失衡。尤其是反式脂肪，这种脂肪常见于加工食品和油炸食品中，被证明会增加炎症反应，并且影响大脑的神经元功能。长期食用这些不健康的脂肪可能导致情绪波动，增加焦虑和抑郁的风险。

二是快餐和加工食品中的高盐成分也对心理健康有影响。长期摄入过多的盐分会导致高血压，增加心脏病和中风的风险，然而，高盐饮食还与情绪问题密切相关。研究表明，高盐饮食与焦虑、抑郁和压力感受有一定的关系。盐分过多可能会影响大脑中调节情绪的化学物质，导致情绪不稳定和精神健康问题的加重。

三是快餐和加工食品中的人工添加剂、色素和防腐剂同样可能对心理健康造成负面影响。一些食品中的添加剂会通过改变肠道菌群的组成，影响大脑和肠道之间的信号传递。肠道被认为是"第二大脑"，它与大脑有着紧密的联系，肠道健康不佳可能导致情绪问题，增加焦虑和抑郁症的风险。此外，某些食品添加剂如味精、苯甲酸等，已经被证明与注意力缺陷和其他认知障碍有关。

综上所述，长期依赖快餐和加工食品，不仅对体重、血糖、血脂等生理健康产生不良影响，还会通过影响大脑化学物质、神经系统以及肠道健康，进一步影响心理健康。因此，减少加工食品的摄入，选择富含营养的天然食物，对于维持心理健康至关重要。

（三）健康饮食对改善心理健康的积极作用

相比之下，健康的饮食方式对心理健康有着积极的作用。研究发现，富含营养的食物能够为大脑提供所需的各种维生素、矿物质和健康脂肪，从而增强神经系统的功能，调节情绪，改善认知能力。特别是富含 ω-3 脂肪酸、维生素 B 群、维生素 D 和抗氧化剂的食物，被证明对心理健康具有显著的促进作用。

ω-3 脂肪酸是大脑的重要组成部分，尤其对大脑的结构和功能有着积极影响。ω-3 脂肪酸丰富的食物，如深海鱼类（如三文鱼、鲭鱼）、亚麻籽、坚果等，能够增强大脑的神经连接，改善神经传递的效率，有助于缓解焦虑、抑郁和压力感。许多研究表明，ω-3 脂肪酸的摄入与抑郁症和焦虑症的风险降低相关，特别是在老年人群体中，ω-3 脂肪酸还被发现可以减少认知衰退的风险。

维生素 B 群，尤其是维生素 B6、B9（叶酸）和 B12，对于大脑的神经功能至关重要。它们能够帮助合成神经递质，如血清素和多巴胺，这些神经递质在调节情绪、缓解压力和改善睡眠质量方面发挥着关键作用。维生素 B 群的缺乏已被证明与抑郁症、焦虑症等心理健康问题密切相关。富含维生素 B 群的食物如全谷物、绿叶蔬菜、豆类和瘦肉等，对于维持心理健康至关重要。

此外，健康饮食中的抗氧化物质，如维生素 C、E 和类胡萝卜素等，能够保护大脑免受氧化应激的损害。氧化应激是由自由基引起的生物体内部的化学反应，过度的氧化应激会损害大脑的神经元，导致认知功能下降、情绪不稳定等问题。富含抗氧化剂的食物，如蓝莓、坚果、绿茶、黑巧克力等，能够提高大脑的抗氧化能力，减缓衰老过程，提升心理健康。

健康饮食中的膳食纤维和益生菌同样对心理健康有着积极作用。膳食纤维能够维持肠道健康，促进肠道有益菌的生长，改善肠道屏障功能。肠道健康与心理健康有着紧密的联系，肠道菌群的失衡已被证明与焦虑、抑郁等心理问题相关。富含膳食纤维的食物，如水果、蔬菜、全谷物和豆类，能够有效改善肠道菌群，增强大脑和肠道之间的联系，从而促进心理健康。

总之，健康饮食通过提供大脑所需的各种营养素，不仅能够改善情绪、缓解焦虑、抑郁等问题，还能够增强认知功能，提升整体的心理健康水平。合理的饮食结构，尤其是富含 ω-3 脂肪酸、维生素 B 群、抗氧化剂和膳食纤维的食物，对于维持心理健康至关重要。

第四章

饮食与慢性病的关系

随着社会经济的不断发展，我国城乡居民的饮食结构和营养状况有了显著改善。营养不良和营养缺乏症的患病率逐步下降，但与此同时，营养过剩现象逐渐增多。与此相关的是，慢性非传染性疾病的发生率也在迅速上升。慢性病的发生通常是遗传因素与环境因素相互作用的结果。具有特定遗传基因缺陷的人，在不良环境因素的影响下更易患上慢性病，且其发病的年龄较早，病情通常也较为严重。然而，即使存在遗传基因缺陷，通过合理的营养、适度的运动以及健康的生活方式，依然有可能避免或减轻慢性病的发生。营养因素在慢性病中的作用通常与遗传和其他环境因素密切相关，尽管目前并非所有的环境危险因素都得到了明确界定，大多数易感基因也尚未完全识别，遗传与环境相互作用的机制仍需进一步研究。然而，明确的一点是，合理的膳食结构和适度的体力活动是大多数慢性病发生发展的关键因素。通过科学的饮食管理和规律的运动，可以显著降低慢性病的风险。

第一节　营养与动脉粥样硬化

动脉粥样硬化（atherosclerosis，AS）是指动脉壁逐渐增厚并失去弹性的疾病。它是动脉硬化症的一个重要类型。动脉粥样硬化通常发生在中等及大动脉的血管内膜和中层，形成的脂肪斑块主要由胆固醇及其酯类组成，这些脂质与动脉壁上的泡沫细胞和巨噬细胞结合，进一步引发钙化和坏死。这些病变通常被纤维组织和平滑肌细胞所覆盖，逐渐向血管腔内延伸，导致血管变窄，进而阻碍血流。动脉粥样硬化可以影响多种血管，包括冠状动脉、脑动脉、股动脉、体动脉以及主动脉。

一、概述

（一）动脉粥样硬化的发病情况

动脉粥样硬化是引发冠心病和脑血管意外的主要原因之一，也是生命老化的一个表现。它是一种慢性炎症性疾病，通常起病缓慢，在主要病变出现之前，症状较为轻微。随着病情的发展，动脉粥样硬化最终常常导致三种临床表现：卒中、冠心病和周围血管疾病。

动脉粥样硬化的发病率随着年龄的增加而上升，这可能与随着年龄增长暴露于其他危险因素的时间延长有关。此外，动脉粥样硬化的发生与性别也有关系，男性的发病率通常高于女性，尤其是在60岁之前，男性的发病率是女性的两倍。酗酒也是一个增加冠心病发病风险的因素。

自1919年以来，动脉血管硬化症已成为美国主要的致死和致残原因之一。到1991年，心血管疾病已导致43%的死亡人口。根据估算，每五个美国人中就有一个患有心血管疾病，其中心肌梗死是导致死亡的主要原因，卒中则是美国的第三大死因。根据报道，我国北京地区15岁至39岁的人群中，有1/4的人已出现中晚期动脉粥样硬化病变，如果不加以控制，可能导致猝死或冠心病的发生。

（二）膳食脂类

1953年，安塞尔·凯斯（Ancel Keys）等首次提出，膳食中的总脂肪摄入量是影响血浆胆固醇水平的主要因素。此后，许多大规模的流行病学研究进一步证实，人群的血清胆固醇水平与膳食总脂肪及饱和脂肪酸的能量占比呈正相关。我国的调查资料显示，当动物性食品和油脂消费增加时，脂肪提供的能量增加5%，人群的平均血胆固醇水平会升高10%。

在膳食脂肪的影响中，脂肪的"质量"对血脂水平的影响远大于其"数量"。

1. 饱和脂肪酸

富含饱和脂肪酸的食物会导致血胆固醇浓度上升，这可能是由于低密度脂蛋白（LDL）的清除速率减缓所致。通常，短链脂肪酸（6~10个碳原子）和硬脂酸（18个碳原子）对血胆固醇的影响较小。硬脂酸不显著升高血胆固醇的原因可能是其摄入后迅速转化为油酸。豆蔻酸（C14：0）、棕榈酸（C16：0）和月桂酸（C12：0）则具有较强的升高血脂作用。

2. 单不饱和脂肪酸

动物实验和人群研究均证实，单不饱和脂肪酸有助于降低血清LDL水平，同时能提高高密度脂蛋白（HDL）水平。膳食中的单不饱和脂肪酸主要为油酸（C18：1），橄榄油中油酸的含量高达84%，花生油、玉米油和芝麻油中油酸的含量也较为丰富，分别为 56%、49% 和 45%。地中海地区人群的血清胆固醇水平普遍较低，这可能与他们膳食中橄榄油的高摄入量密切相关。

3. 多不饱和脂肪酸

多不饱和脂肪酸包括 n-6 的亚油酸和 n-3 的亚麻酸，以及长链的 EPA（二十碳五烯酸）和 DHA（二十二碳六烯酸）。研究表明，将亚油酸和亚麻酸替代膳食中的饱和脂肪酸，可以显著降低血清中的胆固醇和 LDL（低密度脂蛋白）水平，但也可能导致 HDL（高密度脂蛋白）水平的下降。EPA 和 DHA 则显著降低甘油三酯水平，同时能提高 HDL 水平。流行病学研究表明，膳食中海洋鱼类的摄入量与心血管疾病的发生率和死亡率呈负相关。例如，格陵兰岛的因纽特人以海洋哺乳动物和鱼类为主要食物来源，其血清中的胆固醇、甘油三酯、LDL 和 VLDL（极低密度脂蛋白）水平均较低，心血管疾病的死亡率仅为移居欧洲的因纽特人的 1/8。此外，日本渔区居民每日鱼类摄入量为 200～300 g，其血液黏滞性和心血管疾病发病率均较低，而农业区居民的鱼类摄入量仅为 90 g/d，心血管疾病的发病率较高。其他国家和地区的研究也得出了类似结论。

4. 反式脂肪酸

反式脂肪酸的摄入增加会使 LDL 水平升高，HDL 水平降低，从而增加冠心病的风险。反式脂肪酸主要来源于氢化植物油，如人造奶油。典型的西式饮食中含有 15 g/d 的反式脂肪酸，而美国膳食中的反式脂肪酸含量为 8 g/d。相比之下，我国传统膳食中反式脂肪酸的含量较低。

5. 膳食胆固醇

膳食中的高胆固醇是血清胆固醇升高的主要原因之一，并且会增加心脑血管疾病的风险。然而，膳食胆固醇对高胆固醇血症的诱导作用在不同种族和人群中存在差异。人体内约 30%～40% 的胆固醇是外源性的，即来自食物，剩余的大部分则通过肝脏合成。尽管如此，由于高胆固醇的动物性食品通常含有较高的饱和脂肪酸，因此限制膳食中胆固醇的摄入有助于预防高胆固醇血症的发生。

总体来说，膳食中的脂肪种类和胆固醇的摄入量直接影响血脂水平，进而影响心血管健康。减少饱和脂肪酸和反式脂肪酸的摄入，增加单不饱和脂肪酸和多不饱和脂肪酸的比例，控制膳食胆固醇的摄入，有助于维持正常的血脂水平，降低心血管疾病的风险。

二、动脉粥样硬化的饮食治疗

动脉粥样硬化是导致冠心病、脑卒中、外周血管病等心血管疾病的主要原因之一。它是由于动脉壁的脂质沉积和纤维化，造成血管腔变窄，血流受阻，进而引发相关疾病。随着现代生活方式的变化，尤其是膳食结构的改变，动脉粥样硬化的发生率逐年上升。因此，饮食作为可调控的因素之一，在预防和治疗动脉粥样硬化中起着至关重要的作用。适当的饮食干预不仅有助于控制动脉粥样硬化的病情，还能显著降低心血管疾病的风险。

（一）降低饱和脂肪和反式脂肪的摄入

饱和脂肪酸和反式脂肪酸是动脉粥样硬化的关键诱因之一。它们主要存在于红肉、动物性油脂、奶制品、加工食品和部分氢化植物油中。过多摄入这些不健康脂肪会升高血液中的低密度脂蛋白胆固醇，促进脂质在动脉壁的沉积，诱发动脉粥样硬化。因此，控制饱和脂肪和反式脂肪的摄入量，对于预防动脉粥样硬化具有重要意义。

推荐饮食中脂肪的总摄入量应限制在总热量的20%到35%之间，其中饱和脂肪的摄入应控制在总热量的10%以下。对于反式脂肪的摄入，应尽量避免。我们应选择低脂肪的蛋白质来源，如瘦肉、鱼类、禽类和豆类；在烹饪时，尽量使用植物油（如橄榄油、菜籽油）而非动物油，避免食用加工食品和高脂肪零食。

（二）增加膳食纤维的摄入

膳食纤维对动脉粥样硬化的预防具有显著的积极作用。膳食纤维不仅能促进肠道健康，缓解便秘，还能降低血液中的胆固醇水平，减少血糖波动，控制体重，从而减轻动脉粥样硬化的风险。特别是可溶性纤维，能与胆固醇结合，促进其排出，降低血液中的LDL水平。

常见的富含膳食纤维的食物包括全谷物（如燕麦、糙米、全麦面包）、豆类（如大豆、扁豆）、蔬菜（如胡萝卜、菠菜、花椰菜）和水果（如苹果、橙子、浆果）。每天建议摄入 25～30 克膳食纤维，且以天然食物为主，避免摄入过多的精制碳水化合物。

（三）增加单不饱和和多不饱和脂肪酸的摄入

单不饱和脂肪酸和多不饱和脂肪酸对心血管健康有益，尤其是能显著降低 LDL 水平，并可能增加高密度脂蛋白胆固醇水平。单不饱和脂肪酸主要存在于橄榄油、坚果、鳄梨等食物中；多不饱和脂肪酸则包括 ω-3 脂肪酸，主要存在于深海鱼类、亚麻籽、胡桃等食物中。

ω-3 脂肪酸，特别是二十碳五烯酸（EPA）和二十二碳六烯酸（DHA），被认为具有强效的抗炎作用，有助于减少动脉壁的炎症反应，从而防止动脉粥样硬化的进一步发展。此外，ω-3 脂肪酸还能够降低甘油三酯水平，减少血液中的脂肪沉积，进一步降低心血管疾病的风险。

因此，在饮食中增加单不饱和脂肪酸和多不饱和脂肪酸的摄入是非常重要的。每天摄入约 25%～35% 的总热量来源于脂肪，其中大部分应来自单不饱和和多不饱和脂肪酸。

（四）控制盐分的摄入

高盐饮食与高血压密切相关，而高血压是动脉粥样硬化的重要危险因素之一。高盐饮食会导致体内钠含量过高，增加血液的容量，导致血压升高。长期的高血压会加重动脉壁的压力，促进动脉粥样硬化的进展。

世界卫生组织（WHO）建议，每日盐分摄入量应限制在 5 克以下（相当于约 2 克的钠）。减少食盐的摄入，可以通过以下方法实现：避免食用高盐加工食品（如罐头食品、即食面、腌制食品等）；在烹饪时使用香草和香料替代盐，以减少盐的摄入；选购低盐或无盐添加的食品。

（五）控制体重和避免过度饮酒

过度饮酒和体重超标都是动脉粥样硬化的重要危险因素。饮酒不仅增加血压，还可能影响血脂水平，加剧动脉粥样硬化的发生。特别是酒精过量时，会对肝脏、心脏和血管产生负担。

保持健康的体重对于预防和控制动脉粥样硬化至关重要。肥胖，尤其是腹部肥胖，增加了心血管疾病的风险。通过减少高热量食物的摄入，增加蔬菜、水果、全谷物等低热量高营养密度食物的比例，并配合适量的运动,能够有效控制体重,减轻动脉粥样硬化的发生。

(六)适量运动

虽然运动本身不属于膳食治疗的一部分,但它与饮食密切相关,能够显著改善代谢状态,降低心血管疾病的风险。规律的运动,尤其是有氧运动,如快走、慢跑、游泳、骑自行车等,能够增强心肺功能,增加高密度脂蛋白的水平,降低低密度脂蛋白和甘油三酯水平。

推荐每周至少进行 150 分钟中等强度的有氧运动,如散步、骑车等,同时进行肌肉力量训练。运动与健康饮食相结合,可以显著降低动脉粥样硬化的风险,并改善整体心血管健康。

动脉粥样硬化是一种复杂的慢性疾病,饮食在其预防和治疗中发挥着关键作用。合理的饮食调整,包括减少饱和脂肪酸和反式脂肪酸的摄入,增加膳食纤维、单不饱和和多不饱和脂肪酸的摄入,限制盐分摄入,保持健康体重和避免过度饮酒,能够显著降低动脉粥样硬化的风险。与之配合,适量的运动同样是提升整体健康,减缓动脉硬化进程的重要措施。通过综合的饮食干预和生活方式的改善,可以有效预防和管理动脉粥样硬化,减少心血管疾病的发生率。

第二节 营养与糖尿病

糖尿病是一种具有遗传倾向的内分泌疾病。其主要由于胰岛素分泌的绝对或相对不足,导致碳水化合物、脂肪、蛋白质、水和电解质代谢紊乱,从而引发高血糖和糖尿症状。临床上,糖尿病患者常表现为多饮、多食、多尿、疲乏、消瘦等症状,严重者可能会出现酸碱平衡失调、酮症酸中毒,甚至昏迷。糖尿病在早期通常无明显症状,但随着病情进展,特别是在中晚期,患者往往伴随心血管、肾脏、眼部以及神经系统等多脏器的病变。此外,糖尿病患者常常伴有化脓性感染、坏疽等外科问题,且手术后的创面常难以愈合。

一、概述

糖尿病（diabetes mellitus，DM）是一种与饮食和营养密切相关的常见疾病，全球范围内各国和各民族均有发病，且发病率逐年上升。据世界卫生组织（WHO）数据显示，1995年全球糖尿病患者约为1.25亿人，预计到2025年，患病人数将增至2.99亿，糖尿病将成为全球第五大死亡原因。大多数国家的糖尿病发病率在1%到2%之间，其中发达国家的发病率通常高于发展中国家。例如，美国的发病率为5%至6%，而日本的发病率为0.6%至5.1%。在中国，1980年第一次普查时发现，20岁以上的糖尿病发病率为6.74%。到了1994年，第三次普查结果显示发病率已上升至25.1%，是1980年发病率的三倍以上。

糖尿病在同一人群中的发病率存在显著差异，年龄和性别是主要的影响因素。我国的调查数据显示，20岁以下的糖尿病发病率最低，而40岁以上的发病率急剧增加，60岁以上的发病率最高。在欧美国家，女性的发病率高于男性，男女发病率的比例为1∶1.4，但在东南亚国家，男性的发病率则高于女性。在中国，男女糖尿病的发病率差异不大，比例为1.08∶1。此外，职业也是一个影响因素，做家务的人群患糖尿病的比率最高，其次是机关工作人员和知识分子，农民的发病率相对较低。体重超重的人群，无论年龄大小，糖尿病的发病率明显高于体重正常者。

二、糖尿病的饮食治疗

饮食治疗是糖尿病管理中行之有效的基本措施之一。无论是哪种类型的糖尿病，是否使用胰岛素或口服药物，都必须通过饮食控制来减轻胰岛β细胞的负担，改善症状，并有效防治糖尿病的各种并发症。对于年长、肥胖、无症状或症状较轻的轻型糖尿病患者，尤其是那些空腹或餐后血浆胰岛素水平偏高的患者，饮食治疗是首要的干预措施。而对于重症糖尿病患者，在药物治疗的基础上，更需要严格的饮食控制，以避免病情波动，确保血糖的稳定。

（一）饮食治疗原则

糖尿病是一种慢性代谢性疾病，其主要特征是血糖水平的异常升高。饮食治疗是糖尿病管理中的重要组成部分，合理的饮食可以有效控制血糖，减轻胰岛素分泌负担，改善糖尿病的症状，并减少并发症的发生。因此，制定科学的饮食治疗原则对糖尿病患者至关重要。以下是糖尿病饮食治疗的基本原则。

1. 控制总热量摄入

糖尿病患者的饮食首先应控制总热量的摄入，以维持或达到理想体重，防止肥胖。肥胖是糖尿病特别是2型糖尿病的主要危险因素之一。过多的热量摄入不仅会导致体重增加，还会导致胰岛素抵抗，使血糖难以控制。通过适量的热量控制，糖尿病患者能够有效改善胰岛素敏感性，降低血糖水平。

饮食中的热量来源应根据个人的年龄、性别、体重、活动水平以及健康目标来调整。通常，糖尿病患者的热量分配应遵循以下原则。

（1）大约50%~60%的总热量来自碳水化合物；

（2）15%~20%的热量来自蛋白质；

（3）20%~30%的热量来自脂肪。

2. 选择健康的碳水化合物

糖尿病患者的饮食中应注重选择低升糖指数（GI）的碳水化合物，以避免血糖的剧烈波动。碳水化合物是影响血糖水平的主要因素，快速吸收的碳水化合物（如精制米面、糖类食品）会迅速提高血糖水平，而低GI碳水化合物（如全谷物、蔬菜、水果）则会缓慢释放葡萄糖，保持血糖的平稳。

糖尿病患者应优先选择富含膳食纤维的碳水化合物，如全麦面包、糙米、燕麦、豆类、蔬菜和水果。膳食纤维不仅有助于控制血糖，还能促进消化、改善肠道健康，并有助于降低血脂。

3. 合理安排餐次和饮食时间

糖尿病患者应合理安排每日的餐次，避免过长时间的空腹或暴饮暴食。

过长时间的空腹容易导致血糖过低，暴饮暴食则可能导致血糖急剧升高。因此，分配适当的餐次和饮食时间是控制血糖波动的关键。

一般推荐患者每天进食三餐，必要时可增加两餐小食，确保每餐之间的间隔不超过6小时。对于一些需要胰岛素治疗的糖尿病患者，餐前和餐后血糖的监测和餐后胰岛素的调整也是饮食治疗的一部分。

4. 控制脂肪的摄入

糖尿病患者应注意限制饱和脂肪酸和反式脂肪的摄入，因为这些脂肪会增加血液中的低密度脂蛋白（LDL）胆固醇，并促进动脉粥样硬化，从而增加心血管疾病的风险。相反，单不饱和脂肪酸和多不饱和脂肪酸（如橄榄油、坚果、深海鱼类中的 ω-3 脂肪酸）对血脂有益，能够提高高密度脂蛋白（HDL）胆固醇，改善血脂状况。

日常饮食应避免油炸食品、动物脂肪和加工食品，选择富含健康脂肪的食物，如橄榄油、坚果、种子、鱼类等。此外，保持适量的脂肪摄入，通常建议脂肪占总热量的 20%~30%。

5. 补充足够的蛋白质

适量的蛋白质摄入对糖尿病患者来说同样重要，尤其是帮助保持肌肉质量、修复组织并调节代谢。推荐选择低脂肪、高质量的蛋白质来源，如鸡胸肉、鱼类、豆制品和低脂乳制品。适量的蛋白质不仅可以帮助维持饱腹感，还能避免因蛋白质摄入不足而导致的营养不良。

在饮食中，蛋白质的摄入量应根据患者的体重、年龄、活动量和糖尿病的控制情况进行个性化调整。通常建议蛋白质占总热量的 15%~20%。

6. 增加膳食纤维的摄入

膳食纤维有助于延缓胃排空，减少食物中糖分的吸收速度，从而帮助稳定血糖水平。对于糖尿病患者来说，增加膳食纤维的摄入是控制血糖的重要手段。膳食纤维可以帮助减少餐后血糖升高，改善胰岛素的敏感性，并促进消化道健康。高纤维的食物包括全谷物、豆类、蔬菜和水果等。糖尿病患者每天应摄入 25~30 克膳食纤维，其中可溶性纤维（如燕麦、苹果、胡萝卜）尤为重要。

7.限制酒精的摄入

酒精可能干扰血糖控制,尤其是饮酒过量时。酒精会影响肝脏的糖代谢,可能导致低血糖或高血糖的波动。糖尿病患者应尽量限制酒精的摄入,并与医生讨论酒精摄入对血糖控制的影响。如果选择饮酒,建议适量〔(男性每日不超过两杯(25ML),女性不超过一杯(15mlML)〕,并确保在餐后饮用,以避免酒精对血糖波动的影响。

8.监测血糖与个体化饮食调整

糖尿病患者应定期监测血糖水平,确保饮食和药物治疗的有效性。根据血糖变化,个体化调整饮食计划。血糖监测有助于了解餐后血糖反应,并根据需要调整碳水化合物的摄入量和食物种类。

糖尿病的饮食治疗不仅仅是控制血糖,还涉及综合的健康管理。合理的饮食原则可以帮助糖尿病患者保持血糖稳定,减少并发症的发生,提高生活质量。患者应根据个人的实际情况,制定科学合理的饮食方案,同时配合适度的运动和药物治疗,共同管理糖尿病。

(二) 饮食治疗方法

1.能量

糖尿病患者的能量摄入量应以维持或略低于理想体重为目标,具体的能量需求可以根据患者的年龄、体力活动水平以及肥胖程度来计算,如图4-1所示。计算公式如下:

$$能量摄入量(kJ)=理想体重(kg)\times 能量供给标准(kJ/kg \cdot d)$$

$$理想体重(kg)=身高(cm)-105$$

表4-1 成人糖尿病能量供给量 [kJ(kcal)/kg]

体型	极轻体力劳动	轻体力劳动	中体力劳动	重体力劳动
正常	84~105*(20~25)	126(30)	146(35)	167(40)
消瘦**	126(30)	146(35)	167(40)	209(45~50)
肥胖**	63~84(15~20)	84~105(20~25)	126(30)	146~188〔35〕

*50岁以上者每增加10岁,能量可减少10%,活动量极少者可按每天84kJ(20kcal)/kg供给;
** 消瘦为 < 正常体重20%;肥胖为 > 正常体重20%。

2. 食物选择

（1）宜选食物

①粗杂粮：如荞麦面、细麦面、燕麦片、玉米粉、豆粉和麦胚粉等，这些食物的血糖指数较低。粗杂粮还富含矿物质、维生素和膳食纤维，能够帮助改善糖耐量。

②大豆及其制品：大豆富含优质蛋白质和多不饱和脂肪酸，具有降低血脂的作用，有助于糖尿病患者控制血脂。

③蔬菜：新鲜蔬菜是维生素、矿物质和膳食纤维的重要来源，有助于促进消化和调节血糖。

（2）忌（少）用的食物

①精制糖：包括白糖、红糖、甜点、蜜饯、冰激凌、甜饮料等（但在低血糖时可例外使用）。

②高碳水化合物、低蛋白质的食物：如马铃薯、芋头、藕和山药等，这些食物应适量食用，并相应减少主食的摄入量。

③动物油脂：如猪油、牛油、奶油等应避免使用，但鱼油除外，因为它富含对心血管有益的 $\omega-3$ 脂肪酸。

④甜的水果：含果糖和葡萄糖较高的水果应限量食用，若食用，应相应减少主食的摄入量，以控制血糖。

⑤酒精：酒精代谢不依赖胰岛素，因此糖尿病患者若饮酒，需适量。然而，长期饮酒对肝脏、心血管有较大负担，可能增加或提前出现并发症。因此，最好避免饮酒。

第三节　营养与痛风

痛风（gout）是一种代谢性疾病，由于嘌呤代谢异常导致血尿酸水平持续升高，从而引起组织损伤。其主要损害部位是关节和肾脏，严重时可因肾功能衰竭危及生命。痛风的生化标志是高尿酸血症，但并非所有高尿酸血症的患者都会发展为临床痛风，只有约10%的高尿酸血症患者会发展为痛风。因此，高尿酸血症并不等同于痛风的发生。

一、概述

（一）发病情况

痛风是一种历史悠久的疾病，全球范围内均有发生。在欧美地区，高尿酸血症的患病率为2%至18%，而痛风的患病率为0.2%至1.7%。过去我国认为痛风较为罕见，但近年来，随着经济的发展和生活方式、饮食结构的改变，高尿酸血症和痛风的患病率呈现直线上升的趋势，尤其在南方地区这一趋势更为明显。数据显示，我国20岁以上人群的高尿酸血症患病率约为2.4%至5.7%。高尿酸血症与痛风密切相关，如果不加以控制饮食，5%至12%的高尿酸血症患者可能会发展为痛风。预计未来我国痛风的发病人数将继续快速增加。

痛风多发于40岁以上人群，男性的发病率高于女性。脑力劳动者的发病率相对较高。痛风患者常伴有其他疾病，包括：①肥胖，许多痛风患者超重或肥胖，尤其是中心性肥胖；②糖尿病，痛风患者常并发糖尿病；③大约75%的痛风患者并发高脂血症；④高血压患者中痛风的发病率为2%至12%；⑤动脉粥样硬化患者常伴随高尿酸血症。

（二）病因和发病机制

在正常情况下，男性血液中的尿酸浓度为150 μmol/L至380 μmol/L，女性则为100 μmol/L至300 μmol/L。当血液中的尿酸浓度长期高于420 μmol/L（女性为350 μmol/L）时，会引发一系列健康损害，主要涉及关节和肾脏，因此，高尿酸血症是痛风的直接病因。

尿酸是嘌呤代谢的最终产物，主要通过尿液排出体外。嘌呤来源于核酸的代谢，在多种限速酶的作用下，核酸代谢产生嘌呤的速度和量得到调控，这一代谢过程在肝脏、肾脏和小肠最为活跃。血尿酸增高的原因主要包括：①肾脏对尿酸的排泄减少，主要由于肾小球滤过和肾小管分泌功能减退；②尿酸的生成增多；③某些代谢性疾病的继发，如葡萄糖-6-磷酸酶缺乏症，这种代谢性疾病导致嘌呤和尿酸的生成增加，排泄减少；④继发于其他疾病或药物引起的尿酸生成增加，如骨髓增生性疾病、慢性肾病、肿瘤及肿瘤放疗或化疗后、糖尿病等。此外，某些药物，如利尿剂、阿司匹林、乙酰唑胺、吡嗪酰胺和乙胺丁醇等，也可能导致尿酸生成增加。

高尿酸血症或痛风的病因可以归结为遗传因素、疾病因素和营养因素。通过限制过量的嘌呤摄入，可以有效降低痛风患者的血尿酸水平，从而减少和缓解痛风性急性关节炎的反复发作。

二、营养因素与痛风

尽管痛风与遗传因素有关，但大多数病例并没有明显的家族史。环境因素，尤其是饮食习惯，能显著影响嘌呤的摄入、核酸代谢的加速以及肾脏尿酸排泄的减少，从而引发高尿酸血症和痛风的发生。

（一）高嘌呤食物

嘌呤是细胞核的重要组成部分，几乎所有动植物细胞都含有嘌呤。食物来源的嘌呤大部分转化为尿酸，且很少被身体利用。不同食物的嘌呤含量差异较大。对正常人来说，适量的嘌呤摄入通常可以通过肾脏和肠道在短时间内排出体外。然而，对于高尿酸血症或痛风患者来说，过量的嘌呤摄入可能加重病情。因此，患者应根据病情，遵循医生的建议，合理选择食物。

食物中嘌呤的含量规律为：内脏 > 肉类 > 鱼类 > 干豆类 > 坚果 > 叶菜类 > 谷物 > 水果。

（二）蛋白质

食物中的嘌呤往往与蛋白质共存。高蛋白饮食不仅增加嘌呤的摄入量，还可能促进内源性嘌呤的合成以及核酸的分解。动物性蛋白质的嘌呤含量较高，因此，糖尿病患者应优先选择植物性蛋白质。对于有肾脏损害的患者，应该选择低蛋白饮食。大豆蛋白比动物蛋白对肾脏的保护作用更强，有助于减缓慢性肾功能的恶化。牛奶和鸡蛋不含细胞结构和核蛋白，因此可以适量摄入。酸奶含有较多乳酸，乳酸与尿酸相互竞争排泄，这对高尿酸血症和痛风患者不利，建议避免大量饮用。

（三）脂肪

高脂肪饮食会导致能量过剩，脂肪在体内积聚，最终可能引发高血压、脂代谢紊乱、糖代谢异常等问题,增加继发性痛风的风险。因此,控制脂肪的摄入量对痛风患者尤为重要。

(四)碳水化合物

碳水化合物是痛风患者的主要能量来源。然而,由于高尿酸血症患者常伴随体重超重,应适量控制碳水化合物的摄入量。体重控制应逐步进行,避免由于能量摄入不足导致脂肪分解生成酮体等酸性代谢产物,从而抑制尿酸排泄,诱发痛风发作。蜂蜜和含果糖较高的食物可能会增加尿酸的生成,痛风患者应控制其适量摄入。

(五)维生素与矿物质

维生素对痛风的管理至关重要。B族维生素、维生素C和维生素E的缺乏容易导致尿酸排泄减少,诱发痛风发作。摄入大剂量的维生素C和维生素B2可能干扰尿酸的正常排泄,导致尿酸水平升高。维生素C的大量摄入还可能降低秋水仙素的镇痛效果,建议避免大量补充。矿物质的缺乏,特别是钙、锌、碘和铁的缺乏,会引起核酸代谢异常,导致尿酸积累并引发痛风。钾有助于促进尿酸的排泄,减少尿酸盐的沉积;而钠则可能加剧尿酸的沉积,且痛风患者常伴随高血压、冠心病和肾脏病变等,因此应限制钠盐的摄入。

(六)水分

充足的水分摄入有助于尿酸的排泄,预防尿酸结晶的形成,从而有效延缓肾脏的损害。痛风患者每天应确保摄入足够的水分,至少2500毫升至3000毫升,以维持尿量在2000毫升以上,促进尿酸排泄。为了防止夜间尿液浓缩,患者还应在夜间适当补充水分。

(七)酒精

酒精代谢会导致乳酸浓度升高,抑制肾脏排泄尿酸,同时酒精还促进嘌呤分解,导致尿酸水平升高。因此,酒精是急性痛风发作的重要诱因,痛风患者应严格限制饮酒。酒精饮品中的嘌呤含量从高到低排序为:陈年黄酒 > 啤酒 > 普通黄酒 > 白酒。

饮食管理是痛风治疗的一个重要环节,通过合理调整膳食结构,可以有效控制尿酸水平,减少痛风的发作。痛风患者应遵循低嘌呤、低脂肪、适量蛋白质和碳水化合物的饮食原则，同时保证充足的水分摄入，并避免酒精及不健康的食物，帮助维持健康的尿酸水平和减少并发症的风险。

三、痛风的饮食疗法

（一）无症状期

在高尿酸血症的早期，采取适当的饮食治疗可以有效降低尿酸水平，防止其发展为痛风。

1. 限制能量摄入

多数痛风患者偏好高能量、高脂肪和高蛋白饮食，容易导致营养过剩。因此，应注意控制总能量的摄入，并定期监测体重。

2. 限制嘌呤摄入

在高尿酸血症阶段，应减少高嘌呤食物的摄入。可以自由选择嘌呤含量较低的食物，适当摄入含有中等嘌呤的食物。

3. 均衡营养

平衡膳食对于维持高尿酸血症患者的正常营养状态至关重要。

4. 养成多饮水的习惯

每日饮水量应控制在 1500~2500 毫升，特别是在晚上睡前、晨起、运动后、出汗后及洗澡后，应补充一杯水，以帮助稀释血尿酸浓度，促进肾脏排泄尿酸。

5. 戒酒

虽然很多痛风患者认为啤酒度数低且较为安全，但实际上啤酒含有大量嘌呤，且能量较高，容易导致血尿酸升高并诱发痛风发作。因此，患者应在此阶段严格戒酒。

（二）痛风急性期

在痛风急性发作期，单纯的饮食控制往往难以完全控制病情，必须结合药物治疗。不过，饮食中限制嘌呤摄入依然非常重要。

1. 限制嘌呤摄入

每日嘌呤的摄入量应控制在 150mg 以下，避免摄入高嘌呤食物，如动物肝脏、肾脏、鲭鱼、沙丁鱼、小虾、肉汁和肉汤等。

2. 食物选择

①碳水化合物：应以精细粮为主，如精白米、面粉、精粉面包、馒头、面条、通心粉、苏打饼干等。

②蛋白质：每日蛋白质摄入量应控制在 40~65 克，最好选择不含嘌呤的食物，如蛋类、牛奶等。若选择鱼类，应选择低嘌呤的鱼肉，如鳝鱼、鳊鱼、鲢鱼等，且食用时要弃去汤。

③油脂：以植物油为主，避免油炸和油煎，宜采用蒸、煮、炖等烹饪方法，以减少油脂摄入。

3. 足量饮水

确保每天充足的水分摄入，促进尿酸排泄。

4. 适量选择蔬菜水果

蔬菜和水果能提供丰富的维生素和矿物质，但要注意避免摄入过多果糖含量高的水果。

5. 禁酒及刺激性食物

患者应避免酒精和刺激性食物的摄入。

6. 限盐

每日盐的摄入量不应超过 6 克。

（三）间歇期和慢性期

在间歇期和慢性期，饮食治疗的目标是将血尿酸水平控制在正常范围内，并通过平衡膳食保持理想体重。此时期对嘌呤的限制可以适度放宽，且可通过适当的烹饪方法减少食物中的嘌呤含量，如采用蒸、煮、炖的方式，并弃去汤。

间歇期和慢性期食物选择如下。

1. 蔬菜类

可以自由选择萝卜、胡萝卜、黄瓜、马铃薯、藕、海带、番茄、大白菜、芹菜、山药、蘑菇、木耳、花菜等，同时适量食用菠菜、韭菜、大豆、荷兰豆、扁豆、青椒和芦笋。

2. 奶类

可以选择牛奶、炼乳、豆奶等作为蛋白质来源。

3. 谷薯类

优选精细粮食，如精白米、精粉面包、馒头等。

4. 鱼肉类

虽然嘌呤的限制可以适度放宽，但如果血尿酸浓度较高，最好选择不含嘌呤的蛋奶作为蛋白质来源；血尿酸浓度正常时，每周可选择2次至3次低嘌呤的鱼类。

5. 油脂类

以植物油为主，适量使用动物油。

6. 水果

适量选择，但避免摄入过多热量。

痛风的饮食疗法是其治疗过程中的重要组成部分，通过合理控制饮食，可以有效地控制血尿酸水平，减少痛风的发作。根据不同的病程阶段，饮食要求有所不同，从无症状期的预防措施到急性期的严格控制，再到间歇期和慢性期的维持治疗，患者应根据具体情况调整饮食，并在医生的指导下进行管理。

第四节　营养与骨质疏松症

骨质疏松症（osteoporosis）是一种慢性骨病，属于骨代谢紊乱疾病，其主要特征是骨密度下降、骨结构疏松、骨脆性增加，易导致骨折。骨质疏松症对老年人，尤其是绝经后的女性健康和生活质量构成严重威胁。目前，已知性激素水平低下、缺乏运动和不合理的营养摄入是导致骨质疏松症的三大主要危险因素。1979年世界卫生组织和1992年北京国际骨质疏松学术会议提出了防治骨质疏松症的三项重要措施：第一，适量补充钙；第二，定期进行体育运动；第三，调整饮食结构。

一、概述

（一）患病率

骨质疏松症是老年人和绝经后女性中最常见的骨代谢性疾病，已成为全球常见且多发的健康问题，排在第七位。据初步统计，全球骨质疏松症患者已超过 2 亿，其中美国、西欧和日本约有 7500 万人，相关的治疗和住院费用每年高达 250 亿美元。在中国，50 岁至 60 岁人群的骨质疏松症发病率为 21%，60 岁至 70 岁为 58%，而 70 岁至 80 岁人群的发病率更高。随着人口老龄化，骨质疏松症患者的数量呈逐年增加趋势。80 岁之前，女性的发病率大约是男性的 3 倍至 5 倍，而 80 岁以后，男女发病率差异不大。白人女性的发病率较高，而黑人群体较低。

（二）分类

1. 原发性骨质疏松症

这类骨质疏松症主要随着年龄的增长而发生，是一种生理性的退行性病变，主要包括老年性骨质疏松症和绝经后骨质疏松症。

2. 继发性骨质疏松症

由其他疾病或药物引起的骨质疏松症，如内分泌紊乱、骨髓疾病、肝肾疾病或某些药物的使用等。

3. 特发性骨质疏松症

这种类型的骨质疏松症原因不明，通常发生在 8 岁至 14 岁的青少年中，妊娠和哺乳期的女性也可能发生特发性骨质疏松症。

后两类骨质疏松症的发病率较低，去除病因后症状可缓解，而原发性骨质疏松症的发病率较高，危害也较大。

（三）主要临床症状

1. 疼痛

超过一半的患者会出现疼痛症状，常见的为腰背酸痛，其次为肩背、颈部或腕踝部的疼痛。腰痛最为常见，且有时疼痛会放射到臀部及腿部。疼痛常在活动时加剧，尤其是夜间和清晨醒来时更为明显。患者往往无法明确说明疼痛的具体原因，疼痛时好时坏，个体差异较大。

2. 骨骼变形

由于重力和韧带牵引作用，骨质疏松的骨骼容易发生变形。常见的变形是脊椎骨和肋骨的压缩变形，可能导致驼背、身高变短。严重者，可能出现下段肋骨压迫髂嵴，导致胸廓畸形。

3. 骨折

如果骨质疏松未及时治疗，容易引发骨折。常见的骨折部位包括脊椎骨、股骨颈、股骨粗隆间、桡骨、腕骨等，其中股骨和颈骨骨折较为常见。脊椎骨通常呈压缩性骨折，女性在50岁至54岁时发生率大约为5%，80岁以上则超过50%。股骨骨折自40岁开始，每隔6年至7年，发生率会增加一倍。

骨质疏松症的最严重后果是骨折，特别是髋骨骨折，会导致长期病态并增加死亡风险。尽管医疗条件逐步改善，髋骨骨折的患者，因并发症在一年内的死亡率仍然可高达15%至50%。骨折发病率随着年龄的增长呈指数上升，女性的骨折风险为38.7%，男性为13.1%。骨折不仅会导致国家和个人医疗费用的增加，还可能带来残疾，造成终身痛苦甚至死亡，对家庭和社会带来严重影响。

二、骨质疏松症的膳食防治

骨质疏松症的预防应贯穿整个人生。孕妇在怀孕期间应适量补充钙，以促进胎儿骨骼的发育；婴幼儿期至35岁时，需合理补钙，以达到骨密度的最高峰；而随着年龄的增长，必须增加钙的摄入，以防止骨钙的流失。

（一）骨质疏松症的预防

1. 合理膳食

中国居民的膳食结构普遍钙摄入不足，原因包括：①膳食以植物性食物为主，钙含量较低；②乳制品摄入量较少，居民年均乳制品消费量为27kg，远低于世界平均水平100kg；③植物性食物中含有植酸盐和草酸盐等物质，会影响钙的吸收。针对这些问题，需要调整膳食结构，增加乳制品及其他富含钙的食物的比例，确保膳食平衡，从而有效预防骨质疏松症。

2. 适时适量补钙

理论上，合理的膳食搭配可以满足钙的需求，但实际生活中往往很难做到完全合理，因此需要额外补充钙。骨密度峰值的高低与骨质疏松症的发生和严重程度密切相关。通常，20岁之前是骨骼生长的关键期，35岁前骨密度仍会有所增加，35岁至40岁之间达到最高峰，此后骨质逐渐丧失。

研究表明，青春期的钙摄入量对骨密度峰值的影响显著，确保这一阶段充足的钙摄入能够帮助形成较高的骨密度，从而推迟绝经期及老年期骨质疏松的发生，并减少骨折风险。因此，补钙应从青少年阶段开始。

钙的摄入量过多也会带来副作用。研究发现，每日钙的摄入量在2000mg以内是安全的，但超过2500mg可能导致尿钙排出增加、血钙升高、便秘等问题，并且可能干扰铁、磷、锌等其他元素的吸收。因此，补钙时应遵循适量原则，且市售钙剂的钙含量应以钙元素计算，而非按钙制剂的总量计算。

（二）骨质疏松症的营养治疗

1. 营养补充剂

1. 钙剂

补钙是治疗骨质疏松的首选方法。一旦发现负钙平衡，需补充大剂量的钙剂。老年人维持钙平衡的需求量为 10 mg/kg·d，而骨质疏松症患者的需求量则为 17 mg/kg·d。常见的口服钙剂有碳酸钙、枸橼酸钙、葡萄糖酸钙和乳酸钙等。

2. 维生素 D

单纯补钙可能效果不佳，维生素 D 能帮助促进钙的吸收，因此应与钙联合使用。每日推荐补充 7.5 μg 至 10 μg 的维生素 D，并定期监测血清钙水平，以防止高钙血症的发生。

3. 氟化物

氟能与骨盐晶体结合，稳定骨盐结构，抑制骨质吸收并刺激新骨形成。因此，氟化物常用于骨质疏松治疗中，通常每日口服氟化钠 50mg 至 60mg，疗程可达 1 年。为了避免新骨钙化不足，建议与钙剂和维生素 D 联合使用。氟化钠可能引发胃肠不适和关节痛等副作用，使用时需谨慎。

4. 雌激素替代疗法

对于绝经期女性，可考虑雌激素替代疗法。常用的雌激素药物如己烯雌酚，每日 1.0 mg，连续使用 4 周后停药 1 周至 2 周再继续。尽管雌激素能有效减少骨丢失，但长期使用可能增加子宫内膜癌的风险，因此应每年进行乳腺、盆腔检查，并注意阴道出血等异常症状。

5. 降钙素

降钙素对骨质疏松有明显的治疗作用,它能直接作用于破骨细胞,抑制骨吸收。在患者不能接受雌激素治疗时,降钙素是有效的替代治疗。目前,降钙素已被 FDA 批准用于治疗骨质疏松症。

2. 饮食治疗

饮食治疗对骨质疏松的恢复没有显著效果,但可以减缓病情的进展。其原则是合理选择食物,确保足够的钙和维生素 D 摄入。

3. 植物雌激素

尽管雌激素替代疗法能有效减少骨丢失并预防骨折,但因长期使用可能增加子宫内膜癌、乳腺癌的风险,这限制了其在绝经后女性中的应用。近年来,植物雌激素受到越来越多的关注,它们具有类似雌激素的作用,但具有选择性,不会对子宫内膜和乳腺产生增生作用。异黄酮,特别是染料木黄酮,是最活跃的植物雌激素之一,其与雌激素受体的亲和力最强。虽然植物雌激素的活性不及合成雌激素,但由于其没有副作用,且能用于心血管疾病的防治,因此具有广阔的应用前景。常吃富含黄酮类的植物性食物,如大豆及其制品、山楂、蒲公英和葛根等,能在一定程度上预防骨质疏松的发生。

第五节 营养与癌症

肿瘤是由多种内在和外在致瘤因素引起的细胞异常增生,形成的新生物。它的生长与周围正常组织失调,导致结构、功能和代谢上的异常。肿瘤细胞的增生是由于幼稚细胞的遗传物质发生突变的结果,即便脱离了致瘤因素,肿瘤仍能无限制地繁殖。根据肿瘤的特性以及它对机体的影响与危害,肿瘤分为良性和恶性两类。恶性肿瘤(malignant tumor)通常生长较快、分化程度低、局部浸润并且具有转移性;而良性肿瘤则相对生长较慢,不会转移。按细胞来源划分,源自上皮细胞的恶性肿瘤被称为癌(carcinoma),约占所有恶性肿瘤的 90% 以上,如胃癌、肺癌、乳腺癌、结肠癌、宫颈癌等;而源自间叶细胞的恶性肿瘤被称为肉瘤(sarcoma),如淋巴肉瘤、平滑肌肉瘤、骨肉瘤等。人们通常将"癌症"（cancer）作为所有恶性肿瘤的代名词。世界卫生组织指出，超过 1/3 甚至一半以上的癌症是可以预防的。癌症的预防措施包括控制吸烟、养成健康饮食习惯、增加体力活动、减少职业危害和环境污染等。在癌症的发生和发展过程中，膳食和营养因素扮演着至关重要的角色。

一、营养与癌症的关系

癌症的发生与发展是多种因素相互作用的结果，包括遗传、环境以及生活方式等。其中，营养因素在癌症的预防和控制中起着关键作用。研究表明，约 80% 的癌症病例与不健康的生活方式和环境因素相关，其中不合理的膳食结构、吸烟和酗酒分别占致癌因素的 35%、30% 和 10%。

食物作为人体与外界环境最直接的联系，其摄入的质量和种类直接影响机体的代谢平衡和内环境稳定。膳食中的某些成分可能具有致癌作用，而另一些则可能具有抗癌效果。因此，了解并调整饮食结构，对降低癌症风险具有重要意义。

（一）能量摄入与癌症

过量的能量摄入导致超重和肥胖，这与多种癌症的高发密切相关。流行病学研究显示，肥胖者患乳腺癌、结肠癌、胰腺癌、子宫内膜癌和前列腺癌的风险显著高于体重正常者。动物实验也发现，限制能量摄入可以降低肿瘤的发生率，并延长肿瘤的潜伏期。

（二）蛋白质摄入与癌症

蛋白质的摄入量与癌症的发生存在复杂关系。摄入过低可能导致营养不良，降低免疫功能，增加癌症风险；而摄入过高，特别是动物性蛋白质的过量摄入，则可能增加结肠癌、乳腺癌和胰腺癌的风险。研究指出，常饮牛奶者的胃癌发病率较低，而常食用大豆制品者的胃癌相对风险也较低。

（三）脂肪摄入与癌症

膳食脂肪的摄入量与多种癌症的发生呈正相关关系。高脂肪饮食与结肠癌、直肠癌、乳腺癌、肺癌和前列腺癌的风险增加有关。特别是饱和脂肪酸和动物油脂的摄入，与上述癌症的发生风险增加密切相关。

（四）碳水化合物与癌症

高淀粉摄入人群的胃癌和食管癌发病率较高，且这类人群通常伴有低蛋白质摄入。膳食纤维在预防癌症方面发挥重要作用，能够降低结肠癌和直肠癌的发病风险。此外，食用菌类食物和海洋生物中的多糖，如蘑菇多糖、灵芝多糖等，具有提高人体免疫力和抑制肿瘤细胞生长的作用。

（五）维生素与癌症

多项研究表明，维生素在癌症预防中具有重要作用，尤其是具有抗氧化活性的维生素 A、C、E 及类胡萝卜素等。维生素 A 和 β-胡萝卜素的摄入量与肺癌、食管癌、胃癌等多种癌症的发生呈负相关。维生素 C 的摄入可降低胃癌、食管癌、肺癌等的风险。维生素 E 可能降低肺癌、宫颈癌、肠癌和乳腺癌的风险。此外，维生素 D 和钙的摄入量与大肠癌的发病率呈负相关。

（六）矿物质与癌症

矿物质的摄入也与癌症的发生密切相关。高钙高维生素 D 膳食与肠癌发病率呈负相关。锌的缺乏和过量都可能影响机体免疫功能，进而影响癌症的发生。硒的防癌作用已被证实，其摄入量与多种癌症的死亡率呈负相关。而高铁膳食可能增加肠癌和肝癌的风险。

综上所述，合理的膳食结构和均衡的营养摄入对预防癌症具有重要意义。通过调整饮食习惯，控制能量摄入，均衡摄入蛋白质、脂肪、碳水化合物，适量补充维生素和矿物质，可以有效降低多种癌症的发生风险。

二、食物与癌症的关系

饮食在癌症的发生与预防中具有重要作用。近年来，越来越多的流行病学、临床及基础研究证据表明，特定食物与某些癌症的发病风险呈显著相关性，尤其是植物性食物的摄入可能具有预防肿瘤发生的潜力，而部分动物性食品及酒精摄入则与肿瘤风险的上升密切相关。

（一）大豆摄入与癌症风险

大量研究显示，大豆摄入量与乳腺癌、胰腺癌、结肠癌、胃癌以及肺癌等多种实体肿瘤的发病率之间呈负相关关系。大豆中含有多种具有生物活性的成分，如大豆异黄酮、染料木黄酮、大豆苷元、植物蛋白酶抑制剂和植酸等，这些成分在多种机制上对肿瘤细胞的发生、增殖与转移具有抑制作用。其中，大豆异黄酮因其结构类似于雌激素，能够与雌激素受体结合，表现出类雌激素或抗雌激素的活性，进而干扰激素依赖性肿瘤（如乳腺癌、前列腺癌）的发生过程。动物实验和体外研究也证实，大豆异黄酮可通过诱导凋亡、阻滞细胞周期、抑制血管生成等方式发挥抗癌作用。

（二）茶叶的抗肿瘤作用

茶叶尤其是绿茶，作为中国传统饮品，在癌症化学预防领域受到广泛关注。绿茶富含茶多酚，尤其是表没食子儿茶素没食子酸酯（EGCG），具有较强的抗氧化活性，能够清除自由基、抑制脂质过氧化，调节多种信号通路，从而在肿瘤的多个阶段发挥干预作用。实验研究发现，茶多酚能够抑制致癌物激活相关酶的表达，促进致癌物代谢清除，并对DNA修复具有正向调节作用。部分流行病学研究也支持，规律饮茶与部分消化系统和呼吸系统癌症风险的下降相关联。

（三）蔬菜、水果与癌症防控

丰富的流行病学和干预研究表明，摄入充足的新鲜蔬菜和水果与多种癌症的低发病率密切相关，尤其是消化道（如口咽癌、食管癌、胃癌、结直肠癌）及呼吸系统（如肺癌）等上皮来源肿瘤。蔬菜和水果富含多种具有潜在抗癌作用的营养素和非营养活性物质，如β-胡萝卜素、维生素C、维生素E、叶酸、膳食纤维、多酚类、黄酮类、吲哚、异硫氰酸酯、植物固醇、硫代葡萄糖苷、柠檬烯等。这些化合物通过协同作用参与抗氧化、诱导解毒酶表达、促进肿瘤细胞凋亡、抑制癌基因表达、调节雌激素代谢等多条信号通路，对肿瘤的发生与发展具有多靶点抑制效果。

此外，新鲜（生食）蔬菜及生食沙拉形式的摄入被认为在减少肿瘤发生方面更为有效。乳腺癌和前列腺癌的较低发病率在一定程度上也与高蔬菜水果摄入相关。

（四）动物性食物与癌症的潜在关联

动物性食品包括红肉（牛肉、羊肉、猪肉）、禽类、鱼类、蛋类和奶制品等。其中，高频率摄入红肉及加工肉制品已被多项研究证实与结直肠癌发病风险上升相关。红肉中的饱和脂肪、亚硝酸盐、杂环胺和多环芳烃等在高温烹饪过程中易生成致癌物。乳制品摄入可能与前列腺癌风险上升有关，部分研究提出这可能与乳品中的高钙含量抑制维生素 D 活性或激素水平变化有关。

蛋类的摄入与结直肠癌风险之间的关系仍存在争议，但部分研究指出其摄入过量可能对结直肠健康构成不利影响。与之相对，鱼类摄入被认为可能对某些癌症有保护作用，因其富含 ω-3 多不饱和脂肪酸，可通过抗炎、调控细胞信号通路等机制发挥抗肿瘤作用。

此外，部分研究支持素食或半素食饮食模式可降低整体癌症发生风险。然而，完全素食者若未合理搭配食物，可能面临维生素 B12、铁、钙、锌等营养素摄入不足的问题，因此素食的营养均衡应引起重视。

（五）酒精摄入与肿瘤发生

酒精是国际癌症研究机构（IARC）明确认定的一类致癌物，其与多种癌症的发生具有明确的因果关系。饮酒显著增加口腔癌、咽癌、喉癌、食管癌和肝癌的风险。尤为重要的是，当饮酒与吸烟并存时，两者具有协同致癌效应，导致癌症风险大幅上升。即使是少量饮酒，也可能与乳腺癌、结直肠癌等肿瘤风险上升相关。此外，长期饮酒还可能通过免疫抑制、营养吸收障碍及促进致癌物活化等机制，增加肺癌和胰腺癌等实体肿瘤的发病概率。

综上所述，不同类型的食物成分通过影响氧化应激、激素代谢、免疫功能、细胞凋亡与增殖等途径，在癌症的发生发展中发挥促进或抑制作用。推动以科学证据为基础的膳食指导方针，对降低癌症负担具有重要意义。

三、膳食防癌的十项核心建议

2007 年 11 月，世界癌症研究基金会（World Cancer Research Fund, WCRF）联合美国癌症研究所（AICR）发布了第二版权威专家报告《食物、营养、身体活动和癌症预防》（*Food, Nutrition, Physical Activity and the Pre-*

vention of Cancer: A Global Perspective)①。该报告系统回顾并整合了大量流行病学、临床和实验研究数据，基于证据强度对各类饮食和生活方式因素与癌症风险之间的关系进行了分级评估，并提出了面向个人和公共卫生的十项防癌建议。其核心内容如下。

（一）保持健康体重

应将体重维持在正常体重指数范围的低值区间，并尽量避免成年后体重和腰围的持续增长。证据显示，身体肥胖与至少六种癌症的发病风险显著相关，包括结直肠癌和绝经后乳腺癌。腹部脂肪堆积尤为危险，可能通过影响内分泌激素水平、促进炎症反应和胰岛素抵抗，诱导癌症的发生。因此，终生维持健康体重是预防癌症的基础性策略。

（二）积极参与日常身体活动

推荐每日至少进行30分钟的中等强度运动（如快步走），逐步提升至每天60分钟或更高水平的中等强度活动，或30分钟以上的高强度运动。应减少静坐时间（如久坐看电视），以降低癌症和肥胖的风险。规律的身体活动有助于调节体脂、增强免疫功能并改善激素代谢，是综合防癌的重要生活方式因素。

（三）避免摄入高能量密度食物和含糖饮料

应限制高能量密度食品（>225~275kcal/100g）的摄入，如油炸食品、精加工零食、糖果等；避免饮用添加糖的饮料，控制果汁摄入量；减少快餐等方便高热量食品的频率。这一建议的核心在于预防体重增加和肥胖，从而间接降低多种癌症的风险。

（四）以植物性食物为饮食基础

每日摄入至少400克（相当于五份）不同种类的新鲜非淀粉类蔬菜和水果；每餐优先选用全谷物和豆类，减少精加工淀粉类主食的摄入。已有大量证据支持，植物性膳食模式可显著降低消化系统、呼吸系统及激素相关癌症的发生率。非淀粉类蔬果能提供丰富的膳食纤维、抗氧化物及植物化学物质，既有直接的抗癌作用，也有助于控制体重。

---

① 龚丽青，方玉. 世界癌症研究基金会《食物、营养、身体活动和癌症的预防》介绍[J]. 癌症康复，2015（3）：4.

（五）限制红肉和加工肉类的摄入

建议每周红肉（牛、猪、羊肉）摄入量不超过 500 克，尽量减少烟熏、腌制、添加防腐剂的加工肉类摄入。红肉和加工肉类已被国际癌症研究机构评为致癌物，其与结直肠癌、胰腺癌、前列腺癌等多种肿瘤风险密切相关，机制可能涉及亚硝胺生成、铁负荷过量以及促炎反应等。

（六）限制或避免饮酒

酒精已被确认为多种癌症（如口腔癌、咽喉癌、食管癌、乳腺癌、结直肠癌等）的独立危险因子。男性每日不应超过两份标准酒精摄入（每份含 10~15 克乙醇），女性不超过一份。孕妇、儿童应完全避免饮酒。虽然适量饮酒可能对心血管疾病有一定保护作用，但从癌症预防角度出发，即使少量饮酒也应予以限制。

（七）减少盐摄入，避免食用发霉食物

每日盐摄入量不应超过 6 克，应减少高盐腌制食物摄入，避免以食盐进行食物保存。同时，应避免摄入已发霉的谷物和豆类，以防黄曲霉素污染。研究表明，高盐饮食是胃癌的重要危险因素，而黄曲霉素被广泛证实与肝癌高度相关。

（八）优先通过膳食摄取营养素，避免依赖补充剂

尽管高剂量的膳食补充剂可能对某些个体有益，但也有诱发癌症的潜在风险。普通健康人群应通过多样化、营养密集的天然膳食满足日常营养需求，避免不必要的营养素超量摄入。补充剂的使用应根据临床需要并由专业人士指导。

第五章

饮食文化与食品安全

饮食不仅是人类生存的基本需求，更是一种凝结历史记忆、地域特色与民族精神的文化形态。自古以来，"民以食为天"的观念深植于中华文明中，饮食文化不仅承载着人们的生活方式，也体现了社会结构、宗教信仰与审美取向。然而，随着经济的快速发展与全球化趋势的加剧，人们的饮食结构与消费模式也在发生显著变化。这种变迁不仅带来了多样化的饮食体验，同时也引发了前所未有的食品安全问题。

第一节　饮食文化对食品安全的影响

一、传统饮食习惯中的潜在食品安全风险

传统饮食文化是中华民族千百年历史积淀的重要组成部分，体现着地域风俗、人文情怀与养生理念。然而，在现代食品安全科学发展迅速的今天，某些传统的饮食习惯和加工方式也逐渐暴露出潜在的安全隐患，若缺乏科学认知与有效控制，极易对公众健康构成威胁。

（一）生食文化：寄生虫与微生物污染的隐忧

生食是一种古老而广泛存在的饮食方式，在中国沿海地区以及日本、韩国等亚洲国家尤为盛行。例如，福建、广东等地普遍存在生腌海鲜、鱼生等食用习惯，日本则以生鱼片（刺身）为代表的生食文化广为人知。虽然生食能保留食材的原味和营养，但其潜在的安全隐患不容忽视。

一方面，未经加热的生食食品容易成为寄生虫滋生的温床。常见的如肝吸虫、旋毛虫、异尖线虫等，在生鱼、生肉中均有可能存在。若食材处理不当或来源不明，这些寄生虫一旦进入人体，可能引起肠胃不适、肝胆疾病，甚至严重感染。

另一方面，生食食品还易受到细菌污染，如沙门氏菌、副溶血弧菌、李斯特菌等致病菌常存在于水产品、家禽及乳制品中，尤其是在生腌过程中若未严格控制温度和盐度，则更容易导致食源性疾病暴发。此外，部分消费者习惯自行制作或购买"自制版"刺身、凉拌肉类等，若缺乏专业知识与卫生条件，风险将大大增加。

因此，对于生食食品的来源、加工与储运过程必须施加严格监管，同时提高消费者的风险意识，避免因"口腹之欲"而造成身体伤害。

（二）腌制食品：亚硝酸盐与致癌风险的现实

腌制是一种古老的食物保存与风味赋予方式，广泛存在于我国各地的饮食中，如湖南的腊肉、四川泡菜、东北酸菜等。腌制食品风味独特、储存期长，在不少人眼中是"年味"与"家乡味"的象征。然而，传统腌制过程中若控制不当，极易导致亚硝酸盐含量超标，带来严重的健康风险。

亚硝酸盐广泛存在于腌菜及腌肉制品中，是在腌制过程中硝酸盐还原而来。在人体胃酸的作用下，亚硝酸盐与食物中胺类化合物结合，可生成亚硝胺，这是一类被世界卫生组织（WHO）列为一级致癌物的物质，尤其与胃癌、食道癌的发生密切相关。

此外，腌制过程中常使用的"回卤水"（重复使用的腌菜水）也会在微生物作用下加速亚硝酸盐的累积。家庭自制腌菜若不遵守科学比例与腌制时长，更易使亚硝酸盐迅速上升至危险水平。一些腌制时间不足或快速腌制的"速成泡菜"，虽然外观鲜亮，实则安全隐患更大。

为了降低风险，应提倡低盐腌制、科学配比，推广符合卫生标准的腌制技术。同时，国家层面应加强对腌制类食品中亚硝酸盐含量的监测与限量标准的实施。

（三）发酵食品：微生物生态失衡的潜在危险

发酵食品作为中国传统饮食文化的重要组成部分，包括豆豉、酱油、腐乳、酸菜、臭豆腐等，因其独特的口感和风味深受大众喜爱。发酵过程依赖于微生物对原料进行分解和转化，是一种古老且复杂的生物加工方式。然而，若发酵条件不稳定或微生物群落失衡，极易造成食品污染或变质。

传统发酵多依赖自然环境中的"野生菌群"，由于缺乏标准化控制，发酵过程中可能混入致病菌或霉菌，造成食品安全问题。例如，若酸菜在密封、温度控制不当的情况下发酵，可能会滋生肉毒梭菌，其毒素对神经系统有严重影响；臭豆腐若未充分发酵或二次污染，易发生腐败变质，带来腹泻、呕吐等症状。同时，一些家庭或小作坊在制作发酵食品时，为追求口感而缩短发酵时间或添加不明调味料，破坏了微生物自然发酵过程的平衡，也埋下了食品安全隐患。因此，现代食品工业应在继承传统工艺的基础上，引入发酵菌种标准化、发酵环境监控等技术手段，以实现风味与安全的双重保障。

（四）传统保存方式：霉变与毒素污染的双重风险

在冷链物流尚不普及的年代，人们常采用暴晒、风干、烟熏、腌渍等方式对食物进行保存。然而，这些方法虽然简单实用，却也极易受气候、湿度、环境污染等外部因素影响，导致食物发生霉变甚至毒素污染。

最典型的风险之一是黄曲霉素污染。黄曲霉素是一种剧毒霉菌毒素，常存在于发霉的谷物、花生、玉米、坚果等食物中，其毒性远超砒霜，对肝脏危害极大，是肝癌的重要诱因之一。传统的粮食晾晒、干果储存若通风不良或潮湿阴暗，极易滋生黄曲霉菌，形成看不见的健康杀手。此外，传统腊肉和风干鱼类在烟熏过程中也可能产生多环芳烃（PAHs）等致癌物。部分烟熏方法未进行烟气过滤处理，加剧了污染程度，长期食用此类食品将显著提升癌症风险。

面对这些问题，应倡导科学的食物保存方式，如低温储存、真空包装、防霉剂使用等。同时，应加强对农村和小规模家庭作坊的监管与科普宣传，从源头防范食品霉变与毒素积聚。

传统饮食文化是民族认同的重要载体，也是宝贵的非物质文化遗产。然而，在现代社会食品工业与卫生标准日趋严格的背景下，对传统饮食习惯中存在的食品安全隐患进行科学甄别与改进已势在必行。通过提升公众食品安全素养、推动传统食品工艺的标准化升级，并完善监管制度，我们才能真正实现"传承不守旧，创新不失本"的目标，保障群众"舌尖上的安全"。

二、现代饮食偏好与高风险食品

随着社会节奏的加快与生活方式的转变，现代人对于饮食的选择呈现出明显的"便捷化""感官化"和"个性化"趋势。在多样化饮食选择背后，隐藏着一系列不容忽视的食品安全隐患与健康风险。快餐、外卖、网红食品等已成为当代饮食结构的重要组成部分，这些新兴食品形态在满足味蕾的同时，也可能埋下健康隐患，甚至引发食品安全事件。

（一）快餐食品是高热量与低营养的隐形健康杀手

快餐作为现代城市生活的重要组成部分，以其快捷、便捷、价格适中等特点深受消费者青睐。然而，大量研究表明，快餐食品普遍存在油脂、糖分和钠盐含量过高等问题，长期摄入可能导致肥胖、高血压、糖尿病等慢性疾病的发生。

从营养结构上看，快餐多采用高温油炸、调味酱料丰富的加工方式，加工过程中为了提升口感和保存期，常使用大量反式脂肪、调味添加剂、合成防腐剂等。这不仅破坏了食材本身的营养成分，也加重了肝脏和胃肠道的代谢负担。特别是在青少年群体中，快餐摄入频率与超重、营养不均衡呈现出明显相关性。

此外，快餐行业的工业化生产链条虽然提高了效率，却也存在批量加工过程中食品交叉污染、食材溯源不清、操作流程标准化不足等问题。一些中小型快餐店因成本压力，存在使用过期油料、重复加热、冷藏不当等行为，增加了微生物污染和食品中毒的风险。

（二）外卖食品面临的隐形卫生隐患

外卖平台的迅猛发展为人们提供了极大便利，但同时也带来了食品安全的新挑战。首先是配送过程中的温控问题。许多熟食类外卖在离开热源后长时间处于常温状态，容易滋生细菌。特别是在夏季高温或冬季保温不力的情况下，如盒饭、汤类、奶茶等高水活性的食品极易成为细菌繁殖的温床。

其次是包装材料安全问题。为节省成本，一些商家使用劣质塑料餐盒、含有有害添加剂的包装袋，遇高温时释放出有毒物质，如双酚A、邻苯二甲酸酯等，这些物质可能具有内分泌干扰作用，长期摄入可能增加癌症和不孕不育等疾病风险。

最后是部分外卖商家资质不全，存在"黑作坊"问题。平台审核不严、监管缺位、投诉机制滞后，使得消费者很难辨别食品的真实来源和卫生条件。此外，外卖骑手在配送过程中可能因为赶时间而忽视卫生操作，如未清洁的保温箱、手部消毒不到位等，也成为潜在污染源。

（三）"网红食品"背后的成分风险

近年来，"网红食品"在社交媒体的推波助澜下迅速蹿红。这些食品往往以夸张的造型、炫目的色彩、独特的吃法吸引消费者，尤其受到青少年和女性群体的追捧。然而，许多网红食品更重"视觉体验"而非食品本质，在配料、制作及安全监管方面存在诸多漏洞。

首先是食品添加剂的过度使用。为制造出亮丽色泽和特殊口感，不少网红食品中使用了大量人工色素、甜味剂、防腐剂等。例如，五颜六色的"彩虹蛋糕""彩色火锅"中可能含有多种化学色素，部分甚至超过国家限量标准。长期摄入这类添加剂可能对儿童肝肾功能造成负担，甚至诱发过敏、注意力缺陷等问题。

其次是配料来源不透明。一些打着"进口原料"旗号的食品实则使用廉价代用品，或者存在标签虚假、虚构产地的行为。更有甚者，部分网红店铺在缺乏生产许可证的情况下"私厨加工"，其卫生条件、加工设备均不符合食品生产基本标准。

最后是营销炒作掩盖了消费者对食品本身安全性的关注。在众多短视频平台、直播电商中，"试吃挑战""爆款带货"让消费者一味追求刺激与猎奇，却忽视了营养价值与健康风险，甚至形成"食物非食化"的危险趋势。

（四）重口味与过度精加工的潜在危害

现代人的饮食偏好呈现出重口味、高油腻、高刺激的特征，辣、麻、咸、甜成为饮食消费的新常态。这种趋势一方面满足了快节奏生活中对"味觉刺激"的依赖，另一方面也带来了营养失衡和健康隐患。

重口味食物普遍含盐量、调味品添加量偏高，长期摄入不仅增加高血压、肠胃疾病等慢性疾病的风险，还可能损伤味觉神经，形成味觉迟钝，导致对自然食材的接受度下降。同时，过度依赖调味料掩盖了食材的新鲜度问题，甚至掩盖腐败变质的气味，掩盖食品质量隐患。

过度精加工食品如罐头、膨化食品、即食面、冷冻速食品等，虽然便捷易储存，但其加工过程往往伴随着营养流失、添加剂增多。其典型特征是高糖、高盐、低纤维、低维生素，对代谢系统造成负担。近年来，越来越多的研究将超加工食品与肥胖、代谢综合征、抑郁等疾病联系起来，引发了全球范围对"健康饮食"的重新思考。

现代饮食偏好呈现多样化、感官化、速食化的发展趋势，在提升饮食体验的同时，也催生了诸多食品安全与健康风险。面对快餐、外卖、"网红食品"等带来的问题，应当从监管、教育、行业自律与消费者意识等多维度入手，推动食品安全治理现代化。政府应加强食品流通环节的监督，平台企业需承担起审查与管控责任，消费者则需增强食品选择的理性与健康意识。唯有如此，才能在满足多元饮食需求的同时，守住"舌尖上的安全"。

三、地方特色美食与食品安全监管挑战

在我国博大精深的饮食文化中，地方特色美食不仅承载着浓厚的地域风情与文化记忆，更是拉动地方经济、推动文旅融合的重要资源。从广州肠粉到四川凉粉，从东北锅包肉到陕西凉皮，全国各地的传统小吃和特色食品在满足人民群众多样化口味需求的同时，也面临着食品安全监管的严峻挑战。尤其是在"小作坊""流动摊贩"盛行、监管制度滞后与地方文化保护诉求并存的背景下，如何平衡美食传承与食品安全已成为不可回避的问题。

（一）小作坊美味背后的"无证困局"

地方特色美食往往以家庭作坊、小规模加工的形式进行生产。这类小作坊具有成本低、门槛低、灵活性强的特点，能迅速响应市场需求，也利于保留传统手工技艺和独特风味。然而，正因为其"小、散、弱"的结构特征，导致在食品安全管理上存在大量漏洞。

首先，小作坊普遍缺乏合法的食品生产许可证，未能纳入统一监管体系之中。其生产环境简陋，卫生条件难以保障，加工用水、原材料来源不明确，易出现交叉污染、掺杂使假等现象。例如，一些地方手工制作的米粉、豆腐干、油炸糕点等，虽然味道纯正，但在生产过程中未执行必要的清洗、消毒、温控程序，一旦出问题，容易引发食源性疾病。

其次，许多小作坊为追求经济效益，会选择低价原料甚至使用非法添

加剂，如使用工业明胶、非食用香精色素等，不仅违反国家相关规定，更严重威胁消费者健康。由于这些食品往往未贴标签、无追溯机制，导致一旦发生食品安全事故，难以及时查清源头、控制风险。

最后，小作坊人员多为家庭成员或无专业培训的工人，缺乏食品安全知识和基本操作规范，对细菌污染、添加剂使用、安全存储等关键环节缺乏科学认知，进一步加大了潜在风险。

（二）流动摊贩作为监管"盲区"产生的安全隐患

在城市夜市、景区周边、农村集市，流动摊贩是地方美食最为活跃的载体之一。它们以灵活多变、接地气、价格亲民等优势，成为市民和游客"打卡"的热门选择。然而，流动摊贩同样是当前食品安全监管体系中的一大"软肋"。

首先，卫生条件差。多数摊贩无固定经营场所，经营过程中暴露在露天环境，缺乏防尘防蝇设备，原材料堆放混乱，餐具随意冲洗，操作人员未穿戴工作服或手套，极易造成病菌污染，增加食品中毒事件发生的概率。

其次，原材料来源难以追踪。摊贩为压低成本，往往从非正规渠道进货，甚至使用临期食材或冷藏不当的剩余品。此外，部分流动摊点为了提味和色泽感官，违规使用人工色素、甜味剂、亚硝酸盐等非法添加物。

最后，流动摊贩游走不定，监管部门难以开展日常检查和取证。一旦发生食品安全问题，消费者维权难度极大，相关责任难以追究，严重削弱了法律的威慑力和公众的安全信任感。

尽管一些城市试图通过"摊贩备案制""食品摊贩临时经营点"等方式进行柔性治理，但实际执行过程中仍面临"登记不全、监管不足、落实不严"的问题，亟须在政策层面予以强化与细化。

（三）文化保护与监管博弈

地方特色美食不仅是饮食，也是文化，是一代代人记忆中的"乡愁"符号。因此，很多地方政府将传统美食作为非物质文化遗产进行保护，并将其视作发展乡村振兴、推动文旅经济的战略资源。在此背景下，如何在保留传统工艺的基础上，确保食品安全，已成为文化保护与现代监管之间的"张力点"。

一方面，地方政府出于对文化符号和地方经济的保护，往往对小作坊和传统摊贩采取"宽容政策"，在监管中"睁一只眼闭一只眼"，甚至提供一定的政策倾斜支持。这种做法短期内有利于促进地方就业和经济活力，但也可能带来监管"真空"和安全风险的积累。

另一方面，国家层面推行的《食品安全法》《食品生产许可管理办法》等法规要求食品生产经营者必须取得资质、符合操作规范。但严格执行这一标准可能会让许多小型传统美食经营者"出局"，从而导致传统手艺失传、市场萎缩，甚至文化断层。

这种矛盾在实践中屡见不鲜。以某地传统米线为例，因加工方式"手工搓制、自然晾晒"，难以达到标准化的生产流程与卫生要求，相关部门在核发生产许可证时陷入"要文化，还是要安全"的两难境地。

因此，亟须构建一种"分类监管、包容审慎"的新型治理机制。例如，对确有历史文化价值、影响力广泛的传统食品，可探索设立"传统食品安全豁免清单"，在保障底线安全的前提下，保留传统工艺特性。同时，可鼓励地方政府设立特色美食孵化基地，推动小作坊向"小微食品企业"升级，提升规范化生产水平。

地方特色美食是地域文化的重要符号，是生活中的味道记忆，也是地方经济与旅游的重要支撑。然而，在享受美味的同时，我们必须正视其背后潜藏的食品安全风险。从小作坊生产的规范化，到流动摊贩的分类监管，从文化保护与安全规范的制度融合，到监管方式的创新与包容，我们有必要在"传承"与"规范"之间找到平衡点。唯有如此，才能在守护传统美食魂魄的同时，真正守住"舌尖上的安全"。

四、民间饮食信仰与食品安全认知误区

中国拥有数千年延续不断的饮食文化，这一文化不仅体现在食材、技艺与风味上，也深深根植于人们的日常观念和生活方式中。饮食与健康密切相关，因此许多民众长期以来形成了各类饮食信仰与经验法则。然而，部分饮食观念在现代科学视角下显现出显著偏差，甚至可能误导公众认知，引发食品安全问题与健康风险。尤其是"偏方治病""天然即安全"以及

"古法制作"的信仰，在今天依然广泛存在，需要深入辨析与引导。

（一）以食代药的"偏方治病"误区

食疗作为传统中医理论的重要组成部分，主张"药食同源"，在某些慢性病调理中具有一定的辅助价值。然而，在民间传播过程中，食疗往往被神化为"治病万能"的偏方，甚至代替正规医疗手段，形成严重的健康风险。

一方面，民间流传的"偏方"大多来源不明，缺乏系统研究与临床验证。例如，坊间常见"吃鲫鱼可治肾炎""喝苦瓜汁可降血糖""蜂蜜加生姜治胃病"等说法，虽有一定的营养或药理基础，但并非适用于所有人群，且无法取代专业治疗。许多患者因迷信食疗偏方，延误疾病诊断与干预，反而导致病情恶化。

另一方面，一些偏方存在潜在的药理毒性或相互作用问题。例如，部分"排毒食品"可能含有泻下成分，长期使用会损害肠道功能；某些民间所谓"清肺食谱"可能含有大量寒凉食材，对体质虚弱者反而不利。此外，老年人、慢性病患者及孕产妇更容易受到"以食代药"理念的误导，加重健康负担。

现代医学研究强调个体化治疗和循证医学原则。食疗可以作为健康生活方式的重要组成部分，但不能代替医生诊疗与科学用药。对偏方的辨别需要更多的科学常识普及和健康教育，避免"饮食信仰"替代了"科学决策"。

（二）忽视天然毒性的致命盲区

"天然的就是安全的"是许多消费者根深蒂固的观念。近年来，随着"绿色食品""有机食品"风潮的兴起，人们对人工添加剂、工业加工食品充满戒备，转而对天然食材和中草药寄予厚望。然而，这种对"天然"的盲目信任忽略了一个基本事实：天然并不等于无毒，许多天然植物、菌类或动物本身就含有毒素，误食极易引发中毒甚至死亡。

最典型的例子是野生蘑菇中毒事件。在我国农村和山区，误食野蘑菇导致的食物中毒事故几乎每年都有发生。一些剧毒菌如鹅膏菌、毒蝇伞等，仅凭肉眼很难与无毒蘑菇区分，部分群众凭"经验"采食，结果导致全家中毒，甚至死亡。研究显示，野生毒蘑菇的毒素对肝脏、神经系统破坏性极大，目前仍缺乏特效解毒药物。

中草药类食材也是误区高发地带。人参、附子、马钱子、乌头等具有毒性，虽在中医中用作药材，但需在医生指导下辨证施用。民间不少人擅自煎煮草药饮用，甚至在饮食中长期加入"补肾草""排湿草"，容易导致肝肾负担、过敏反应，甚至中毒反应。此外，未经检测的野菜、花草也可能含有毒性或重金属，误食风险不容小觑。

因此，"天然"作为一种食品属性，并不能替代安全性的科学评估。在食品选择中，公众应以食品安全知识为基础，理性看待"天然"和"人工"，拒绝"谈添加剂色变"，也不能"见山野即尝鲜"。

（三）"古法制作"崇拜

"古法酿造""老手艺""祖传配方"常作为食品营销的加分项，唤起消费者对传统美味的向往。然而，这种"古法崇拜"在某些情况下也可能成为食品安全的盲区与监管死角。

首先，传统工艺中缺乏现代食品卫生标准的支持。比如传统发酵豆制品、腊肉、酸菜等，虽具有独特风味，但在制作过程中可能因环境卫生不达标、温湿度控制不合理而滋生致病菌或产生有毒物质。例如，家庭腌制的酸菜若密封不当，易被肉毒梭菌污染；烟熏腊肉若烟源不洁或熏制过度，可能产生致癌的多环芳烃。

其次，"古法"往往意味着配方保密、工艺非公开，缺乏生产过程的可追溯性，给不法商家提供了操作空间。一些不良作坊打着"古法"的旗号，使用非食用添加剂、掺杂变质原料，却因难以查证而逃避监管。此外，传统配方中常使用天然发色剂、防腐剂等材料，如硝石、明矾等，若使用不当也可能危害健康。

最后，公众对"原始即健康"的误解也推动了不科学饮食风潮。一些"原始饮食法"鼓吹生食、生饮、断食等，强调"回归自然"，实则脱离了现代营养科学的基础，不仅可能造成营养不良，更易诱发肠胃系统疾病，甚至电解质紊乱。

科学与传统并非对立。合理保留饮食文化的同时，也应借助现代科技手段进行工艺优化、食品检测与风险控制。监管部门应建立传统食品分类监管机制，引导"古法"食品在合法合规的框架下持续发展。

饮食信仰是文化积淀的产物，既有其历史合理性，也容易受到时代误导。面对"偏方治病""天然即安全""古法制作"这些广泛流行的观念误区，我们不能简单否定其存在价值，而应从食品安全和科学营养的角度予以合理引导。公众应提高食品安全素养，理性选择食物，避免因信仰而盲从；同时，监管部门与科普平台也应承担起教育责任，推动传统文化与现代科学的有机融合，从而在弘扬饮食文化的同时，切实保障舌尖上的安全。

第二节　食品安全对饮食文化的反哺

一、食品安全事件对饮食文化的冲击与变革

在现代社会，食品安全已成为关系国计民生的重要问题。尤其是在经济高速发展、食品工业日益扩张的背景下，食品安全事件频发，不仅对公众健康造成威胁，也对原有的饮食文化结构与消费信任体系带来了深远影响。近年来，"瘦肉精""三聚氰胺"等重大食品安全事件，不仅动摇了消费者对工业化食品体系的信心，也促使整个社会对饮食安全的重视程度持续上升。在这一背景下，公众的风险认知发生变化，食品企业和传统食品生产者也在不断调整生产方式，以应对新的文化与市场挑战。

（一）重大事件导致的信任体系崩塌

食品安全事件往往以"高强度、广范围"的方式迅速影响社会情绪，典型案例如"瘦肉精"事件与"三聚氰胺"事件。2008年，中国"三聚氰胺奶粉事件"爆发，全国数十万婴幼儿因食用含有三聚氰胺的婴儿配方奶粉而出现肾结石、泌尿系统损伤等问题，数人不幸死亡。事件一经曝光，立刻引起社会广泛关注，公众对乳制品企业的信任度急剧下降，甚至引发"恐奶潮"，大量消费者转向进口奶粉市场。

同样，2011年曝光的"瘦肉精事件"揭示了部分养殖企业在饲料中非法添加莱克多巴胺（即"瘦肉精"），以促使牲畜快速增重和提高瘦肉率。

这种化学添加剂残留于猪肉中会对人体健康造成严重影响，尤其危害儿童、孕妇和老年人。事件曝光后，引发了对猪肉市场的全面整顿和监管政策的收紧，也促使消费者开始质疑整个工业化肉类加工体系的安全性。

这些事件共同传递出一个信号：传统的食品信任模式已无法满足公众对安全、健康饮食的期待。当"吃什么都不放心"成为全民共识时，人们开始重新审视饮食行为、消费路径与文化认同，从而为饮食文化注入新的审慎态度与安全意识。

（二）公众风险意识增强：从"只求味道"到"追求透明"

随着食品安全事件频发，公众的食品安全意识显著增强。从过去注重"味道""价格"逐步过渡到关注"来源""成分""可追溯性"。消费者对食品的关注点已不再仅限于口感和价格，更重视其生产背景、物流过程以及是否符合国家标准。饮食不再仅是满足温饱或感官享受，更是追求健康与安心的一种文化表达。

一方面，品牌意识显著提升。越来越多的消费者倾向于选择有资质、有信誉、可追溯的品牌食品。在乳制品、婴幼儿辅食、肉制品等领域，知名品牌的市场占有率持续上升。消费者更愿意为透明的质量保障体系与安全承诺买单。与此同时，"散装""小作坊""无认证"的食品逐渐失去市场竞争力。

另一方面，信息透明成为消费决策的重要依据。食品标签、配料表、营养成分表、生产日期等信息受到前所未有的关注。一些消费者甚至会主动查询企业的食品安全记录、召回历史与社会责任表现。此外，"扫码追溯"系统、"冷链可视"物流、"透明工厂"等创新模式也逐渐被市场接受并推广。

更值得注意的是，数字技术在提高食品安全信任度方面发挥了重要作用。借助大数据、区块链、物联网等手段，食品企业可以将"从田间到餐桌"的全过程透明呈现，增强消费者对食品来源与流通路径的掌控力。这种技术赋能也逐步重塑了饮食文化的生产逻辑与消费逻辑。

（三）传统食品的改良升级：标准化与现代化的融合路径

食品安全事件不仅对工业化食品体系提出了挑战，也倒逼传统食品生产者进行产业升级与制度创新。在公众安全意识日益增强的背景下，许多地方传统小吃、土特产、手工美食正经历一场深层次的转型：从非标准化的小作坊走向企业化、品牌化、标准化的现代食品工业体系。以"老字号"品牌为例，近年来多个传统食品企业通过与高校、科研机构合作，建立质量管理体系，改良传统配方，实现产品标准化、工艺清洁化与包装现代化。例如，传统腐乳、酱油、香肠等产品在保留风味的同时，采用现代发酵控制技术和无菌包装工艺，显著提高了产品稳定性与安全性。

此外，地方特色食品纷纷寻求通过地理标志认证、食品安全体系认证（如HACCP、ISO22000）等方式，增强产品在市场中的竞争力与信任力。一些土特产如安吉白茶、宣威火腿、潮汕牛肉丸等，已通过企业化运营实现"出村入城"、走向全国，甚至出口海外。在政策层面，各级政府也积极出台引导政策，推动传统食品产业转型升级。例如，设立"传统美食产业园区""乡村食品加工标准示范基地"等项目，鼓励食品小作坊纳入监管体系，提升整体安全水平和产品质量。

这一系列举措不仅提升了传统食品的安全属性，也使其在全球化与现代消费体系中更具竞争力。可以说，食品安全事件在推动传统食品文化现代化方面，既是"倒逼"，也是"催化剂"。

食品安全事件是现代社会不可忽视的系统性风险，它所引发的连锁反应不仅体现在公众健康焦虑的上升，更深刻影响了饮食文化的演化路径。从对工业化食品的信任危机，到消费行为的理性转变，再到传统食品产业的标准化升级，这一系列变化表明，食品安全已成为连接政府治理、企业责任与公众参与的重要纽带。未来，我们应继续完善食品安全监管机制，推动科技赋能食品全链条管理，同时尊重并融合饮食文化传统，以实现"安全、健康、可持续"的现代饮食体系构建。

二、健康理念推动饮食文化转型

在全球经济持续发展、物质生活水平不断提高的背景下，饮食已从单纯的"吃饱吃好"逐渐向"吃得健康、吃得科学"转变。现代社会疾病谱的变化使慢性疾病成为威胁人类健康的重要因素，公众健康意识不断觉醒，人们开始更加关注饮食与健康之间的密切关系。正是在这种趋势的推动下，饮食文化正经历深刻的转型，健康理念逐渐成为引导饮食结构变化的核心力量。轻食文化、有机食品和功能性食品的崛起，正是这一文化变革的鲜明体现。

（一）轻食文化：从"口味主导"到"营养优先"

轻食文化，是近年来逐渐兴起的一种新型饮食理念，主张饮食清淡、营养均衡、控制热量摄入，强调少油、少盐、少糖，注重高纤维、高蛋白和原生态食材的搭配。相比传统饮食中重口味、高油脂、高热量的烹饪方式，轻食文化更关注食物本身的营养价值与对身体的积极作用。

在都市白领群体、健身人群及年轻消费者中，轻食被广泛接受并逐渐常态化。以轻食沙拉、能量碗、低脂三明治、果蔬汁等为代表的新式健康餐饮门店不断涌现，"代餐""断糖饮食"等话题也频频登上社交媒体热搜。这种文化现象不仅反映了消费者审美与生活方式的转变，也意味着大众对自身身体状态的认知与掌控意愿明显增强。

此外，轻食文化在饮食方式上倡导"简约即健康"的理念，避免过度加工与添加，减少味精、色素、甜味剂等成分的使用，从而有效降低对肝肾等代谢器官的负担。在营养结构方面，也更加强调蔬菜、水果、粗粮、坚果、低脂蛋白等食材的摄入比例，以满足不同年龄段和健康状态下个体的营养需求。政府与行业协会也顺应这一趋势，鼓励餐饮企业研发健康轻食菜单，推动"减盐、减糖、减油"行动，为全社会营造更健康的饮食环境。

（二）有机食品：重回自然的绿色诉求

有机食品作为一种代表"绿色、无污染、高品质"的饮食选择，近年来在全球范围内获得广泛关注和快速发展。它强调在生产过程中不使用化学农药、化肥、生长调节剂、转基因技术及人工添加剂，最大限度地保留食物的自然属性与生态价值。

消费者选择有机食品，不仅仅出于对营养价值的考虑，更是出于对食品安全、生态保护和可持续农业的综合认同。在经历一系列食品安全事件后，有机食品作为一种"可追溯、可信任"的饮食选择，逐渐赢得了中高端市场群体的青睐。特别是在孕妇、婴幼儿、慢性病患者等健康敏感人群中，有机产品往往被视为首选。

从市场发展角度看，近年来我国有机农业生产规模不断扩大。有机蔬菜、有机粮食、有机乳品、有机鸡蛋等产品的品类日益丰富，销售渠道日趋多元，涵盖电商平台、连锁超市、有机食品专卖店等。与此同时，国家与地方政府也加大了对有机农业的政策支持与认证体系建设，推动形成从种植、加工、流通到消费的有机产业链条。有机食品的推广不仅改变了人们的消费观念，也引导了农业生产方式的转型，有助于构建生态友好型的现代农业体系，提升整个社会的食品安全保障水平。

（三）功能性食品关注提升：从满足口腹到服务健康

随着健康科学与营养学的发展，功能性食品正逐渐成为饮食文化中的"新宠"。这类食品除了提供基础营养，还被赋予特定的健康功能，如增强免疫力、抗氧化、降血脂、调节肠道菌群、降血糖等。它们被广泛应用于保健、康复、预防等多个层面，成为连接饮食与健康的桥梁。

从产业角度看，功能性食品涵盖营养强化食品（如加钙牛奶、加铁米粉）、保健食品（如植物提取物胶囊、蛋白粉）、特殊医学用途配方食品等多个细分类别。在"全民抗疫""健康中国"的大背景下，公众对提升免疫力的需求空前高涨，使得富含益生菌、维生素C、锌、DHA等成分的产品销量显著增长。

特别值得关注的是中老年群体、亚健康人群与特殊病患人群对功能性食品的依赖程度不断提升。例如，糖尿病患者青睐"低GI"食品，心脑血管疾病人群偏爱含有植物甾醇的降脂食品，老年人则倾向于摄入富含胶原蛋白、钙、维D等成分的抗衰营养品。

功能性食品的快速发展，不仅反映出人们对"食养结合"的高度重视，也推动了食品科技与营养医学的交叉融合。目前，国内外已有大量科研机构和高校参与到功能成分的研究与产品转化中，为饮食文化注入更加科学与精准的健康基因。

健康理念的兴起正在深刻地改变人们的饮食结构、消费行为乃至文化认同。从轻食文化的普及到有机食品的提倡，再到功能性食品的快速发展，我们看到饮食不再只是满足口腹之欲的手段，而成为表达健康意识、塑造生活方式的重要载体。这场饮食文化的深度转型不仅体现出个体对健康的重视，也映射出社会整体营养观与发展理念的进步。

三、消费者认知提升与饮食文化现代化融合

随着社会经济的发展与生活水平的提升，消费者在饮食方面的关注点正由单纯的"口腹满足"向"健康营养、安全可信"转变。这一变化的背后，是消费主体认知能力的全面提升。从关注配料标签、营养结构，到主动获取食品科学知识，再到引导传统饮食文化向现代价值观转型，饮食文化正在经历一次前所未有的现代化融合。

（一）标签意识增强：从被动接受到主动识别

过去，食品消费主要依赖商家口碑和感官经验，配料表与营养标签往往被忽视。然而，随着食品安全事件的频发以及健康理念的深入人心，消费者对食品标签的关注度显著上升，标签已成为决策行为的重要依据之一。

一方面，消费者对食品配料的识别能力大幅提升。许多消费者开始主动查看成分列表，警惕诸如反式脂肪酸、人工色素、食品添加剂、高钠高糖等潜在健康风险。例如，很多人会避开标签中含有"氢化植物油""高果糖浆""苯甲酸钠"等成分的产品。这种趋势促使企业在产品包装上更透明地展示配料来源，并进行减糖、减盐、减脂配方调整以赢得市场。

另一方面，营养标签的实用性日益显现。营养标签中关于能量、脂肪、蛋白质、钠含量等指标成为消费者判断食品健康价值的重要参数。尤其是糖尿病患者、高血压人群、减重人群等特殊消费者群体，已养成"读标签"的消费习惯。此外，国家倡导的"营养标识前置""营养选择标志"等制度创新，也为消费者提供了直观便利的参考依据。

此外，"清洁标签"（Clean Label）理念也逐渐在高端市场中兴起，消费者更倾向于选择"无添加""简配方""原料可溯源"的食品产品，这一趋势正在深刻重塑食品产业的配方设计与供应链管理模式。

（二）食品知识普及：新媒体助推全民健康意识觉醒

在信息技术迅猛发展的今天，短视频平台、微信公众号、小红书、健

康科普网站等新媒体渠道极大地拓宽了食品知识的传播路径。原本晦涩难懂的营养学、食品安全法规、配料识别、膳食搭配等知识,借助图文视频的直观传播与专家解读,被广大消费者更轻松地接受和理解。

新媒体的科普作用主要体现在以下几个方面。

第一,打破信息壁垒,提升全民营养素养。国家《健康中国行动(2019—2030年)》提出,要将营养健康知识普及率提升至80%以上。借助网络平台,"三减三健""中国居民膳食指南"等政策内容得以以浅显易懂的形式传达至广大群众。

第二,纠正饮食误区,推动消费行为转变。如"代糖饮料不等于减肥""高蛋白不代表高健康""过量摄入维生素可能反受其害"等观点,都是通过自媒体反复传播而逐步被社会接受的科学认知。与此同时,不实偏方、虚假食品疗效等内容也遭到更严厉的揭批和监管。

第三,增强食品透明度与责任倒逼机制。新媒体还成为"消费者监督员"的平台,曝光问题食品、监督生产流程、发布测评报告等,提升了公众参与食品监管的深度与广度,倒逼企业提升自律水平。

这一系列现象表明,数字媒介不仅是传播饮食文化的新载体,更是推动食品产业透明化、消费者认知专业化的有力工具。

(三)传统饮食现代诠释:营养价值与文化表达并重

饮食文化是民族记忆与生活方式的集中体现,然而传统饮食形式在现代语境下也面临诸多挑战:营养结构不平衡、制作方式不卫生、过度油盐调味等问题被频繁诟病。在健康理念与现代审美的双重推动下,"新中式饮食"等概念应运而生,它们试图在保留传统文化意象的同时,引入营养学与食品科技,实现传统饮食的现代化演绎。

以"新中式饮食"为代表的新潮流,正在各类餐饮空间、社交平台中迅速蔓延。这种饮食文化追求食材本味、结构合理、造型美观、文化可感。例如,改良版宫保鸡丁减少糖油比例,加入坚果与藜麦;糙米寿司取代白米,提升膳食纤维摄入;川味拌菜以低钠酱汁替代传统调味料;甚至连传统节令食品如粽子、月饼,也推出了"低脂高蛋白""高钙控糖"等功能化产品。

同时，传统饮食文化的"情感记忆"功能也得到新诠释。在"轻养生""食补养心"理念的指导下，食材选择更注重季节与体质匹配，如"春养肝、夏养心、秋养肺、冬养肾"的食疗方式，被以科学方式进行再表达，推动了中医食养理论与现代营养学的融合。

此外，烹饪方式也日益多样化与智能化，传统菜肴不再局限于高油高温的炒、炸工艺，而采用蒸、煮、气炸等技术手段，实现既保留风味又控制热量的平衡。这种对传统饮食的现代化转译，不仅推动了健康饮食的广泛普及，也为本土餐饮文化在新时代下的传承与国际化发展开辟了新路径。

在消费升级与健康中国战略的双轮驱动下，消费者认知的提升正深刻影响我国饮食文化的发展方向。从标签意识的增强，到食品科普的深入，再到传统饮食与现代营养的融合，饮食文化已从"经验传承"转向"科学指导"的新阶段。这种认知变革不仅提升了公众健康水平，也推动了食品产业的转型升级与饮食文化的现代化重构。

第三节　构建安全与健康的饮食文化路径

一、加强食品安全教育与公众营养科普

随着经济的不断发展和人民生活水平的提高，食品安全和公众营养已成为社会关注的重点话题。人们越来越重视健康饮食和食品安全问题，因此，强化食品安全教育和营养科普工作，特别是在全民教育层面和家庭教育层面的引导，显得尤为重要。

（一）将食品安全纳入国民教育体系

食品安全的教育应从儿童开始，逐步覆盖到整个社会，尤其是通过学校和社区的普及教育，为下一代塑造正确的食品安全观念，培养公众对食品安全问题的重视。学校作为教育的基础载体，应该成为食品安全知识普及的前沿阵地。

首先，学校教育是食品安全教育的基础。从小学到大学，学校可以通过开设食品安全课程或专题讲座的形式，普及饮食卫生、食品添加剂的知

识、食品污染与疾病的防范等内容。在小学生阶段，重点可以放在饮食习惯的培养和食品安全常识的介绍，如食物过期、食品腐败变质的识别方法、清洁卫生的饮食习惯等；而在中学阶段，可以着重讲解食品加工、贮存的安全问题，介绍食品添加剂的使用规范以及食品检测和法规等内容；在大学阶段，可以结合学生的专业背景，引入更加系统和深入的食品安全知识，并培养学生分析和解决食品安全问题的能力。

其次，社区也是食品安全教育的重要阵地。社区居民是食品消费的主力军，其食品安全意识直接影响到食品市场的需求和规范。政府和相关机构可以组织社区食品安全知识讲座、营养健康咨询、食品安全志愿者活动等，向居民普及食品安全知识。例如，通过设置社区食品安全宣传日或举办食品安全知识竞赛等活动，吸引居民积极参与，并通过互动形式提升他们对食品安全问题的关注度。通过这些活动，可以增强居民的食品安全防范意识，推动社会整体食品安全文化的形成。

最后，学校和社区的合作也非常重要。通过学校和社区共同举办活动，推动家庭和学校的联动，为家长和孩子提供关于食品安全的知识，建立家庭与学校之间的互动网络，确保食品安全教育的全覆盖。

（二）开展食品安全周、营养宣传月等专题活动

媒体作为信息传播的主要渠道，发挥着至关重要的作用。政府和媒体的联动合作，不仅能更好地传播食品安全和营养健康知识，还能有效提升公众对食品安全问题的警觉性。通过媒体进行食品安全宣传和营养教育，能够大范围地覆盖各类人群，尤其是普通民众和偏远地区的居民，普及基础的食品安全常识和科学饮食指导。

政府可以通过举办食品安全周、营养宣传月等专题活动，集中宣传食品安全和营养健康知识。食品安全周可以定期举行，活动期间，媒体应集中报道食品安全相关的法律法规、食品行业发展动态，以及食品安全案例等内容，增强公众对食品安全问题的重视。同时，配合活动开展的营养宣传月也至关重要，重点宣传科学膳食、合理营养的基本理念，普及常见疾病的预防知识，倡导健康饮食习惯，进一步提升公众的饮食科学素养。

在此过程中，媒体的角色不仅仅是单纯的信息传递者，更多地还需要承担起教育引导的责任。通过制作科普节目、撰写健康饮食相关文章、举办线上线下的互动活动等形式，媒体可以帮助公众树立正确的饮食观念，纠正他们的错误饮食行为。此外，媒体可以利用其社会影响力，揭露食品安全事件的真相，督促相关部门加强监管，打击违法企业，真正做到让社会各界共同关注食品安全问题。

政府与媒体的合作也应该加强，比如政府可以提供食品安全相关的政策支持和法律依据，媒体则通过新闻报道等形式积极宣传。这种合作方式能够让公众对食品安全政策和法规有更清晰的了解，并提升他们的法律意识，从而在日常生活中作出更加理性和科学的食品选择。

（三）树立儿童正确饮食观念

家庭教育是孩子成长过程中的重要环节，家庭对食品安全的教育对于孩子形成正确的饮食习惯和食品安全意识至关重要。父母不仅是孩子的第一任老师，也是孩子最重要的健康行为榜样。因此，在日常生活中，父母应当通过言传身教，引导孩子树立科学合理的饮食观念，并培养他们健康的饮食习惯。

首先，父母可以通过日常饮食的实际操作，给孩子树立正确的食品安全观念。例如，在家中购买食材时，可以向孩子讲解如何选择新鲜、安全的食品，如何查看食物标签、辨别食品的保质期、如何储存食物等；在烹饪过程中，父母可以引导孩子养成清洗食材、生熟分开（避免交叉污染）、保证食品彻底加热的良好卫生习惯。通过这些具体操作，孩子不仅能掌握食品安全的基本知识，还能在潜移默化中养成注重食品安全的习惯。

其次，父母应当积极参与到儿童饮食习惯的培养中。如今，许多家庭面临着儿童饮食偏好不健康、挑食厌食等问题。父母可以通过科学合理的饮食引导，帮助孩子建立均衡的饮食结构。对于孩子偏食的问题，父母可以通过多样化的菜肴、食物的搭配等方式，吸引孩子尝试不同的食物，从而保证他们摄取到全面的营养。此外，父母还应该避免让孩子过度依赖零食和快餐等不健康食品，通过做饭的亲子互动，培养孩子对健康饮食的兴趣。

最后，父母应当与学校和社区的食品安全教育相配合，关注学校和社区组织的相关活动,并将这些教育成果延伸到家庭中。通过家庭和学校、社区的协作,建立起良好的食品安全教育和饮食习惯培养体系,帮助孩子从小树立起正确的食品安全和营养观念,形成终生受益的健康饮食习惯。

总之,加强食品安全教育与公众营养科普是保障食品安全、提升社会整体健康水平的重要途径。通过将食品安全知识纳入学校教育体系、推动媒体和政府的联合宣传,以及加强家庭教育引导,我们能够全面提升公众的食品安全意识和健康饮食习惯。食品安全与营养教育不仅仅是单一环节的工作,而是需要全社会共同努力的长期工程。只有每个人都积极参与,才能真正实现全民食品安全意识的提升,推动健康饮食文化的建设。

二、推动饮食文化与现代食品安全标准融合发展

随着全球化和现代化的进程加快,传统饮食文化与现代食品安全标准的融合已成为一个亟待解决的关键问题。传统饮食文化承载了丰富的历史和文化价值,然而在现代食品安全标准的背景下,这些传统食品的生产和消费往往面临着挑战。如何在保持传统风味的基础上,实现食品安全标准的有效对接,成为当今社会亟须解决的问题。本部分将探讨如何通过传统食品的标准化改造、文化与科技的融合以及设立文化与安全双重评估体系,推动饮食文化与现代食品安全标准的融合与发展。

(一)传统食品的标准化改造

传统食品不仅代表了各地区的文化特色,也是民众日常生活中不可或缺的一部分。随着社会的发展,现代食品安全标准对食品的生产、加工、储存等方面提出了更高的要求,这对于许多传统食品的生产工艺构成了挑战。传统食品往往依赖于经验和手工操作,缺乏系统化的质量控制和安全管理,这在一定程度上影响了其生产和消费的安全性。因此,传统食品的标准化改造是推动饮食文化与食品安全标准融合的首要步骤。

为了保证传统食品的安全性,必须制定一套统一的操作规范。这些规范不仅要涵盖食品的原料选择、加工过程、储存条件、运输等环节,还要注重每个细节中的食品安全要求。例如,对于传统酱油、腊肉、腌制食品等,必须对原料的质量进行严格把控,确保无毒害成分。同时,在加工环

节,严格控制添加剂的使用,确保符合国家安全标准。此外,对于储存和运输环节,也应加强监控和管理,防止食品在流通过程中受到污染或变质。

然而,传统食品的魅力不仅仅在于其口味,更在于它承载了文化和历史。因此,在标准化改造的过程中,必须注意风味的保持。操作规范的制定应充分考虑到传统制作工艺和地方风味的传承。为了实现这一目标,行业协会、学术界和政府部门可以联合开展研究,探索如何将现代食品安全标准与传统风味完美结合。例如,通过现代化的生产设备来提升食品加工的效率和卫生条件,同时保持传统工艺的风味特色;或者利用先进的包装技术,延长传统食品的保质期,并确保其在运输和储存中的安全性。

(二)促进饮食文化与现代科技融合

随着科技的迅猛发展,物联网、大数据、人工智能等技术已经在食品安全领域得到了广泛应用。这些现代技术不仅可以提高食品安全管理的效率和精确度,还能将饮食文化与现代食品安全标准紧密结合,推动传统食品的安全与文化内涵的融合发展。

物联网技术可以通过在食品生产、加工、流通等环节中部署传感器,实时监测食品的质量和安全。例如,在传统食品的生产环节中,可以通过物联网设备实时记录原料的来源、加工过程中的温度、湿度等数据,并通过云平台进行存储和分析。这些数据可以帮助生产商及时发现食品安全隐患,并采取相应的措施进行处理,确保产品符合安全标准。

大数据技术则可以帮助企业和政府部门全面分析食品安全的风险,优化食品安全管理。例如,利用大数据分析消费者的饮食习惯和食品消费趋势,可以为传统食品的生产提供科学依据,并帮助企业制定更合适的生产和营销策略。同时,大数据技术还能够对食品安全事件进行预测和预警,提高应对食品安全危机的能力。

最重要的是,这些技术的应用能够实现食品的全程追溯,从原料生产到消费者购买,每一个环节的数据都能被记录并随时查询。这不仅可以提高食品的安全性,还能够增强消费者的信任感。当消费者能够通过扫描二维码或使用相关应用程序查看食品的生产和加工信息时,他们将更有信心购买这些产品,同时也能更好地理解传统食品的文化背景和制作工艺。

因此，推动文化与科技的融合，通过现代科技手段实现传统食品的全程追溯，不仅有助于保障食品安全，还能加强消费者对传统食品文化的认知和理解，从而提高其市场竞争力。

（三）设立文化与安全双重评估体系

为了进一步推动饮食文化与现代食品安全标准的融合，可以考虑设立文化与安全双重评估体系，尤其是推动地方美食的"认证制"建设。每个地区都有其独特的美食文化，如何在保留地方特色的基础上，确保食品安全，是当前亟待解决的问题。通过认证制度，不仅可以保障地方美食的安全性，还能保护和传承地方饮食文化。

首先，地方美食的认证制度可以通过评估食品的生产、加工和销售环节，确保这些美食在符合食品安全标准的同时，保持其传统的风味和特色。例如，在某些地方特有的腌制食品、酱料等，必须经过严格的质量检验，确保其没有使用过量的添加剂或含有有害物质。同时，认证机构可以根据传统工艺和地方特色，制定符合现代安全标准的操作规范和生产流程，为这些美食的传承提供有力保障。

其次，地方美食认证制的实施，还能够帮助消费者识别哪些美食符合安全标准，增强其购买信心。通过认证的美食，不仅能够保证其在安全性和卫生方面达到国家标准，还能帮助消费者了解和尊重这些食品背后的文化历史。当消费者购买到"认证"的地方美食时，能够感受到其独特的地域文化内涵和历史价值，增强对传统美食的认同感和忠诚度。

此外，推动地方美食的认证制建设还能够促进当地经济的发展。通过认证制度，地方政府可以对符合标准的地方美食进行支持和推广，将其推向更广阔的市场，同时提高地方美食的知名度和影响力。这不仅有助于文化的传承，也能够为当地创造更多的经济机会，推动旅游业和餐饮业的发展。

推动饮食文化与现代食品安全标准的融合发展是一个复杂而具有挑战性的任务。通过传统食品的标准化改造、文化与科技的融合应用以及设立文化与安全双重评估体系，能够有效保障食品的安全性，同时传承和弘扬传统饮食文化。这一过程不仅能提升传统食品的市场竞争力，还能提高消费者的健康水平和对食品安全的信任，为实现饮食文化与食品安全的和谐发展打下坚实的基础。

三、提升食品监管与行业自律能力

随着经济的快速发展和人民生活水平的不断提高，食品安全问题已成为社会关注的焦点。食品安全不仅关系到消费者的健康和生命安全，也关系到整个社会的稳定与和谐。因此，提升食品监管与行业自律能力是当前我国食品安全保障工作的重中之重。

（一）完善食品监管体系

食品安全监管体系的完善是确保食品安全的基础。现阶段，食品安全监管体系虽然已有较为完善的框架，但由于多个部门之间职责不清、信息共享不畅、监管力度不足等问题，往往导致监管效果不佳。因此，必须加强各部门间的协作，优化信息流通，提升监管效率和透明度。

首先，强化跨部门协作至关重要。食品安全涉及多个领域，包括农业、卫生、环保、市场监管等，因此必须建立一个高效的跨部门协作机制。通过明确各个部门的责任和权力划分，建立信息共享平台，能够确保各部门在同一时间、以相同标准对食品安全进行统一监管。例如，市场监管部门与农业部门可以通过共享数据库，实时掌握食品生产、加工、流通的全链条信息，及时发现问题并采取有效措施。

其次，信息公开是提升食品监管透明度的重要手段。当前，消费者对食品安全问题的关注度极高，信息不对称往往导致公众对食品安全产生恐慌。因此，加强食品监管信息的公开，尤其是对企业的监管情况、食品检测结果、问题产品召回等信息进行及时公示，能够有效增强消费者对食品安全的信心。政府可以通过建立公开透明的食品安全信息平台，定期发布食品安全检测报告，列出问题食品的召回记录，以及对企业的处罚情况，确保消费者能够及时了解市场动态，作出理性消费决策。

最后，加强食品监管技术手段的建设，提升信息化水平。例如，利用大数据、人工智能等先进技术，对食品生产、流通、消费的全过程进行实时监控和追溯。通过建立食品溯源系统，可以实现从农田到餐桌的全程追踪，确保每一批次食品都能够追溯到生产源头，确保食品在各个环节中的安全性。

（二）建立"食品安全信用档案"和企业黑名单制度

企业自律是食品安全保障体系的重要组成部分。随着市场经济的迅速发展，企业在食品生产、加工、销售中起着至关重要的作用，企业的自觉性与责任感直接关系到食品安全的质量。因此，必须通过一系列激励机制，促进企业履行食品安全责任，提高其自律意识。

建立"食品安全信用档案"制度，是激励企业自律的重要途径。政府可以建立食品安全信用管理系统，对每家企业的食品安全情况进行记录和评价，形成企业食品安全信用档案。这些信用档案可以反映企业在生产过程中的卫生状况、质量控制、检验检测结果以及是否存在食品安全违法行为等信息。如果企业表现良好，就能够获得更高的信用评分，将享受政府的奖励和支持；如果企业存在违法违规行为，信用评分将下降，面临更多的监管和处罚。通过这一机制，企业将意识到自己的食品安全行为会直接影响到其市场竞争力和社会形象，从而激发企业提高自律意识，主动加强食品安全管理。

同时，企业黑名单制度的建立也是必要的手段。对于那些长期存在严重食品安全问题、屡次违反法律法规的企业，可以将其列入食品安全黑名单，并对其实施一系列惩罚措施。例如，禁止其参与某些政府采购项目，限制其产品在市场中的销售，甚至吊销其经营许可证。通过这些措施，不仅能够有效打击不守规矩的企业，还能够起到震慑作用，促使其他企业主动加强自律，确保食品安全。

此外，政府还可以通过税收优惠、补贴等措施，鼓励企业加大食品安全投入，采用先进的生产技术和检测设备，提高产品质量。对于那些在食品安全管理上投入大量资源的企业，可以给予一定的奖励，促使企业自觉提升食品安全水平。

（三）赋权消费者，鼓励公益组织参与监督

社会监督是食品安全管理的一个重要方面，政府在确保法律法规执行的同时，还应推动社会各界参与食品安全监督，形成多元化的监督格局。

消费者、公益组织、媒体等社会力量的参与，能够有效弥补政府监管的不足，进一步增强食品安全管理的透明度和有效性。

首先，赋权消费者参与食品安全监督。消费者作为食品市场的最终受益者，其参与食品安全监督不仅是权利，更是责任。政府可以通过立法保障消费者在食品安全方面的知情权和参与权，例如，消费者可以通过投诉平台举报食品安全问题，或者通过法律途径维护自身权益。同时，企业应当向消费者提供充分的产品信息，尤其是在食品成分、生产工艺、来源等方面，确保消费者能够根据自己的需求作出知情选择。此外，鼓励消费者自发组织食品安全监督团体，定期开展食品安全调查与评估，推动社会各界共同参与食品安全的监督。

其次，鼓励公益组织参与食品安全监督。公益组织在食品安全监督中扮演着重要的角色，因为它们具有独立性和公正性，能够站在消费者的立场上提出问题并寻求解决方案。政府可以支持和鼓励公益组织开展食品安全公益活动，例如，通过资助食品安全研究、组织消费者教育活动、推动公共政策改革等方式，增强公益组织在食品安全领域的影响力。同时，公益组织还可以协助政府进行食品安全信息的发布和宣传，提高公众对食品安全的关注度。

最后，媒体在食品安全监督中也具有重要作用。新闻媒体可以通过调查报道、案例分析等形式，揭示食品安全中的潜在问题，督促相关部门和企业采取措施改进。政府应鼓励媒体积极参与食品安全的监督工作，同时保护媒体的报道自由，确保新闻报道的公正性和透明度。

总之，提升食品监管与行业自律能力是确保食品安全的关键。通过完善食品监管体系、激励企业自律以及推动社会监督机制建设，能够有效提升食品安全管理水平，保障消费者的健康和生命安全。食品安全管理需要政府、企业、社会各界的共同努力，只有形成全社会共同关注、共同参与、共同维护的良好局面，才能真正实现食品安全的长期保障。

第六章

饮食健康与环境可持续性

在全球面临环境变化和资源短缺的背景下，饮食健康与环境可持续性成为当今社会关注的重要议题。饮食不仅影响人类健康，还直接关系到地球生态系统的承载能力和未来可持续发展。环境变化，如气候变化、水资源短缺和生态破坏，正在对食品生产、流通和消费模式产生深远影响，进而改变了人们的饮食习惯和饮食文化。而与此同时，现代饮食科技和可持续饮食理念的推广，正在为解决这一挑战提供新的视角与解决方案。从减少食品浪费、推广绿色农业，到鼓励低碳饮食和个性化饮食管理，各种举措正在同步推动饮食健康和环境可持续性之间的有机融合。这一过程不仅要求改变传统的生产消费模式，还需要在全球范围内提高公众的环保意识，推动绿色饮食文化的普及，以实现人类与自然的和谐共生。

第一节 环境变化对饮食文化的影响

环境变化特别是气候变化和资源短缺，正在深刻地影响全球的食品生产、消费和饮食习惯。随着气候条件的变化、自然灾害的频发及土地资源的日益紧张，许多地区的农业生产受到了不同程度的影响。这些变化不仅影响了食物的种类和可获取性，还在更深层次上改变了人们的饮食文化和生活方式。

一、气候变化对食物生产的影响

气候变化是当今全球面临的一个重大挑战。科学研究表明，气候变化对全球的农业生产、生态环境和人类社会产生了深远的影响。尤其是对食物生产的影响，气候变化不仅导致全球气温升高、降水模式的变化以及极端天气事件的增加，还改变了农业生产的稳定性，威胁到粮食安全。气候变化的种种影响使得农业生产面临更大的不确定性，从而间接影响到全球粮食供应链和食品价格。同时，气候变化还可能导致某些地区传统食物材料的短缺，进而改变当地饮食文化，甚至影响全球的食品消费模式。

（一）气候变化影响了农业生产的稳定性

气温升高、降水模式变化和极端天气事件的频发是气候变化的主要表现，所有这些因素都对农业生产的稳定性构成了严重威胁。气候变化对农业生产的影响可以从以下几个方面进行分析。

1. 气温升高的影响

气候变暖导致了全球平均气温上升，进而影响了农作物的生长周期和生育期。高温会使一些农作物的生长条件恶化，尤其是对温度敏感的农作物，如小麦、玉米、稻米等，都会受到不同程度的影响。研究发现，高温天气可能导致农作物的生长速度加快，但也可能减少农作物的产量，尤其是当温度超过农作物耐受范围时，农作物的光合作用能力下降，产量大幅减少。例如，高温会使小麦的灌浆期提前结束，导致小麦的粒重和产量下降。

2. 降水模式变化

气候变化引起的降水模式变化，也极大影响了农业生产。某些地区降水量过多，导致水涝灾害，影响了农作物的生长，而另一些地区则面临持续的干旱和水资源短缺问题。干旱和缺水对农业生产的影响尤其显著，因为水是农业生产中最基本的需求。降水不规律和干旱的频发，使得农田灌溉和水源保障成为农业生产中的重要难题。干旱天气可能导致土壤水分不足，从而影响农作物的生长和粮食的产量。

3. 极端天气事件

气候变化加剧了极端天气事件的发生，如洪水、热浪、暴风雨、冰雹等，这些极端天气事件不仅直接破坏农田，还影响了农业生产的稳定性。例如，热浪不仅导致水分蒸发过快，还可能使农作物提前成熟，降低其质量和产量。而洪水则可能摧毁农作物根系，导致农田淹没，从而对粮食生产造成巨大的损失。这些极端天气事件的频繁发生使得农业生产面临着更大的风险和不确定性。

（二）特定地区主要粮食作物产量影响全球粮食供应链和价格

全球粮食生产尤其依赖于特定地区的农作物种植，这些农作物如小麦、玉米、稻米等被广泛种植在全球范围内，且这些农作物是世界许多国家的主要粮食来源。气候变化对这些主要粮食作物的影响，使得全球粮食供应链出现不稳定性，进一步导致食品价格波动和全球粮食安全问题。

1. 小麦和玉米的产量波动

小麦和玉米是全球最重要的粮食作物之一，而它们的产量受到气候变化影响的程度较高。研究发现，气候变暖可能导致某些主要小麦和玉米产区的干旱和高温条件变得更加严重。例如，美国、加拿大、俄罗斯等小麦和玉米生产国面临的干旱问题愈发严重，而这些地区本来是全球粮食生产的主力区域。如果这些地区的粮食生产受到影响，全球粮食供应链的稳定性将受到威胁。小麦和玉米的产量减少将导致市场供应减少，粮食价格上涨，从而引发全球性的食品价格波动。

2. 稻米的生产危机

稻米是世界上最重要的粮食之一，尤其是在亚洲地区。然而，气候变化对稻米生产的影响也不可忽视。稻米的生长需要大量水源，而气候变化导致的水资源短缺和降水不均的现象，正加剧了稻米生产的困境。特别是在一些水资源依赖较强的国家，如印度、越南、中国等，气候变化可能导致稻田的灌溉困难，进而影响到稻米的产量。此外，气温升高也可能使稻米的生长周期发生变化，导致产量降低。

3. 粮食价格的波动

气候变化对小麦、玉米和稻米等主要粮食作物产量的影响，最终会导致全球粮食价格的波动。粮食是全球经济的重要组成部分，粮食价格波动将影响到各国的经济稳定和社会稳定。特别是对于发展中国家和低收入国家，粮食价格的上涨可能导致贫困问题加剧。粮食价格上涨还可能引发社会动荡，甚至引发粮食危机。因此，气候变化对主要粮食作物的影响，直接关系到全球的粮食安全和社会稳定。

（三）气候变化导致传统食物材料短缺，进而改变当地饮食文化

气候变化不仅影响主要粮食作物的产量，还可能导致一些地区传统食物材料的短缺，进而影响当地的饮食文化和习惯。许多地区的饮食文化依赖于特定的自然资源和气候条件，而这些传统食物材料在气候变化的影响下面临着逐渐减少的风险。

1. 地方特产的减少

气候变化可能导致某些地方特产的减少，进而影响到地方传统饮食文

化。例如，在某些海岛和沿海地区，随着海洋生态环境的变化，渔业资源的短缺可能使得这些地区的传统海鲜食品逐渐消失。类似地，某些依赖特定气候条件生长的水果和蔬菜也可能受到气候变化的影响，导致当地居民失去他们的传统食材，进而改变饮食结构。

2. 饮食文化的转变

随着传统食物材料的短缺和价格的上涨，地方居民可能会被迫改变他们的饮食习惯，转而依赖其他替代品。例如，如果某些地区的水资源枯竭导致传统作物产量减少，居民可能会转向其他适应当地环境的作物，或使用进口食材。这种变化不仅会影响当地的饮食结构，还可能改变地方饮食文化的多样性，导致传统食物的消失和饮食文化的衰退。

3. 全球化饮食文化的影响

随着气候变化导致传统食物材料的短缺，全球化饮食文化的普及也可能加剧这一问题。许多地区的消费者可能会更多地依赖进口食品，尤其是一些工业化生产的食品，而忽视本地特色食材和传统饮食文化。全球化饮食文化的传播使得一些传统饮食文化面临着逐渐被边缘化的风险。

气候变化对食物生产的影响已经成为全球社会亟待解决的重要问题。气温升高、降水模式的变化以及极端天气事件的频繁发生，不仅影响农业生产的稳定性，还影响全球粮食供应链和价格的波动。与此同时，气候变化还可能导致某些地区传统食物材料的短缺，进而影响当地饮食文化的延续。因此，在面对气候变化带来的挑战时，全球社会需要采取有效的应对措施，包括发展可持续农业、提高食品生产的适应性、推动绿色饮食文化等，确保全球粮食安全和环境可持续性。

二、水资源紧张与农业可持续性

水是地球上生命得以维持的重要资源，尤其对于农业生产来说，水是至关重要的生产要素。全球气候变化和人口增长的双重压力加剧了水资源的短缺，尤其是在干旱和半干旱地区，水资源的稀缺直接影响了农业生产的稳定性与可持续性。随着水资源的稀缺，农业必须面临严峻的挑战，不仅在水的使用效率上提出了更高要求，还在某些地区导致了农业生产模式和农作物种植的变化。水资源问题的加剧不仅影响粮食安全和农业发展，还可能威胁到当地的饮食文化和传统食品的延续。因此，如何实现水资源的合理配置、提高农业的水资源利用效率，并推动农业可持续性的发展，成为当前全球面临的紧迫任务。

（一）干旱和半干旱地区水资源短缺直接影响农作物的生长

水资源的短缺已成为全球农业生产中最为严峻的问题之一，特别是在干旱和半干旱地区，水资源的稀缺使得农业生产面临巨大压力。水是作物生长和农业生产的基础要素，作物需要充足的水分才能顺利生长和发育。干旱和半干旱地区往往面临季节性水源短缺、地表水资源匮乏以及地下水资源过度开发等问题，这些都对农业生产造成了极大的影响。

1. 干旱和半干旱地区的水资源短缺

干旱和半干旱地区水资源的短缺使得这些地区的农业生产受到了直接威胁。以中东、北非、南亚以及美国西南部为代表的干旱和半干旱地区，常常经历漫长的干旱期，且降水量少，水源供应不足。在这些地区，农业生产面临着水源的季节性匮乏，干旱季节的来临可能使得农田灌溉受限，导致作物无法获得充足的水分，进而影响产量和质量。此外，长期水资源短缺还可能导致地下水的过度开采，甚至造成地下水资源的枯竭，使得农业生产进一步受到限制。

2. 水资源的竞争加剧

在一些地区，水资源的需求不仅来自农业生产，还包括工业、城市供水等多个方面。随着全球人口的增长和城市化进程的加快，水资源的竞争愈加激烈。城市用水和工业用水的需求不断上升，使得农业的水资源需求难以得到充分满足，进一步加剧了水资源紧张问题。在这种情况下，农业生产往往不得不面对水资源供给的有限性，生产的持续性和稳定性受到严重影响。

3. 水资源短缺对农业生产的直接影响

水资源短缺导致农业生产的压力增大，尤其在灌溉依赖度高的作物生产中尤为突出。例如，稻米、小麦和玉米等主要粮食作物在生长过程中需要大量的水分，水源的短缺可能导致作物生长发育的异常，影响到作物的质量和产量。同时，水源的不足还可能引发农业土壤的盐渍化和沙化等问题，使得耕地面积减少，进一步限制了农业生产的规模。

（二）水资源问题可能进一步影响特定饮食文化的延续

水资源的紧张不仅影响到农业的生产效率，还可能导致传统作物的种植面积缩小，进而影响到特定饮食文化的延续。许多地方的饮食文化与特定的农业作物密切相关，而这些作物的生产往往依赖于稳定的水源供给。当水资源短缺时，农业生产模式会发生变化，一些地方传统的农业作物可能面临生长困难，甚至难以继续种植，这对当地居民的饮食习惯和文化传统产生深远影响。

1. 传统作物的种植面积缩小

许多地方的传统农业依赖于特定的作物，如水稻、玉米、小麦、豆类等，这些作物的生产对于水资源有较大的依赖性。例如，水稻生长需要大量的水分，而如果水源无法得到有效保障，水稻的种植面积就会受到限制。为了应对水资源的紧张，农民可能转向种植对水资源要求较少的作物，如耐旱的谷物、豆类等，导致传统作物的种植面积逐渐缩小，进而影响当地的食品生产和消费模式。

2. 饮食文化的转型

传统饮食文化往往以本地特产为基础，这些特产大多来自当地农业生产。水资源的短缺和传统作物的种植面积缩小可能会迫使地方居民改变饮食习惯，转向外来食品或其他能够适应环境变化的食物。例如，在一些地区，随着水稻种植面积的缩小，水稻不再成为主食，可能会转而食用更多的谷类、豆类或其他耐旱作物，这种变化直接影响了当地的饮食结构和文化传统。随着传统食材的减少和替代品的增加，当地的饮食文化可能面临着消失或演变的风险。

3. 农业多样性丧失与文化遗产的流失

传统农业的水资源依赖性高，使得一旦水资源出现问题，作物的种植和农业多样性就可能受到影响。在一些地区，传统作物和传统农业技术的丧失不仅是对地方经济和农业生产的打击，也是对地方文化遗产的流失。例如，在一些依赖水稻种植的地区，水稻的种植技术和相关的饮食文化已传承了数百年，一旦水资源紧张导致水稻种植面积缩小，这种传统技术和文化也可能逐渐消失，带来难以挽回的损失。

4.应对策略与农业转型

为了应对水资源紧张所带来的挑战，许多地区已开始采取一些应对策略，如发展节水型农业、推广滴灌技术、选育耐旱作物等。这些技术可以帮助农民在有限的水资源条件下，依然保持较高的农业产出，并减少对水资源的依赖。与此同时，农业结构的调整和转型也有助于减少水资源的消耗，例如，推广适应干旱气候的作物，或推动农业多样化，减少对单一作物的依赖。这些措施不仅能够提高农业的水资源利用效率，还可以帮助维持地方传统饮食文化的多样性。

水资源的紧张已成为全球农业生产的一个重大挑战，尤其是在干旱和半干旱地区，水资源短缺直接影响着作物的生长和农业的可持续性。水资源问题不仅威胁到粮食安全，还可能导致传统农业作物的种植面积缩小，从而影响到当地饮食文化的延续。解决水资源短缺的问题，要求各国采取有效的水资源管理措施，推动农业的可持续发展，并采取技术创新来提高农业用水效率。此外，注重保护和传承地方饮食文化，推动农业多样化和可持续转型，既是应对水资源紧张的必要措施，也有助于保持地方文化的多样性和传承。因此，全球应共同努力，在实现农业可持续性发展的同时，也要关注水资源的合理利用与文化遗产的保护。

三、食物安全性与营养价值变化

在全球气候变化的背景下，食物的安全性和营养价值正面临前所未有的挑战。环境变化，特别是温室气体浓度的增加、气候模式的变化以及极端天气事件的频发，正逐渐影响着全球农业生产的稳定性，进而改变食物的种类、质量和营养成分。这些变化不仅影响了作物的生长和食品的安全性，还对人们的饮食健康和营养状况带来了潜在风险。随着环境变化的加剧，作物的营养密度下降、农业模式的改变以及新型食品的涌现，都可能导致传统饮食文化的变迁以及人类健康的影响。

（一）环境变化可能导致食物中的营养成分发生改变

气候变化正在逐步改变农作物的生长环境，这些变化不仅影响作物的产量，还可能导致作物的营养成分发生变化。随着大气中二氧化碳（CO_2）浓度的增加，温度的升高以及降水模式的变化，作物的营养密度可能出现不同程度的下降，从而影响食品的整体营养价值。

1. 二氧化碳浓度增加对作物营养的影响

大气中二氧化碳浓度的增加是气候变化的主要表现之一。研究表明，CO_2 浓度的增加可能对作物的营养密度产生显著影响。在高 CO_2 浓度的环境下，植物的光合作用效率提高，虽然可能会促进作物的生长和产量，但也可能导致作物中的某些重要营养成分如蛋白质、维生素和矿物质的含量下降。例如，研究发现，玉米、小麦、大豆等主要粮食作物在高 CO_2 浓度条件下的蛋白质含量普遍降低，而矿物质如铁、锌的含量也有显著下降。这意味着，随着 CO_2 浓度的增加，人们摄入的食物中的营养成分将出现明显变化，影响到人体的营养吸收和健康。

2. 气温升高对作物营养的影响

温度升高是气候变化的另一个重要特征，高温条件对作物的营养成分也产生了深远影响。在高温环境下，作物的生长周期可能会缩短，虽然产量可能增加，但许多研究表明，高温条件下植物的光合作用效率会下降，进而影响植物的营养成分。例如，较高的温度会导致小麦、稻米等作物中的蛋白质和氨基酸含量降低，同时降低维生素 C 和其他微量元素的浓度。长期的高温天气可能导致作物的营养失衡，降低食品的营养价值。

3. 降水量变化与作物营养的关系

降水模式的变化，特别是降水量的不稳定，也会影响作物的营养成分。在干旱条件下，水分不足限制了作物的生长，使得植物的营养成分的积累受到抑制。水分的不足可能导致作物的糖分、蛋白质及一些矿物质的浓度下降，影响其营养价值。此外，过多的降水也可能导致土壤营养成分的流失，进一步影响作物的营养密度。例如，过多的降水可能导致土壤中氮、磷等元素的流失，使得作物无法充分吸收这些重要元素，降低了作物的整体营养水平。

4. 极端天气事件对营养成分的影响

极端天气事件如暴雨、干旱、洪水等会严重影响农业生产，进而影响食物的营养价值。暴雨和洪水不仅可以摧毁作物，还可能导致土壤的侵蚀和营养物质的流失，减少作物中的营养成分。极端干旱则直接限制了作物的水分吸收和营养积累，使得作物的产量和质量受到影响。极端天气导致的作物损失，进一步影响了食品的供应链和市场供应，影响到人们的饮食健康。

（二）农业生产模式的种类发生变化，影响特定地区的传统饮食文化

随着气候变化，农业生产模式和作物种植习惯正在发生变化，这种变化不仅影响作物的产量和种类，还可能对某些国家和地区的传统饮食文化产生深远影响。许多地区的饮食文化与特定的农业作物密切相关，而随着环境条件的改变，这些传统作物的种植可能逐渐减少甚至消失。

1. 作物种植模式的转变

在气候变化的影响下，某些地区可能不得不调整农业种植模式，以适应新的气候条件。例如，由于气候变暖和水资源短缺，某些耐旱作物如小米、荞麦等的种植可能会逐渐取代对水分需求较大的作物，如水稻、玉米等。这种农业生产模式的转变，不仅影响了作物种类，也使得地区性的农业习惯发生变化。例如，在亚洲的一些地区，稻米一直是主食，而随着水资源的紧张和气候条件的变化，稻米种植面积可能缩小，转而种植一些更适应干旱气候的作物，如小麦、玉米、豆类等，这将改变当地的饮食结构和食品种类。

2. 饮食结构的调整

作物种类和农业模式的变化，直接影响到当地的饮食结构。在一些地区，随着传统作物的种植减少，地方居民的饮食习惯也将随之改变。例如，如果某些地区的水稻种植面积缩小，居民可能会转向其他谷物作为主食，如小麦、玉米等。这种转变不仅影响食物的营养成分，还可能导致传统饮食文化的改变。例如，某些国家的传统饮食中，水稻和海鲜是核心成分，若由于气候变化使得海洋资源减少或水稻种植受限，当地的饮食文化可能会面临消失或演变的风险。

3. 地方传统食品的消失与替代品的崛起

气候变化不仅影响主要粮食作物，还可能导致一些地方特产的消失，

进而影响地方特色食品的生产。许多地区的饮食文化和传统食品直接依赖于当地特有的农业作物和自然资源。例如，一些热带地区的饮食以椰子、香蕉等作物为主，但随着气候的变化，这些作物的生长条件可能受到威胁，导致当地特产的减少或消失。与此同时，替代品的崛起可能改变人们的饮食选择，进而影响到传统饮食文化的延续。

4.全球化与饮食文化的融合

全球化进程加剧了不同地区饮食文化的融合，也加速了环境变化对饮食文化的影响。随着全球供应链的发展，地方传统作物的供应可能减少，而工业化生产的食品和进口食品的比重则上升。这种全球化趋势不仅影响了当地饮食文化的多样性，也加速了地方饮食文化的现代化转型。在某些情况下，这可能导致地方特色食品的消失，取而代之的是全球化的饮食习惯和快餐文化。

气候变化对食物安全性和营养价值的影响是一个复杂且深远的课题。大气二氧化碳浓度的增加、温度的升高以及降水模式的变化，都对农业生产和作物营养成分产生了深刻影响。随着气候变化的推进，作物的营养密度可能下降，而农业生产模式和种植习惯的改变，可能导致食品种类和饮食结构的变化。这些变化不仅影响全球的食品供应和营养安全，还可能引发地方饮食文化的转型或消失。因此，为了应对气候变化对食品安全和营养的挑战，全球需要采取积极的应对措施，推动农业可持续发展、提高作物的抗气候变化能力，并注重保护和传承地方饮食文化。这将是确保全球食物安全和人类健康的关键一步。

四、生态多样性与传统饮食的多元化

生态多样性是地球上生命的基础之一，它不仅包括各种动植物物种的多样性，还涵盖了生态系统和物种之间相互联系的复杂性。环境变化特别是气候变化和人类活动的影响，正在改变全球生态系统的结构与功能，进而影响食物链和全球食品供应。生态系统的多样性对传统饮食的多元化具有重要意义，尤其是海洋生态系统的变化，正在对某些地区的饮食文化和食品结构产生深远的影响。海洋酸化、栖息地破坏等环境变化及过度捕捞等人类活动，可能减少某些海产品的种类或数量，进而影响传统海鲜文化和饮食习惯。

（一）环境变化还会影响生态系统的多样性

环境变化对生态系统的多样性产生的影响是显而易见的，特别是气候变化对海洋生态系统的冲击更为显著。海洋生态系统的健康直接关系到海产品的供应，而这些海产品在许多地区的饮食文化中占有重要地位。海鲜不仅提供丰富的蛋白质，还在许多地方的传统饮食中占据着重要的地位。环境变化对海洋生态系统的影响主要表现为海洋酸化、温度升高、过度捕捞等方面，这些变化不仅影响水产品的种类和数量，还可能对海洋食物链造成破坏，进而影响全球食品供应链和传统饮食结构。

1. 海洋酸化对海洋生态系统的影响

海洋酸化是气候变化带来的一个严重问题。当大气中的二氧化碳浓度增加时，约有三分之一的二氧化碳被海洋吸收，这导致海水的酸度增加。海洋酸化对海洋生物，特别是那些依赖钙质外壳和骨骼的物种，如贝类、珊瑚、某些种类的鱼类等，构成了直接威胁。酸化水域使得这些生物的壳体和骨骼形成变得困难，导致其生长速度减缓，甚至影响到种群的繁殖和存活。这不仅威胁到海洋生物的生物多样性，也使得海产品的供应减少，进而影响依赖这些资源的传统海鲜文化和饮食习惯。

2. 海洋温度升高与水产品供应的变化

气候变化导致海洋水温上升，这对海洋生态系统的影响也非常显著。许多鱼类和其他水生生物的分布和繁殖受水温的影响。在水温升高的情况下，某些热带或温带的水生物种可能会向更高纬度的区域迁移，而一些原生物种可能会减少，甚至消失。例如，温暖水域的鱼类如鳕鱼和鲑鱼的栖息地可能受到水温升高的影响，导致其数量的下降。此外，高温水域的低氧环境也会影响海洋生物的生长和繁殖，进一步减少可供捕捞的水产品种类。这种变化不仅影响全球海鲜供应，还可能改变传统的海鲜消费模式和饮食文化，特别是沿海地区和岛屿国家的饮食习惯。

3. 过度捕捞和栖息地破坏对水产品供应的影响

过度捕捞和栖息地破坏是当前海洋生态面临的主要问题之一。过度捕捞不仅减少了某些水产品的种群数量，还影响了生态平衡和海洋生物多样性。栖息地破坏特别是珊瑚礁的消失、海草床的减少等，进一步加剧了这一问题。珊瑚礁是许多海洋物种的栖息地和繁殖场所，珊瑚礁的减少意味着许多依赖这一生态系统的水生生物也将面临生存困境。栖息地的破坏和过度捕捞导致的种群数量下降，不仅影响渔业生产，还可能破坏当地的海鲜文化，特别是一些传统海鲜料理的食材将变得更加稀缺或无法获得，进一步改变饮食习惯和食品结构。

（二）海产品种类衰退进而影响传统的海鲜文化和饮食习惯

海洋生态系统的变化不仅影响水产品的供应，还可能对特定地区的传统饮食文化和习惯产生深远影响。许多沿海地区和岛屿国家的传统饮食文化中，海鲜是不可或缺的部分，而这些地区的居民和文化与海洋资源有着深厚的联系。随着海洋酸化、温度升高和过度捕捞等问题的加剧，传统海鲜文化面临着巨大的挑战。

1. 传统海鲜文化的衰退

沿海地区和岛屿国家的饮食习惯通常依赖于丰富的海洋资源，海鲜在这些地区的饮食中占有重要地位。然而，海洋生态系统的变化，如海洋酸化、过度捕捞等，可能导致特定海产品的数量减少，甚至使得某些地方特有的海鲜食材难以获得。例如，日本、韩国、中国等国家的沿海地区，传统海鲜菜肴中的一些关键食材可能会由于资源减少而变得更加昂贵，甚至难以供应。传统的海鲜文化逐渐受到威胁，人们的饮食结构也发生了变化，可能开始依赖进口水产品或转向其他类型的蛋白质来源，如家禽、猪肉等。

2. 饮食习惯的多样化

随着海鲜资源的减少和成本的增加，传统海鲜文化和饮食习惯正在发生变化。在一些地区，人们可能会选择更加多样化的蛋白质来源，而不再仅仅依赖海鲜。例如，在一些海岛国家，随着传统海鲜捕捞的困难增加，居民可能开始更多地消费陆地上的蛋白质来源，如家畜和家禽，或者转向植物性蛋白质，采用更多的豆类、豆制品等。这种饮食习惯的转变意味着传统海鲜文化正在遭遇挑战，并逐渐向多元化、健康化的饮食结构转型。

3.影响饮食文化的全球化

海鲜资源的减少与饮食文化的转型相结合，也加速了全球饮食文化的融合。在过去，海鲜在许多地方的饮食中占据核心地位，但随着海鲜资源的变化和价格的上升，越来越多的人开始转向其他食材，全球化的饮食习惯也随之渗透。例如，快餐文化和现代化食品产业的兴起，使得全球范围内的饮食结构变得更加单一，传统的海鲜文化面临更大的挑战。这种文化转型不仅影响人们的食品选择，也在一定程度上抑制了传统饮食文化的传承。

4.传统饮食文化的保护与创新

在全球化饮食文化与环境变化的双重影响下，传统饮食文化的保护成为一个重要议题。许多地区开始关注如何在保证食品安全、健康和多样化的同时，保护和传承传统饮食文化。通过推动生态可持续发展、加强海洋资源保护、发展绿色渔业等措施，可以在一定程度上缓解海洋生态系统变化对传统饮食文化的影响。此外，通过创新传统饮食文化，如采用新型的海产品替代品，改良传统海鲜菜肴的制作方法等，也为传统饮食文化的延续提供了新的可能性。

环境变化，尤其是海洋生态系统的变化，正在深刻影响全球食品供应链和传统饮食文化。海洋酸化、温度升高、过度捕捞等问题使得海鲜资源的数量和种类发生变化，进而影响到特定地区的饮食结构和文化传统。随着海产品供应的减少和价格上涨，传统海鲜文化正面临着逐渐消失的风险，而饮食习惯也在多元化的过程中发生变化。在这一背景下，保护生态多样性和可持续渔业资源、创新传统饮食文化、推动全球饮食结构的健康转型，成为全球各国和地区共同面临的重要任务。

第二节　可持续饮食理念与实践

随着全球环境问题的日益严重，可持续饮食理念逐渐成为公众健康和环境保护的重要议题。可持续饮食不仅关注食物的生产与消费过程中的环境影响，还强调食品选择对人体健康的益处，致力于在改善食品生产模式的同时，推动全球饮食文化的转型。

一、可持续饮食的定义与核心理念

随着全球环境问题日益严重，尤其是气候变化、资源过度开发和生态环境恶化等问题愈加突出，可持续饮食作为一种新兴的理念，正逐渐成为全球食品产业和个人生活的核心关注点。可持续饮食不仅是针对环保的一种实践，它涵盖了食品的来源、生产方法、消费模式以及食品浪费的减少等多个方面。可持续饮食倡导选择那些对环境影响较小、资源消耗较低且能够提供充分营养和健康的食品，旨在保障当前及未来世代的食品安全，并推动全球饮食文化朝着更健康、环保和可持续的方向发展。

（一）可持续饮食概念的内涵

可持续饮食作为一个系统性概念，涵盖了从食品的生产到消费的整个生命周期。这一概念的提出是基于全球食品生产和消费活动对环境、经济和社会带来的广泛影响，特别是在食品生产过程中大量消耗自然资源、污染环境以及加剧气候变化等方面。

1. 食品来源与环境影响

可持续饮食强调食品来源的环保性。在现代食品生产中，大量的农药、化肥、激素和抗生素被用于提高作物和牲畜的产量，这些化学物质的使用对土壤、水源以及生态系统造成了极大负担。而可持续饮食提倡采用绿色农业、生态农业和有机农业等生产方式，通过减少对化学品的依赖，提升农业的生态效益。这些生产方法注重保护土壤质量、减少水源污染、维护生物多样性等方面，不仅减少了对环境的负面影响，还能确保生产的食品更加安全、健康。

2. 生产方法与资源消耗

在食品生产过程中，资源消耗的效率是一个重要的考量因素。传统农业和工业化养殖方式通常消耗大量的水、电和土地资源，产生大量的温室气体排放。而可持续饮食则强调使用资源更加高效、低碳的方式进行食品生产。例如，发展节水灌溉技术、利用可再生能源和高效农业设备等手段，降低农业生产过程中的能源消耗和温室气体排放。此外，发展更加适应气候变化的作物品种和农业技术，也有助于减少生产过程中资源的浪费，并提高食物的产量与质量。

3. 消费模式与健康饮食

可持续饮食不仅关注食品生产过程中的环保问题，还强调健康的饮食模式。随着全球化饮食文化的普及，现代饮食模式越来越趋向高脂、高糖和高盐的食品，长期摄入这些食品会导致慢性病的风险增加。可持续饮食提倡人们选择低碳、健康、营养均衡的饮食方式，减少肉类和高能量密度食品的摄入，增加蔬菜、水果、全谷物和植物性蛋白等食物的比例。这不仅有助于提升公众健康，还能有效减少食品生产过程中对资源的高强度需求，推动健康与环保的双重目标。

4. 食品浪费的减少

食品浪费是全球面临的一个重要问题。据联合国粮农组织（FAO）的数据，全球每年大约有三分之一的食物被浪费，这不仅浪费了大量资源，还对环境造成了负面影响。浪费的食品需要消耗大量的水、电、土壤等资源进行生产，而这些被浪费的食品进入垃圾填埋场后，还会释放温室气体，增加环境负担。可持续饮食倡导减少食品浪费，从源头上减少生产过程中的浪费，以及在家庭、商店和餐厅等环节减少食物的过量消费。通过合理规划食物购买、储存和食用方式，人们可以有效减少浪费，减少对资源的过度消耗。

（二）可持续饮食的核心理念

可持续饮食的核心理念是在确保食品健康和营养的基础上，选择对环境影响较小、资源消耗较低的食品。具体来说，这一理念强调通过合理的食品选择和饮食行为，保障全球粮食供应的可持续性，减少环境负担，并促进健康和福祉的提升。

1. 环境影响最小的食品选择

可持续饮食强调选择那些在生产过程中对环境影响最小的食品。例如，选择本地、季节性的食物可以减少食物运输的碳排放，而选择植物性食品则有助于减少温室气体排放。植物性食品相较于动物性食品来说，其生产过程中所需的资源（如水、土地等）远远低于肉类和乳制品，因此在减少温室气体排放和资源消耗方面具有明显优势。通过改变消费模式，选择更多植物性食品，能够有效减少全球农业生产的碳足迹，从而为应对气候变化作出贡献。

2. 资源消耗的低碳食品选择

在食品生产过程中，不同食品的资源消耗差异极大。肉类生产，尤其是牛肉、羊肉等动物性蛋白的生产过程，对土地、水和能源的需求极高，同时也产生大量的温室气体。可持续饮食鼓励选择资源消耗较低的食品，如豆类、谷物和一些高效的植物性蛋白质来源。这些食品不仅能提供丰富的营养，还能有效减少农业生产过程中的资源压力。选择低碳、低资源消耗的食品，有助于推动整个食品产业朝着可持续发展方向转型。

3. 提供营养与健康的平衡

可持续饮食的核心理念不仅关注环境效益，还强调食品的营养价值和对健康的影响。随着现代饮食中高糖、高脂和高盐食品的普及，越来越多的人面临着肥胖、糖尿病、高血压等健康问题。可持续饮食倡导营养均衡、健康的饮食结构，减少加工食品和高热量、高糖分食品的摄入，增加富含膳食纤维、维生素和矿物质的天然食品的比例，如全谷物、蔬菜、水果和低脂肪蛋白质。通过健康饮食和合理的食品选择，消费者不仅能够改善自身健康，还能够为食品生产体系的可持续发展作出贡献。

4. 保障未来世代的食品安全

可持续饮食的最终目标是保障全球食品安全，并为未来世代创造可持续的食品生产和消费环境。随着全球人口的不断增长，食品需求的增加，传统的食品生产模式将面临越来越大的挑战。为了满足未来的食品需求，我们必须改变现有的食品生产和消费模式，转向更加可持续的农业实践，减少对环境的破坏，提升农业生产的效率，同时确保食品的营养质量和供应安全。通过推行可持续饮食，我们能够为当前和未来世代提供健康、营养丰富且对环境友好的食品，确保全球食品安全。

可持续饮食不仅仅是一个环保议题，它是一种综合性的饮食理念，涉及食品的来源、生产方法、消费模式和食品浪费等多个方面。其核心理念是通过选择那些对环境影响较小、资源消耗较低且能够提供充足营养和健康的食品，来实现全球食品生产的可持续性，保障当前和未来世代的食品安全。随着气候变化、资源紧张和食品安全问题日益突出，推广可持续饮食已成为全球共同的责任。通过政策支持、科技创新和公众教育等多方面的努力，我们可以推动可持续饮食理念的普及，促进全球食品系统向更加健康、环保和可持续的方向发展。

二、绿色农业与食品生产

随着全球气候变化和环境问题日益严重，传统农业生产方式面临着可持续性和生态影响的巨大挑战。为了实现农业生产的长期可持续发展，减少环境负担，绿色农业应运而生。绿色农业不仅关注食品生产的效率，更注重生产方式对环境的影响，倡导使用有机肥料、减少化学农药的使用，并推崇自然种植方法。通过采取这些可持续的农业技术和生态农业模式，绿色农业能够有效减少对环境的负面影响，如减少土壤和水源污染、生物多样性的丧失等，推动农业系统向更加环保和高效的方向转型。

（一）绿色农业的内涵

绿色农业的核心理念是通过减少对环境的负面影响，促进农业生产的可持续性。这不仅意味着提高作物的生产效率，还包括改进农业生产方式，减少化肥、农药的使用，保护土壤和水资源，并提高农田生态环境的健康度。

1. 有机肥料的使用

在绿色农业中，替代化学肥料的有机肥料被广泛使用。有机肥料通常来源于植物、动物或其他自然资源，如堆肥、绿肥、农家肥等。这些有机肥料含有丰富的有机物质，不仅能为作物提供必需的营养，还能改善土壤结构和促进微生物的多样性。相比化学肥料，有机肥料的使用能减少对土壤和水源的污染，降低土壤的酸化程度，并减少温室气体的排放。长期使用有机肥料不仅能提高土壤的肥力，还能增强土壤的水分保持能力，改善土壤的生态环境，从而实现农业生产的可持续发展。

2. 减少化学农药的使用

传统农业依赖大量的化学农药来防治害虫和病菌，这虽然短期内提高了作物的产量，但长期来看，农药的过度使用会对土壤、水源和生物多样性造成严重破坏。绿色农业倡导使用生物防治、物理防治等无害的替代方式，减少化学农药的使用。例如，通过引入天敌（如捕食性昆虫）控制害虫，或通过轮作、间作等农业技术减少病虫害的发生。采用生物农药和天然植物提取物替代化学农药，也可以有效减少农药残留，保障食品安全。同时，绿色农业鼓励农业生产者进行病虫害的预警和智能化管理，精准施药，降低农药使用量和施药次数。

3. 自然种植方式

自然种植方式是绿色农业的另一个核心理念。与传统的集约化农业不同，绿色农业倡导基于生态系统的农业实践，强调尊重自然规律，采用生态农业技术，以维持农业生态的稳定和多样性。自然种植方式不仅包括使用天然肥料和无害农药，还包括优化作物的轮作和间作，通过合理规划农田的生物多样性，减少单一作物的依赖，避免因单一作物的种植造成的土壤贫瘠或病虫害的蔓延。此外，绿色农业还注重使用农田灌溉和排水系统的优化，提高水资源的利用效率，降低农业生产过程中的水资源浪费。

4. 保护生态系统与生物多样性

绿色农业提倡农田生态系统的保护，努力实现农业生产与自然生态的和谐共生。通过合理规划农田景观、维护生态走廊、保护农田周围的自然环境，绿色农业可以为野生动植物提供栖息地，促进生态多样性的发展。例如，保留农田中的湿地、林地和草地等自然景观，不仅能够提供生物栖息地，还能提高作物的抗灾能力，减少农业生产中的病虫害压力。此外，绿色农业还强调通过实施低碳农业模式减少农业生产过程中的温室气体排放，为应对气候变化作出贡献。

（二）绿色农业的生产模式

可持续农业技术和生态农业模式是绿色农业的核心组成部分。通过这些先进的农业技术，绿色农业能够有效减少对环境的负面影响，实现土壤和水资源的保护，提高农田的生态承载能力，保持生物多样性，确保农业生产的可持续性。

1. 可持续农业技术的应用

可持续农业技术是实现绿色农业目标的重要手段之一。例如，精准农业技术通过信息化管理手段，如卫星遥感、无人机监控、土壤传感器等，对农田进行精准管理，能够精确调控肥料、水分和农药的使用量，减少资源浪费和环境污染。同时，智能化农业设备如自动化灌溉系统和无人驾驶农业机器人的使用，可以大大提高农业生产的效率，减少不必要的资源消耗，降低对环境的负面影响。生物农业技术如基因工程作物、转基因抗虫害作物等，也能够减少对化学农药的依赖，提升作物的抗逆性，确保作物在恶劣环境中的生长。

2. 生态农业模式的推广

生态农业模式不仅关注农作物的生产，还强调农田生态环境的整体优化。生态农业主张多样化种植，不仅提高农田的产出，还保护和促进生物多样性。例如，轮作和间作可以防止土壤贫瘠，减少单一作物对土壤的过度消耗，同时减少病虫害的发生；农田林业结合模式不仅能改善农田的微气候，提升土壤水分，还能为农田提供天然的风障，减少农作物的风害。此外，生态农业模式注重土地和水资源的循环利用，通过减少农田的化学投入，增加有机肥料的使用，实现农业生产的可持续性。

3. 土壤和水源的保护

在绿色农业中，土壤和水源的保护至关重要。过度施用化肥和农药不仅会污染水源，还会破坏土壤的健康。绿色农业提倡通过农田保护措施，如覆盖作物残渣、增加土壤有机质、实施保水灌溉技术等来改善土壤质量。此外，采取生态农业方法如水土保持、湿地保护等措施，可以有效减少水土流失和地下水污染，提高水源的可持续利用。同时，通过发展节水灌溉技术，如滴灌和喷灌系统，可以大大降低水资源的浪费，确保水源在农业生产中的合理使用。

4. 减少生物多样性丧失

生态农业模式通过保护农业生态系统中的生物多样性，减少对单一作物的依赖，保证农业生态环境的稳定性。例如，设置生态走廊、湿地、草地等农田外的自然保护区域，不仅可以提供野生动植物的栖息地，还能为农业生产提供天然的生态服务，如害虫控制、授粉等。通过保持农田的生态多样性，绿色农业能够提高农业的抗逆性，使农田在面对气候变化和自然灾害时，能够更好地适应和恢复。

绿色农业作为现代农业发展的重要方向，通过强调有机肥料的使用、减少化学农药的依赖、采用自然种植方式和推进生态农业模式，能够有效减少农业生产过程中的环境负担。它不仅注重食品生产的效率，还关注环境保护和资源的可持续利用。通过采纳可持续农业技术和生态农业模式，绿色农业不仅能减少土壤、水源污染，还能降低生物多样性丧失的风险，推动农业生产向更环保、健康和可持续的方向发展。随着全球环保意识的增强和科技的进步，绿色农业将在未来发挥越来越重要的作用，为实现全球食品安全和环境保护目标作出积极贡献。

三、低碳饮食与碳足迹

随着全球气候变化日益严峻，减少温室气体排放成为全球社会的紧迫任务。人类活动是温室气体排放的主要来源，其中，农业生产、尤其是牲畜养殖，在全球温室气体排放中占据了重要地位。为了应对气候变化，低碳饮食作为一种有效的环保方式，受到越来越多的关注。低碳饮食的核心理念是减少对高碳食物特别是红肉的消费，提倡更多植物性食品的摄入，并推崇本地食物的生产和消费，从而降低碳足迹，减缓全球变暖的进程。

（一）低碳饮食提倡减少对肉类的消费

牲畜养殖尤其是牛、羊等反刍动物的养殖，是温室气体排放的主要来源之一。牲畜在生长过程中产生大量的甲烷（CH_4），而甲烷是比二氧化碳更强大的温室气体，约是二氧化碳的25倍。牲畜养殖的生产过程还涉及大量的水和粮食消耗，这些资源的使用不仅导致了温室气体的排放，还对土地和水资源造成了巨大的压力。

1. 牲畜养殖与温室气体排放

牛、羊等反刍动物在消化过程中会产生大量的甲烷，这一过程被称为"反刍发酵"。这种天然的消化过程虽然是动物生理活动的一部分，但其所产生的甲烷会被释放到大气中，导致温室效应的加剧。全球温室气体排放的报告显示，牲畜养殖活动大约占全球温室气体排放的14.5%左右，而其中牛和羊的养殖尤为突出。为了减少温室气体排放，减少这些高排放食品的消费成为低碳饮食的重要倡导方向。

2. 红肉消费与碳足迹的关系

红肉特别是牛肉和羊肉，其碳足迹远高于大多数其他食物。红肉的生产过程中，不仅有大量的甲烷排放，还包括了土地使用的变化、粮食和水资源的消耗等因素。研究表明，生产1千克的牛肉所产生的温室气体排放量远远超过生产1千克植物性食品或家禽肉类。因此，减少红肉的消费，尤其是在高碳足迹国家和地区，有助于显著降低个人和社会的整体碳排放量。

3. 减少肉类消费的环境益处

通过减少肉类消费尤其是红肉，可以大大降低温室气体排放和资源消耗。随着对低碳饮食理念的接受和推广，越来越多的餐饮机构和消费者开始选择植物性饮食替代肉类。低碳饮食不仅有助于减缓气候变化，还能降低心血管疾病、糖尿病等慢性疾病的风险，提高整体健康水平。此外，减少肉类消费有助于推动农业生产模式的转型，减少化肥、农药和水资源的过度消耗，从而提高农业的可持续性。

（二）鼓励更多植物性食品的消费

植物性食品通常比动物性食品具有更低的碳足迹。这是因为植物在生长过程中不产生大量的甲烷，且它们对土地、水和能源的需求远低于动物性食品的生产。此外，植物性食品的生产过程中，化肥和农药的施用量相对较少，这进一步降低了环境影响。因此，推广植物性食品的消费，成为实现低碳饮食的重要手段。

1. 植物性食品的碳足迹

植物性食品如豆类、谷物和蔬菜等，其碳足迹远低于肉类。生产1千克豆类或谷物所产生的温室气体排放量通常低于同等质量的肉类产品。这是因为植物的生产过程不需要涉及温室气体排放的牲畜养殖，也不需要大量的水资源消耗和粮食转化。这些食品不仅能提供丰富的植物蛋白、膳食纤维、维生素和矿物质等营养成分，还能有效降低温室气体排放，是低碳饮食的理想选择。

2. 豆类、谷物和蔬菜的营养与环保价值

豆类、谷物和蔬菜等植物性食品具有极高的营养价值，同时对环境的影响相对较小。例如，大豆、扁豆和豌豆等豆类食品富含植物蛋白和膳食纤维，是替代动物性蛋白的优质来源。全谷物如燕麦、糙米、玉米等不仅含有丰富的纤维，还有助于维持血糖稳定，减少心血管疾病的发生。而蔬菜则提供丰富的维生素、矿物质和抗氧化物质，对保持人体健康具有重要作用。通过增加这些植物性食品的消费，不仅能提高个人的健康水平，还能有效减少食品生产过程中的温室气体排放。

3. 植物性饮食与全球食品安全

在全球人口不断增长的背景下，植物性食品的生产提供了一种更加可持续的食品选择。相较于动物性食品，植物性食品的生产效率较高，所需土地和水资源较少。通过将更多植物性食品纳入饮食中，不仅能减少环境负担，还能有效保障全球食品安全。尤其是在面对气候变化和资源短缺等挑战时，植物性食品提供了更加稳定的食品供应来源，对全球食物生产系统的长期可持续性至关重要。

（三）提倡本地食物的生产和消费

低碳饮食不仅关注食品的生产和消费方式，还强调减少食品运输过程中的碳足迹。长途运输和储存不仅增加了能源消耗，还在运输过程中产生大量的温室气体排放。因此，提倡本地食物的生产和消费是降低碳排放、实现低碳饮食的重要途径之一。

1. 本地食品生产与消费的环境优势

本地食品的生产和消费能够显著减少长途运输过程中所产生的碳排放。传统的全球化食品供应链往往依赖于跨国运输和存储，导致大量的能源消耗和温室气体排放。通过选择本地生产的食品，消费者能够减少食物运输中的能源消耗，从而降低整体碳足迹。此外，本地食物通常比进口食品更新鲜，营养保留更好，能进一步提高食品的健康价值。

2. 减少食品浪费与低碳消费

本地食品的供应链较短，通常不需要长时间的储存，这减少了食品因过度储存而变质的可能性。通过提倡本地食品生产和消费，可以有效减少食品浪费，因为本地食品可以更快速地进入市场，避免过期或变质。此外，本地食品的消费模式可以缩短食品从生产到消费者的时间，减少中间环节和长途运输所带来的碳排放，从源头上减少食品浪费的同时，也降低了环境负担。

3. 支持地方经济与绿色发展

提倡本地食物的生产和消费不仅有助于降低碳排放，还能促进地方经济的发展。通过支持本地农民和食品生产者，消费者为地方经济注入了活力。此外，本地食品产业的可持续发展有助于推动绿色经济的转型，促进农业和食品产业在环保、健康和经济上的全面提升。

低碳饮食是一种减少温室气体排放、保护环境、促进健康的重要饮食方式。通过减少肉类，尤其是红肉的消费，增加植物性食品的摄入，并提倡本地食物的生产和消费，低碳饮食不仅能有效减少碳排放，还能改善全球食品生产系统的可持续性，保障人类的健康和未来的食品安全。随着全球气候变化的挑战日益加剧，低碳饮食的推广将成为应对气候变化、推动环保和提升公共健康的关键策略。

四、减少食品浪费与资源再利用

食品浪费已经成为全球范围内的一个严重问题。根据联合国粮农组织的数据，全球每年大约有三分之一的食物被浪费，这不仅意味着大量的资源被无谓地消耗，还对环境造成了巨大的压力。食品生产需要消耗大量的水、土地、能源和劳动力，而这些宝贵的资源却因为浪费而无法得到有效利用。食品浪费的减少，不仅有助于缓解资源的紧张和环境问题，还能够推动可持续发展的目标。因此，如何合理规划食品生产和消费，减少食品浪费，并实现资源的再利用，成为当前社会亟须解决的重要议题。

（一）合理规划食品生产与消费，减少食品浪费

食品浪费已经不仅仅是个体消费者的行为问题，而是全球粮食安全和环境保护中的重大挑战。食品生产过程中使用的水、能源、土地等资源，许多因浪费未能发挥其应有的效益。根据联合国粮农组织的报告，每年全

球约 13 亿吨的食物被浪费，这相当于全球粮食生产的三分之一。而这一巨大的浪费对环境、社会以及经济产生了严重的影响。

1. 资源浪费与环境压力

食品浪费直接导致了水、土地、能源等资源的巨大浪费。例如，生产 1 千克小麦需要约 1,600 升水，生产 1 千克牛肉则需要 15,000 升水。与此同时，浪费的食物需要通过垃圾填埋、焚烧等方式处理，这不仅占用了宝贵的土地资源，还会释放温室气体，增加大气污染。垃圾填埋场的有机物分解过程中会产生甲烷，而甲烷是二氧化碳的 25 倍强的温室气体。因此，减少食品浪费有助于减少资源消耗，缓解温室气体排放，减轻环境负担。

2. 影响全球粮食安全

食品浪费不仅浪费了资源，还加剧了全球粮食安全问题。在全球范围内，尽管粮食生产充足，但由于不合理的分配和浪费，很多国家和地区的贫困人口仍面临粮食短缺的困境。通过减少食品浪费，粮食可以更有效地供应给有需求的地区，提升全球粮食安全水平，减少饥饿问题。

3. 合理规划食品生产与消费

减少食品浪费的首要步骤是从源头上进行合理规划。这不仅包括生产环节的管理，还涉及食品的采购、运输、储存和消费等各个方面。在食品生产阶段，通过更有效的农业技术和现代化的供应链管理，可以减少损耗和浪费；在消费阶段，通过提高消费者的意识、改变不良的消费习惯，也可以大幅减少餐桌上的食物浪费。

（二）推广"光盘行动"以及鼓励合理采购和烹饪的技巧

在家庭和餐饮业，食品浪费大多发生在餐桌上。为了减少这一部分的浪费，推广"光盘行动"和培养合理采购及烹饪技巧至关重要。

1. "光盘行动"的推广

"光盘行动"是一项倡导不剩饭、不剩菜的社会行动。随着经济的增长和生活水平的提高，餐饮业和家庭餐桌上常常出现食物浪费的现象，尤其是在外出就餐时，很多消费者点餐过多，导致无法吃完的食物被浪费。推广"光盘行动"，要求消费者在就餐时根据个人的食量合理点餐，吃完餐盘中的所有食物，避免过多的食物浪费。这不仅能减少餐馆和家庭的食品浪费,还能通过倡导节约理念,提升人们的环保意识,推动社会向更加节约、绿色的方向发展。

2. 合理采购的技巧

食品采购是减少食品浪费的关键环节。很多家庭在购物时,因过度购买食材,导致食物在保质期内未能消耗完,最终被浪费。因此,合理的采购方式能够显著减少不必要的浪费。消费者应根据家庭成员的食量、食材的保质期,以及烹饪计划来购买食品。规划每周的菜单,合理安排食材使用,避免临时购买不必要的食物。此外,选择包装较小的食品和适量购买新鲜蔬菜等容易腐烂的食材,也有助于减少食品浪费。

3. 烹饪技巧的改善

在烹饪过程中,也存在着食品浪费的问题。例如,烹饪时使用过多的油、盐、调料,或食材过量制作,导致剩余的食物不能及时食用而浪费。为此,家庭和餐饮业可以采用合理的烹饪技巧,避免食物过量制作,学会将剩余食物转化为新的菜肴。许多剩余食材可以通过创造性的食谱加以利用,如剩饭做成炒饭、剩菜做成汤品或沙拉,减少浪费的同时,提升食物的利用率。

4. 饮食文化的培养与教育

除了在家庭和餐饮业的行动,学校、社区和媒体也应积极倡导"光盘行动",培养人们的节约意识。通过加强食品浪费的教育,提高人们对食物生产成本和环境影响的理解,使消费者能够自觉选择合理的食品采购和消费方式,从源头减少食物浪费。

(三)食物垃圾的回收和堆肥也能够帮助实现资源再利用

食品浪费的减少不仅仅是要减少餐桌上的浪费,还包括对食物垃圾的回收和堆肥等方式的再利用。通过食物垃圾的回收和堆肥处理,不仅能减少垃圾填埋和焚烧对环境的压力,还能将有机废物转化为有价值的资源,促进资源的循环利用。

1. 食物垃圾的分类和回收

食物垃圾通常可以分为可堆肥和不可堆肥的两类。可堆肥的食物垃圾,如果皮、蔬菜根、咖啡渣等,可以通过堆肥技术转化为有机肥料,供农业生产使用。不可堆肥的食物垃圾,如塑料包装、包装纸等,则需要通过回收和再利用来减少资源浪费。通过垃圾分类和回收,可以有效降低垃圾处理过程中对环境的污染,并提高资源利用效率。

2. 堆肥的应用与益处

堆肥是一种自然的有机物降解过程,通过微生物和昆虫的作用,将食物垃圾转化为富含营养的有机肥料。这些肥料可以用于农业、园艺和家庭花园的土壤改良,提高土壤的肥力和结构。与化学肥料相比,堆肥有助于减少对土壤的污染,提升土壤的生物多样性,并促进生态农业的发展。此外,堆肥还能减少垃圾填埋场的压力,减少有害气体的排放,促进垃圾的资源化利用。

3. 社区与家庭堆肥的推广

社区和家庭堆肥的推广是实现食品垃圾资源化的重要方式。许多城市和乡村地区已经开始鼓励家庭和社区进行食物垃圾的堆肥,减少垃圾进入填埋场的数量。通过提供堆肥箱和堆肥教育,家庭可以自行处理日常产生的食物垃圾,并将其转化为有机肥料用于家庭花园或小规模农业生产。社区层面的堆肥不仅有助于减少环境负担,还能提高居民的环保意识,促进资源循环利用。

4. 企业和餐饮业的食物垃圾处理

除了家庭和社区的堆肥,企业和餐饮业也可以采取类似的措施处理食品垃圾。许多餐馆和酒店开始实施食品垃圾的回收和堆肥措施,将剩余的食物垃圾转化为有机肥料或其他可再利用的资源。通过这种方式,餐饮业不仅能减少食品浪费,还能降低运营成本,提高企业的社会责任感。

食品浪费的减少与资源再利用是应对全球资源紧张和环境问题的重要措施。通过合理规划食品生产与消费、推广"光盘行动"、提升采购与烹饪技巧,以及实现食物垃圾的回收与堆肥处理,能够有效减少食品浪费,降低资源消耗,减轻环境压力。这些措施不仅能够促进资源的循环利用,推动低碳环保的饮食文化,也有助于改善全球食品安全和人类健康。通过全社会的共同努力,我们可以在未来实现更加可持续的食品生产和消费体系,推动全球环保和资源保护的目标。

第三节　改善饮食习惯预防疾病的策略

一、增加植物性食品的摄入

随着全球健康问题的日益关注，越来越多的营养学家、医生和健康倡导者开始强调植物性饮食在维持健康方面的重要性。植物性食品，包括蔬菜、豆类、水果、全谷物等，是营养均衡饮食的重要组成部分。增加这些食品的摄入，不仅能够为身体提供丰富的膳食纤维、维生素、矿物质等营养成分，还能有效预防多种慢性病，改善身体健康状态。

（一）植物性食品对预防慢性病具有重要作用

植物性食品如蔬菜、豆类、水果和全谷物等，富含多种维生素、矿物质、抗氧化剂及膳食纤维，这些成分对身体健康至关重要。日常增加这些食品的摄入，不仅有助于满足人体的基本营养需求，还能预防多种常见的健康问题。

1.膳食纤维与消化健康

膳食纤维是植物性食品的一个显著特征，尤其是蔬菜、全谷物和豆类中含有大量的膳食纤维。膳食纤维有助于促进肠道蠕动，改善消化系统功能，预防便秘。通过增加膳食纤维的摄入，能够使大便变得松软且易于排出，减少便秘的发生，进而减少肠道疾病的风险。除了改善消化系统健康，膳食纤维还能够通过与水分结合膨胀，增加饱腹感，帮助控制体重，从而避免因过度进食引发的肥胖等健康问题。

2.维生素与矿物质的补充

植物性食品提供了丰富的维生素和矿物质，尤其是水溶性维生素如维生素C、维生素B群以及矿物质如钾、镁、钙等，这些对身体的代谢、免疫系统以及骨骼健康都至关重要。维生素C，作为一种强效的抗氧化剂，能够帮助身体抵御自由基的损伤，增强免疫力，减少慢性疾病的发生。而钾和镁等矿物质有助于调节血压和心脏健康，预防心血管疾病。此外，植物性食品中丰富的叶绿素和植物化学物质，如类黄酮和多酚，具有抗氧化作用，有助于减少炎症，改善血管健康，降低心脏病风险。

3. 预防心血管疾病

增加植物性食品的摄入对于降低心血管疾病的风险非常有效。研究表明，富含膳食纤维的食物，尤其是全谷物、豆类和蔬菜，能够帮助降低血液中的胆固醇水平，减少动脉粥样硬化的风险，从而保护心血管健康。此外，植物性食品中的抗氧化物质和不饱和脂肪酸，尤其是在坚果和种子中的 ω-3 脂肪酸，有助于减轻炎症反应，促进血液循环，降低高血压的风险，从而降低心脏病发作的概率。

4. 预防糖尿病

食物中的膳食纤维对于预防糖尿病具有重要作用。研究表明，富含膳食纤维的食物，尤其是豆类、全谷物和蔬菜，有助于调节血糖水平，减少 2 型糖尿病的发病风险。膳食纤维能够延缓食物中的糖分吸收，防止血糖的快速上升，从而帮助维持血糖的稳定，减少胰岛素的负担。此外，植物性饮食中的低热量和低脂肪特性，有助于降低肥胖的风险，进一步降低糖尿病的发生概率。

（二）植物性食品含有较少的饱和脂肪

与动物性食品相比，植物性食品的饱和脂肪含量相对较低，且不含有害的胆固醇。增加植物性食品的摄入，不仅有助于控制体重，还能够减少多种慢性病的发生，特别是心血管疾病、糖尿病和某些类型的癌症。

1. 植物性食品与体重管理

许多研究表明，植物性饮食有助于减轻体重，控制体脂。植物性食品通常含有较低的热量密度，能够提供更多的饱腹感，同时减少总热量的摄入。植物性食品中较低的饱和脂肪和胆固醇含量，不仅有助于维持健康的体重，还有助于减少脂肪积累，特别是腹部脂肪的积聚。由于植物性食品富含膳食纤维，它们能够吸收更多水分，增加胃部的饱腹感，从而帮助控制食欲，避免过度进食。

2. 减少慢性病的风险

饱和脂肪和反式脂肪的摄入量与许多慢性病的发生密切相关，尤其是心血管疾病。植物性食品中的脂肪通常以健康的单不饱和脂肪和多不饱和脂肪为主,这些脂肪对心脏健康非常有益,能够帮助降低坏胆固醇的水平,减少心脏病的风险。例如,橄榄油、鳄梨和坚果中富含的单不饱和脂肪有助于提高好胆固醇的水平,从而减少血液中的胆固醇积聚,保护心脏健康。

3. 控制血脂与血糖

低饱和脂肪的植物性食品不仅能帮助控制体重,还能有助于管理血脂和血糖水平。研究发现,植物性饮食能够帮助减少血液中的总胆固醇和甘油三酯,降低高血脂的发生风险。此外,植物性食品通常具有低 GI(血糖生成指数),能帮助控制餐后血糖的波动,降低糖尿病的风险。

4. 防止癌症

许多研究表明,植物性饮食能够减少某些类型癌症的风险,尤其是大肠癌、乳腺癌和前列腺癌等。植物性食品中的纤维、抗氧化剂、植物化学物质(如类黄酮、胡萝卜素、硒等)具有强大的抗癌作用。这些成分能够减轻体内的炎症反应,清除自由基,保护细胞免受癌变的侵害。增加蔬菜、水果、全谷物和豆类等植物性食物的摄入,能够显著降低患癌的概率。

增加植物性食品的摄入对促进健康、预防慢性病、控制体重以及减少环境负担具有显著的作用。蔬菜、豆类、水果和全谷物等植物性食品,提供了丰富的膳食纤维、维生素、矿物质和抗氧化剂等营养成分,不仅对预防便秘、心血管疾病、糖尿病等具有积极作用,还能帮助维持健康的体重,减少慢性病的风险。通过逐步增加植物性食品的摄入,减少动物性食品的摄入,不仅有助于个体健康,还能够为全球食品生产系统的可持续发展作出贡献。随着人们健康意识的提高,植物性饮食正逐渐成为全球饮食文化的重要趋势。

二、减少加工食品与红肉的摄入

随着现代社会的进步与人们生活方式的改变,加工食品和红肉的消费在许多国家和地区显著增加。加工食品因其便捷性和口感而广受欢迎,而红肉则在全球多个文化中长期占据着重要地位。然而,随着科学研究的深入,越来越多的证据表明,过度摄入加工食品和红肉对健康的负面影响不容忽视。加工食品中常常含有大量添加糖、盐和不健康的脂肪,而红肉则含有较高的饱和脂肪和致癌物质。过量摄入这些食品不仅会导致体重增加，还会增加罹患慢性疾病的风险，包括心血管疾病、糖尿病、肥胖症和某些癌症。

（一）加工食品和红肉的摄入过多容易导致肥胖和慢性病

加工食品是指经过加工、包装和储存的食品，这些食品通常包含许多添加剂和化学成分。现代生活中，加工食品因其便捷、快速和易于保存的特性而受到消费者的青睐，但它们通常不利于健康。

1. 加工食品与体重增加的关系

加工食品往往含有较高的热量、添加糖、盐和不健康的脂肪。常见的加工食品包括速食、糖果、糕点、加工肉制品、即食面、冷冻食品等。这些食品的热量密度较高，却往往缺乏足够的营养成分（如膳食纤维、维生素和矿物质）。频繁摄入加工食品会导致过多的卡路里摄入，而身体难以消耗这些额外的热量，进而导致脂肪的积累，从而增加肥胖症的风险。肥胖又与多种慢性疾病（如心脏病、糖尿病、肝病等）密切相关。

2. 加工食品中的不健康成分

现代加工食品通常含有大量的添加糖、盐和不健康的脂肪，尤其是反式脂肪和饱和脂肪。高糖分食品，尤其是软饮料和甜点，能够迅速升高血糖水平，增加胰岛素抵抗，最终导致2型糖尿病。过多的钠盐摄入则直接与高血压的发生有关，而高盐饮食是心血管疾病的主要诱因之一。反式脂肪和饱和脂肪则有助于血液中的坏胆固醇升高，进而促进动脉粥样硬化，增加心脏病的风险。因此，减少加工食品的摄入，尤其是高糖、高盐、高脂肪的加工食品，是降低慢性疾病风险的关键措施。

3. 红肉与慢性病的关联

红肉特别是加工红肉（如香肠、培根、火腿等），被认为是多种慢性病的危险因素。红肉中含有较高的饱和脂肪，这些脂肪被认为是心血管疾病的高风险因素之一。过量摄入红肉还可能增加结肠癌、直肠癌等消化系统癌症的风险。红肉的加工过程中，通常会加入一些化学物质，如亚硝酸盐和防腐剂，这些物质被认为是致癌的因素，尤其是对于肠道健康的负面影响。世界卫生组织已经将加工红肉列为一级致癌物，长期食用加工红肉可能会增加患癌症的风险。

（二）增加鱼类和植物蛋白的摄入，能够有效降低慢性疾病的发生风险

减少加工食品和红肉的摄入，并通过增加鱼类和植物蛋白的摄入，能够为预防多种慢性疾病提供有效保障。鱼类和植物性食物含有丰富的营养成分，如优质蛋白、健康脂肪、膳食纤维等，这些都对促进健康和预防疾病起到积极作用。

1. 鱼类的健康益处

鱼类尤其是富含 ω-3 脂肪酸的深海鱼类（如三文鱼、金枪鱼、鲭鱼等），是高质量蛋白的来源，并且含有较少的饱和脂肪。ω-3 脂肪酸对心血管健康极为有益，可以降低血脂水平、减少血液凝块、降低心脏病和中风的风险。ω-3 脂肪酸还被认为具有抗炎作用，能够帮助减轻慢性炎症，改善血糖控制，降低糖尿病和肥胖症的风险。此外，鱼类中的维生素 D 和钙对于骨骼健康至关重要，可以帮助预防骨质疏松症。

2. 植物蛋白的营养与健康价值

植物蛋白特别是豆类、坚果、种子和全谷物等食物，富含高质量的植物性蛋白，并且不含有动物性食品中常见的饱和脂肪和胆固醇。豆类如大豆、扁豆、豌豆等，是非常优质的植物蛋白来源，能够提供丰富的膳食纤维、矿物质（如铁、镁、钾）和维生素 B 群。这些植物性食品不仅有助于维持健康的体重，还能改善肠道健康，降低心脏病和糖尿病的风险。植物蛋白来源的食物能够促进血糖的稳定，提高胰岛素敏感性，降低糖尿病的发生率。此外，植物性饮食与体重管理密切相关，能够帮助减少脂肪积累，控制体重，预防肥胖症。

3. 植物性饮食与心血管健康

植物性饮食以蔬菜、水果、全谷物、豆类和坚果为基础，富含植物化学物质、膳食纤维、健康脂肪（如单不饱和脂肪和多不饱和脂肪），这些食物能够显著降低患心血管疾病的风险。大量研究表明，富含膳食纤维的食物特别是豆类和全谷物，能够降低坏胆固醇和甘油三酯的水平，增加好胆固醇的浓度。植物性食物中的抗氧化物质（如维生素 C、类黄酮、多酚等）具有抗炎作用，能够减少血管内的炎症反应，改善血管健康，从而降低高

血压、动脉硬化等心血管疾病的发生风险。

4. 减少红肉和加工肉制品的健康风险

随着对植物性饮食益处的不断研究，减少红肉和加工肉制品的摄入，增加鱼类、家禽以及植物蛋白的摄入，已被证明有助于降低多种慢性病的风险。减少红肉和加工肉制品能够减少饱和脂肪和不健康脂肪的摄入，降低胆固醇水平，减少肥胖和糖尿病的发生概率。替代红肉的植物性蛋白和鱼类提供了更健康的选择，同时对环境的负面影响较小，推动了更可持续的食品生产方式。

减少加工食品和红肉的摄入，增加鱼类和植物蛋白的摄入，是改善健康、预防慢性疾病、控制体重的重要策略。加工食品和红肉的过量消费与心血管疾病、糖尿病、肥胖症等慢性病的发生密切相关，而植物性食品，特别是富含膳食纤维、健康脂肪和优质植物蛋白的食物，不仅能够改善肠道健康，还能降低多种疾病的风险。此外，鱼类和植物性蛋白的摄入也有助于心血管健康、体重管理及糖尿病控制。通过合理的饮食选择，不仅能提升健康水平，还能够为全球可持续发展和环境保护作出积极贡献。因此，减少不健康食品的摄入，转向更加多样化和健康的植物性饮食，将是实现全球健康和环保目标的关键一步。

三、提倡定时就餐与控制饮食量

现代社会的快节奏生活和繁忙的工作压力，导致许多人忽视了合理饮食的重要性。很多人习惯于随意进餐或暴饮暴食，这不仅影响了身体健康，还可能导致代谢紊乱和肥胖等问题。提倡定时定量的饮食习惯，避免暴饮暴食，控制每餐的摄入量，已成为保持健康体重、提高生活质量以及预防多种慢性病的有效手段。科学的进餐时间和适量的食物摄入，不仅有助于保持良好的代谢状态，还能防止肥胖、糖尿病、心血管疾病等相关疾病的发生。

（一）提倡定时定量的饮食习惯，避免暴饮暴食

在现代生活中，不规律的饮食习惯和过度的饮食量，往往是导致肥胖和相关健康问题的罪魁祸首。通过建立良好的饮食习惯，遵循定时定量进

餐的原则，可以有效地帮助控制体重，保持健康的代谢状态，减少慢性病的风险。

1. 定时就餐的健康益处

定时进餐是保持健康的重要基础。现代人的饮食习惯往往是随时吃、随便吃，忽略了规律性和均衡性。科学研究表明，进餐时间的规律性对身体的生物钟和代谢系统有着直接的影响。定时就餐可以帮助调整胃肠道的消化节奏，促进胃液分泌和食物的消化吸收，保持身体的消化系统稳定运作。同时，定时进餐还能帮助调节血糖水平，避免因为不规律进餐而导致的血糖波动。早晨的早餐、午餐和晚餐是一天的正常饮食模式，通过合理安排进餐时间，有助于身体获得稳定的能量供应，避免能量摄入的过量或不足。

2. 暴饮暴食的危害

暴饮暴食是指短时间内过量进食，这种行为会导致体内能量储存过剩，进而转化为脂肪储存起来，导致体重增加和肥胖。此外，暴饮暴食会导致血糖水平急剧上升，给胰腺带来巨大的负担，长期下去可能导致胰岛素抵抗，进而发展为2型糖尿病。暴饮暴食还会对胃肠道产生负担，造成胃肠道功能紊乱，如胃酸反流、胃胀气等问题。过量摄入高脂肪、高糖和高盐的食物还可能导致高血压、心脏病和其他慢性疾病的发生。因此，避免暴饮暴食，不仅能控制体重，还能有效降低心血管疾病和糖尿病等疾病的风险。

3. 控制每餐的摄入量

控制每餐的摄入量是预防肥胖和维持健康体重的重要方法。现代人常常习惯于大餐大吃，尤其是在社交场合或家庭聚餐时，食物的份量常常超过身体所需的热量。然而，过量摄入的热量不仅不会带来额外的能量，而是转化为脂肪储存，导致体重增加。为了控制每餐的摄入量，需要培养正确的饮食观念，避免过度进食。合理的饮食量应该根据个人的生理需求、活动水平和代谢状况来决定，而不是受情绪或外部环境的影响。

4. 每餐适量的摄入量

每餐的适量摄入量是确保营养均衡和保持体重的关键。对于大多数成年人来说，每餐的总热量摄入应根据个人的代谢率和身体需求来进行调整。合理的饮食结构应包含适量的蛋白质、碳水化合物、脂肪以及足够的膳食纤维。例如，碳水化合物应占每餐总热量的40%～50%，蛋白质占15%～20%，脂肪则应控制在30%左右。此外，合理控制食物的种类，增加蔬菜和全谷物等低热量、高营养价值的食物，可以有效降低每餐的热量，同时确保营养的均衡。

（二）科学的进餐时间和适量的食物摄入

定时定量的饮食习惯能够帮助维持身体良好的代谢状态，从而降低肥胖和多种慢性疾病的发生风险。通过科学的进餐时间和适量的食物摄入，可以保持稳定的血糖和能量供应，避免因不规律饮食引起的代谢紊乱。

1. 进餐时间与新陈代谢

进餐时间对身体的代谢具有重要影响。研究表明，定时进餐可以帮助维持人体的内分泌平衡，调节生物钟，促进代谢的正常进行。早餐是一天中最重要的一餐，通过合理安排早餐时间，可以启动身体的代谢系统，提高日间的能量消耗和脂肪代谢。晚餐的时间也同样重要，避免过晚进餐可以减少脂肪的积累，因为人体在夜间的代谢速率相对较低。晚餐过晚或进餐过量可能导致能量过剩，转化为脂肪储存。

2. 控制摄入量与代谢健康

适量的食物摄入能够有效地促进新陈代谢，并维持良好的体重控制。当摄入量过多时，体内的代谢系统就需要更多的时间来处理多余的能量，这不仅加重了胃肠的负担，还可能导致脂肪堆积。通过控制每餐的摄入量，可以避免身体过度储存能量，从而维持健康的体重和代谢状态。此外，减少大餐和高热量食物的摄入，可以帮助减少胰岛素的分泌，避免血糖波动，降低糖尿病的发生风险。

3. 饮食习惯与疾病预防

合理的饮食习惯是预防肥胖和相关慢性疾病的有效手段。肥胖被认为是许多慢性病的根源，包括心血管疾病、糖尿病、癌症等。定时定量的饮食不仅能够帮助控制体重，还能减少肥胖带来的健康风险。科学的进餐时间和适量的食物摄入，有助于稳定血糖和血脂水平，降低体内的炎症反应，从而降低心脏病、高血压和糖尿病的风险。此外，定时进餐可以增强食物的吸收和消化功能，改善肠道健康，促进营养的有效利用。

4.饮食结构与营养吸收

除了进餐时间和摄入量，合理的饮食结构也非常重要。每餐的食物应该尽量保持营养的均衡，避免单一食物的过量摄入。均衡的饮食应包括足够的蔬菜、水果、全谷物、瘦肉和健康脂肪等，而不是过多依赖于加工食品和高糖高脂的食物。通过多样化的食物选择，可以确保身体获得必需的营养素，同时避免过量摄入不健康成分，如添加糖、盐和不健康脂肪，从而有助于减轻慢性疾病的风险。

提倡定时就餐与控制饮食量是维护身体健康、保持理想体重和预防慢性疾病的重要方法。通过合理规划每餐的摄入量和定时进餐，不仅能够保持良好的代谢状态，避免暴饮暴食，还能够有效降低肥胖、高血糖、心血管疾病等慢性病的发生。随着人们健康意识的提高，定时定量的饮食习惯应逐渐成为每个人日常生活的一部分。合理的饮食结构和科学的进餐时间，是每个人通向健康的关键步骤，能够为长期的健康和幸福生活奠定坚实的基础。

四、倡导家庭与社会的饮食文化

健康饮食是预防多种慢性疾病、保持身体健康的基石。而饮食习惯的形成通常始于家庭，通过家庭成员的互相影响，可以培养良好的饮食文化并推广到社会层面。家庭不仅是培养健康饮食习惯的起点，也是提供长期健康支持的重要场所。随着健康意识的增强，社会层面的饮食文化推广也变得至关重要。通过举办健康饮食讲座、饮食习惯改善项目以及社区支持等方式，可以进一步增强大众对健康饮食的认知，推动社会饮食文化的健康发展。

（一）家庭是饮食习惯培养的关键场所

家庭是每个人生活的最初环境，饮食习惯的培养往往从家庭开始。家庭成员之间的相互影响，尤其是父母对子女的饮食教育和行为示范，对儿童饮食习惯的形成有着深远的影响。良好的家庭饮食文化不仅能帮助家庭成员保持健康，还能在长期内提升家庭成员的健康素养，预防多种慢性病的发生。

1. 父母在饮食习惯中的引导作用

父母在家庭饮食文化中的引导作用是至关重要的。父母是孩子最早的饮食榜样，孩子通常会模仿父母的饮食行为。科学研究表明，父母的饮食习惯对孩子的饮食选择、食物偏好和健康状况有着直接影响。例如，如果父母在家中常食用新鲜蔬菜、健康蛋白质和全谷物食品，孩子就更容易接受这些健康食品，并将其纳入日常饮食中。反之，如果父母长期依赖加工食品、高糖食品和高脂肪食物，孩子也很可能养成类似的饮食习惯。因此，父母应该意识到自己的饮食选择对家庭成员特别是孩子的影响，积极营造健康的饮食氛围，选择更健康的食物，并教育孩子建立良好的饮食习惯。

2. 家庭集体进餐的影响

家庭成员共同进餐不仅有助于建立亲密的家庭关系，还能加强对健康饮食的认知。研究表明，共同用餐的家庭更倾向于选择健康食品，而这种行为的影响常常会延续到孩子的成年生活中。家庭用餐时，父母可以为孩子提供均衡的饮食，并通过讨论食物的营养价值、健康益处等，帮助孩子树立正确的饮食观念。此外，家庭聚餐也是家人之间相互支持和共享健康生活方式的好时机，可以鼓励家庭成员共同参与健康的饮食选择和烹饪活动，从而在不知不觉中培养健康饮食习惯。

3. 饮食教育与家庭文化的建设

在家庭中，健康饮食教育应当从小抓起。父母可以通过向孩子普及食物的种类、营养成分和健康益处，帮助孩子建立饮食认知。此外，家庭应当注重多样化的饮食文化，不仅提供多种类型的食物，还鼓励孩子尝试不同的蔬菜、水果、全谷物等健康食品。通过设定合理的饮食规则和固定的用餐时间，可以帮助孩子形成稳定的饮食模式，从而减少随意进食和不健康零食的摄入。

（二）通过举办健康饮食讲座，增强社会大众对健康饮食的认知

饮食文化的传播不仅仅局限于家庭内部，社会层面的健康饮食推广同样重要。随着社会生活节奏的加快，很多人面临着饮食不规律、快餐文化盛行、过度依赖加工食品等问题，这些问题使得慢性病的发生率逐年上升。

为了改善大众的饮食习惯，社会应当采取多种措施，推动健康饮食文化的普及，增强大众对健康饮食的认识，并鼓励良好的饮食习惯。

1. 健康饮食讲座与教育项目

举办健康饮食讲座和教育项目是社会层面普及健康饮食文化的有效手段。通过组织专家讲座、社区健康讲座、学校健康教育等形式，向广大市民传播科学的饮食知识，帮助他们认识到健康饮食的重要性以及不健康饮食的潜在风险。这类讲座可以围绕合理饮食结构、膳食纤维的作用、减少盐糖摄入等方面展开，为公众提供实用的饮食指导。此外，通过合作推广健康饮食的政策，政府可以制定相关政策和法规，推动健康饮食理念的普及，并为民众提供健康饮食的实际支持。

2. 饮食习惯改善项目

许多社区和非营利组织已经开展了饮食习惯改善项目，这些项目主要通过实际行动来帮助社区成员改变不健康的饮食习惯。例如，社区可以组织健康饮食挑战活动，鼓励居民减少加工食品的摄入，增加蔬菜水果的食用量，减少糖分和盐分的摄入。通过这些项目，社区成员不仅能够学到科学的饮食方法，还能通过实际体验增强健康饮食习惯的长期保持。此外，这类项目还可以通过向居民提供低成本的健康食材、免费健康检查等服务，进一步推动健康饮食文化的普及。

3. 社会支持与社区活动的作用

社区在推广健康饮食方面的作用不可忽视。社区支持可以提供一个互助和学习的平台，帮助居民共同改善饮食习惯。通过建立社区花园、组织健康饮食活动、提供健康食谱和烹饪班等方式，可以增强社区成员对健康饮食的兴趣，帮助他们学习如何在日常生活中实施健康饮食。例如，许多社区通过创建公共菜园，向居民提供新鲜的有机蔬菜和水果，从而提高居民对健康食材的认知，并促使他们在家中选择更健康的食品。此外，社区可以通过组织小型健康竞赛和奖项激励措施，鼓励居民养成健康饮食习惯。

4. 社会媒体与饮食文化的传播

在信息化、数字化时代，社交媒体和互联网平台成为重要的信息传播工具。许多健康饮食倡导者和营养专家通过社交媒体和博客等平台分享饮食健康知识和实用的食谱，帮助大众了解科学的饮食原则和日常健康食谱。通过这些平台，健康饮食文化得以迅速传播，尤其是年轻一代更容易通过社交平台获取相关知识。因此，社会层面可以加强与媒体的合作，利用社交媒体等途径，增强公众对健康饮食的关注和参与。

家庭和社会在饮食文化的推广中扮演着至关重要的角色。家庭是饮食习惯培养的基础，通过家庭成员的相互影响和共同努力，能够形成健康的饮食模式并长期保持。而社会层面则通过健康饮食讲座、饮食习惯改善项目、社区支持等方式，提高大众对健康饮食的认知，推动健康饮食文化的普及。随着饮食文化的不断推广和完善，社会整体的健康水平将得到显著提升，慢性病的发生率也将有效降低。健康饮食不仅是个人的责任，也是社会的共同使命，只有通过家庭与社会的共同努力，才能构建更加健康的未来。

第七章

现代饮食科技与健康管理

随着科技的迅猛发展，现代饮食科技在改变人类饮食方式和提高健康管理水平方面发挥着越来越重要的作用。从精准农业技术到智能饮食监控，再到基因营养学的应用，科技正在深刻影响着食品的生产、消费及其对健康的影响。现代饮食科技不仅让我们能够更加科学地管理日常饮食，提升食品的安全性和营养价值，还通过大数据、人工智能等手段，帮助个体实现个性化的健康管理。然而，科技带来的变化也提出了新的挑战，如何在享受科技便利的同时，避免过度依赖和不当使用，确保科技成果服务于全人类的健康发展，成为当今社会亟须面对的问题。因此，现代饮食科技与健康管理的融合，将是未来饮食文化发展的关键，且对提升全民健康水平具有深远意义。

第一节 食品科技的发展与饮食文化的变革

食品科技的不断发展特别是食品加工技术、食品保存技术和营养成分研究等方面的进步，极大地影响了全球饮食文化的演变。现代饮食文化不仅依赖传统的饮食习惯，还受到科技创新的驱动，使得人们对食品的选择、消费方式和饮食习惯发生了深刻变化。食品科技的发展不仅改变了食品的生产和加工方式，也影响了消费者的饮食观念和行为方式。

一、食品加工与保存技术的进步

食品加工与保存技术的进步，在过去几个世纪中经历了巨大的变革。从最初的简单晒干、腌制到今天的冷冻、脱水、罐装及微波加热等现代化技术，食品加工技术不仅提高了食品的便捷性和安全性，也推动了全球饮食文化的多样性和快速发展。随着全球化的不断推进，这些技术的发展使得全球范围内的消费者能够更加轻松地获取各种食品，尤其是即食食品，这一发展趋势在现代快餐文化中得到了充分体现。

（一）加工技术的现代化

食品加工技术是指通过一定的物理、化学或生物技术，将原材料转化为最终食品产品的过程。随着科技的进步，食品加工技术已经从传统的手工处理发展到高效、自动化的现代化生产技术，极大地提高了食品的加工效率和质量，同时也延长了食品的保存时间。

1. 冷冻技术的应用

冷冻技术是最广泛应用于食品加工中的一种技术。通过将食品在低温下保存，能够有效抑制微生物的生长，延缓食物的腐败变质，从而延长食品的保质期。冷冻技术的普及使得世界各地的消费者能够全年无休地享受到季节性食品，如水果、海鲜和蔬菜等。此外，冷冻食品保留了原食材的营养成分、口感和风味，便于家庭烹饪和即食食品的提供。随着冷冻技术的进一步发展，冷冻食品不仅在储存和运输方面变得更加高效，也提升了食品的安全性，减少了食品浪费。

2. 脱水技术的进步

脱水技术的进步，尤其是喷雾干燥、冷冻干燥等技术的应用，极大地延长了食品的保质期，且保持了食品的营养成分和风味。脱水食品，特别是蔬菜、水果、肉类和乳制品等，不仅在传统市场上有广泛应用，在全球化的饮食文化中也占据了重要地位。例如，旅行、登山等活动中，脱水食品因为其轻便和长久保存性，成为户外活动的重要选择。脱水技术还使得很多在特定季节生产的食品，能够通过干燥处理保存全年，极大提高了食物的多样性。

3. 罐装技术的现代化

罐装技术是食品加工中的另一项重要技术，它通过将食物封装在密封罐中并通过加热杀菌，防止食品变质，同时延长了保质期。罐装食品种类繁多，从水果、蔬菜到汤类、饮品和即食餐，都能通过这一技术得到广泛生产和储存。现代化的罐装技术使得消费者可以随时随地享用各种加工食品，同时也提高了运输效率。尤其是在全球供应链的日益成熟和冷链物流技术的不断改进下，罐装食品的保质期大大延长，推动了全球化饮食文化的传播。

4. 微波加热技术的普及

微波加热技术使得食物在短时间内加热至适合食用的温度，并保持原有的口感和营养成分。微波炉成为家庭中普及的厨房电器之一，尤其是在快节奏的现代生活中，它方便了即食食品的加热和消费。微波加热技术不仅广泛应用于家庭生活中的即食餐点、冷冻食品的加热，还在外卖餐饮服务中得到广泛使用。随着微波加热技术的进步，消费者不仅可以享受到更快捷的餐饮体验，还能确保食品的风味和口感不被损失。

（二）保藏技术的创新

食品保藏技术的发展，特别是气调包装（MAP）和真空包装技术的应用，使得食品能够在不添加防腐剂的情况下保持较长时间的新鲜状态。这些技术的创新不仅减少了食品的浪费，还使得消费者能够享受更多种类、更新鲜的食品，进一步推动了全球化饮食文化的兴起。

1. 气调包装技术的应用

气调包装（MAP，Modified Atmosphere Packaging）技术是通过改变包装内部的气体成分（如降低氧气含量、增加二氧化碳浓度等），延缓食品的腐败过程。该技术广泛应用于蔬菜、水果、肉类、乳制品等新鲜食品的包装中，有效延长了食品的货架期。通过气调包装技术，食品能够在不使用任何化学防腐剂的情况下保持新鲜，既保证了食品的安全性，又能保持其营养成分和口感。气调包装技术的广泛应用使得全球食品市场更加丰富多样，尤其是对需要较长时间运输的新鲜食品而言，具有巨大的市场价值。

2. 真空包装技术的创新

真空包装技术是通过将食品放入塑料袋或其他容器中，抽出其中的空气，从而减少空气中的氧气对食品的氧化作用。此技术不仅延长了食品的保质期，还能防止食品在运输和存储过程中被污染。真空包装已广泛应用于肉类、奶制品、坚果、熟食等多种产品中。近年来，随着真空包装技术的进步，更多的即食产品和熟食能够通过此方式保持新鲜，且没有任何化学添加剂。真空包装不仅帮助减少了食品浪费，还方便了全球食品贸易，使得世界各地的消费者能够享受来自全球的美食。

3. 无添加防腐剂的食品保鲜技术

随着消费者对食品安全的关注不断增加，很多生产商开始采用无防腐剂的保鲜技术来代替传统的化学防腐剂。这些创新技术通过物理手段（如冷冻、真空、辐照等）或天然成分（如醋、盐、柠檬汁等）来实现食品的保鲜。例如，辐照技术通过对食品进行低剂量的辐射处理，可以有效杀灭细菌和病原微生物，延长食品的保质期，而不影响食品的营养和口感。这种技术的应用不仅提高了食品的安全性，还满足了现代消费者对健康、自然食品的需求。

4.创新的天然保鲜技术

随着对食品安全的关注日益增强，天然保鲜技术逐渐成为食品行业的热点。近年来，食品行业开始采用天然成分（如植物提取物、天然抗氧化剂等）来替代传统的化学防腐剂。这些天然保鲜成分不仅能有效抑制细菌和霉菌的生长，延长食品保质期，还能够提高食品的健康价值。例如，使用橄榄油、迷迭香提取物等天然抗氧化剂来延缓油脂的氧化变质，使用柠檬酸等天然成分保持水果的新鲜。天然保鲜技术的推广，不仅满足了消费者对无添加、天然食品的需求，也促进了食品行业的可持续发展。

（三）全球化饮食文化的推动

食品加工和保存技术的不断进步，不仅改变了食品的生产和消费模式，也推动了全球饮食文化的融合和发展。随着食品加工技术的现代化，消费者能够在全球范围内获取各种美食，许多地方特色食品通过冷冻、罐装、气调包装等技术被带到世界各地。这种全球化的饮食文化，使得人们能够在全球范围内享受不同国家和地区的美食，提升了跨文化交流和饮食文化的多样性。

1.全球供应链与国际美食的普及

随着食品加工和保存技术的发展，国际供应链的畅通使得世界各地的消费者可以轻松购买到来自不同国家的食品。通过冷链物流、气调包装、真空包装等技术的应用，来自世界各地的新鲜食品能够跨越国界进入市场，满足全球消费者的需求。全球化的饮食文化促进了国际美食的普及，让世界各地的美食成为日常饮食的一部分。这不仅丰富了全球饮食文化的多样性，也推动了全球食品贸易的发展，提升了各国人民的饮食选择。

2.即食食品的流行与快餐文化

随着现代加工技术的发展，即食食品成为全球饮食文化的重要组成部分。从速冻食品、罐装食品到微波食品和外卖餐饮，即食食品因其便捷性和高效性在现代社会中广受欢迎。特别是在繁忙的工作和生活节奏下，越来越多的消费者选择即食食品作为日常饮食的一部分。这种便捷的饮食方式不仅改变了人们的饮食习惯，也推动了现代快餐文化的兴起，使得快速、方便的食品成为全球饮食的主流。

食品加工与保藏技术的进步，推动了现代饮食文化的变革。冷冻、脱水、罐装、微波加热等加工技术，以及气调包装、真空包装等创新保藏技术，不仅延长了食品的保质期，还提高了食品的便捷性和全球流通性。随着这些技术的不断发展，全球饮食文化的多样化、便捷化进一步加速，消费者可以在任何地方、任何时间享受来自世界各地的美食。这些技术的创新不仅满足了现代社会对快速、高效食品的需求，也推动了全球化饮食文化的形成和发展，进一步促进了食品产业的全球化进程。

二、食品质量控制与安全检测技术

随着科技的飞速发展，食品质量控制与安全检测技术也在不断进步。这些技术的应用不仅大大提升了食品安全监管的效率和准确性，也为全球消费者提供了更多的食品安全保障。食品质量控制和安全检测是确保食品无害、无污染以及符合健康标准的关键环节。现代食品检测技术，尤其是传感器技术、光谱分析、分子生物学检测技术等，已经能够更加精准、快速地检测食品中的有害物质、污染物以及过敏源。这些先进技术的普及与应用，推动了全球食品安全体系的完善，并提高了消费者对食品安全的信任。

（一）食品的质量控制和安全检测技术也取得了显著进展

食品质量控制和安全检测技术的发展，主要依赖于科技的创新和进步。随着传感器技术、分子生物学、光谱分析等现代科技的应用，食品安全检测得到了极大的提升。这些技术为快速、准确地检测食品中的危害提供了强有力的支持，确保了食品供应链的安全性，进而增强了消费者的信心。

1. 传感器技术的应用

传感器技术在食品安全检测中的应用，极大地提高了检测效率和精度。现代传感器通过感知食品中的气味、气体、温度、湿度等变化，可以实时监测食品中的有害物质及其质量变化。例如，通过气体传感器检测食品中的挥发性有机化合物，可以判断食品是否受到微生物污染或者是否有不安全的化学成分。这类传感器技术使得食品生产和流通环节的质量控制更加科学和精准，为食品安全的保障提供了新的技术手段。此外，传感器技术还被广泛应用于食品包装中，监测食品在储存过程中的环境变化，确保食品处于最佳的保存状态。

2. 光谱分析技术的应用

光谱分析技术是一种常用的食品检测技术，其通过分析物质对不同波长的光的吸收、反射或透射特性，可以迅速识别食品中各类成分。常见的光谱技术包括红外光谱、紫外光谱、荧光光谱等，它们在食品质量检测中发挥了重要作用。利用光谱技术，科研人员能够准确检测食品中的有害成分，如农药残留、重金属污染、致病微生物等。通过光谱分析，食品生产企业和监管机构能够迅速而高效地筛查食品中的污染物，确保食品的安全性。例如，通过近红外光谱技术，生产商可以检测到食品中的水分、脂肪、蛋白质等含量，从而控制食品的营养质量，并确保其符合国家标准。

3. 分子生物学检测技术的进步

分子生物学技术在食品安全检测中的应用，带来了革命性的进展。通过基因组学、蛋白质组学以及分子标记技术，食品检测能够更精确地识别食品中的微生物污染、过敏原、病原体等。分子生物学技术具有高灵敏度和高特异性，能够有效检测到传统检测方法无法发现的微量污染物。例如，利用 PCR（聚合酶链式反应）技术，我们可以在短时间内检测到食品中的致病微生物、细菌、病毒等污染物，这种方法比传统的培养技术更为迅速和高效。随着技术的发展，分子生物学技术还能够检测到食品中的基因编辑成分，为确保转基因食品的合法性和安全性提供了有效保障。

4. 食品溯源与追踪系统

食品安全检测技术的进步也推动了食品溯源和追踪系统的发展。通过集成现代信息技术，如物联网（IoT）和区块链技术，食品溯源系统能够实时记录食品从生产、加工到流通的全过程，确保食品在每一个环节中都经过严格的质量控制和安全检测。这种溯源系统能够帮助生产商、政府监管机构和消费者随时查询食品的来源、加工方法以及可能的污染源，从而增强消费者对食品安全的信任。同时，溯源系统也能在食品出现安全问题时迅速进行召回，减少食品安全事件的损害。

（二）科技创新提高了消费者对食品安全的信心

随着食品安全检测技术的不断提升，消费者对食品安全的认知和信心也在逐步增强。现代消费者对食品的安全性、营养价值和健康影响有了更高的要求，科技进步使得生产商能够更透明、精准地提供食品质量信息，推动了健康饮食的普及与发展。

1. 消费者信心的提升

现代食品质量检测技术使得食品安全监管更加严格和透明，消费者能够更加放心地选择符合标准的食品。例如，利用先进的检测技术，可以检测出食品中的农药残留、重金属污染、过敏源等，这使得消费者在购买食品时能够清楚知道其安全性。此外，食品标签上的质量检测信息、生产日期、原材料来源等详细信息，进一步增强了消费者对食品安全的信任。随着食品质量检测技术的普及，食品企业和监管机构能够及时发现并解决食品安全问题，从而减少了食品安全事件的发生，提升了消费者对整个食品行业的信任度。

2. 推动健康、营养食品的偏好

随着消费者健康意识的提高，对食品的选择不仅仅局限于价格和口感，越来越多的人开始关注食品的营养成分、健康影响及其生产过程。现代食品检测技术帮助消费者了解食品中是否含有对健康有害的成分，如添加糖、盐分、人工色素等。这促使了消费者对更健康、天然、无添加的食品的偏好，推动了市场上有机食品、绿色食品以及营养强化食品的快速增长。此外，食品生产商也意识到消费者对健康饮食的需求，开始提供更加注重营养、低脂、低糖、高蛋白等健康食品，以满足市场的需求。

3. 传统饮食文化的转变

传统饮食文化中，消费者对食品的宽容度较大，往往关注食品的口感和价格，而较少关注食品的健康和安全性。然而，随着现代食品质量控制与安全检测技术的应用，消费者对食品质量和安全的要求日益提高。食品企业不得不提高产品的质量标准,遵守更严格的生产和检测规范,以满足市场需求。这一转变推动了全球饮食文化的健康化,使得消费者更加注重食物的营养价值、成分透明度以及生产过程的安全性。此外,随着科技的普及,许多消费者逐渐意识到饮食对健康的影响,从而开始转向植物性饮食、低糖饮食、无添加剂饮食等健康饮食方式,这些变化正在逐步改变传统饮食文化中的一些不健康元素。

4.推动全球化健康饮食文化

随着食品安全检测技术的进步,全球消费者能够更加轻松地获取来自世界各地的食品,这些食品不仅满足了口感需求,还符合健康和营养标准。全球化健康饮食文化的兴起,使得不同国家和地区的传统饮食文化逐渐融合,共同推动健康饮食的全球推广。例如,随着健康饮食理念的普及,传统的西式快餐逐渐向低脂、高纤维的健康食品转型,而东南亚、地中海等地的传统饮食方式则因其健康成分而受到越来越多人的青睐。食品质量控制和安全检测技术的应用促进了这一过程,帮助世界各地的食品企业提高食品质量标准,确保食品供应链的安全性。

食品质量控制与安全检测技术的进步为全球食品安全提供了强有力的保障。现代食品检测技术,如传感器技术、光谱分析、分子生物学检测等,不仅提高了食品的检测精度和速度,也促进了食品行业向更高标准、更安全、更健康的方向发展。这些科技创新增强了消费者对食品安全的信心,推动了全球健康饮食文化的普及。同时,随着消费者健康意识的提升,越来越多的人开始偏向选择健康、营养、无添加的食品,这为全球饮食文化的转型和升级提供了强大的动力。

三、功能性食品的兴起与饮食文化的变革

随着科技的飞速发展和健康意识的提升,功能性食品的兴起已成为现代饮食文化的一大亮点。功能性食品不仅提供基本的营养成分,还通过添加特定的生物活性成分,帮助消费者实现特定的健康目标。这些食品的出现使得"吃饭"不再仅仅是为了填饱肚子,而是成为一种更加个性化、针对性强的健康管理手段。功能性食品的不断创新和发展,不仅推动了全球

食品产业的变革，也深刻影响了人们的饮食习惯和文化理念。

（一）功能性食品不断涌现

功能性食品是指那些除了提供基本的营养成分外，还通过添加特定的成分或处理方式，具有改善健康、预防疾病、缓解症状等功能的食品。这些食品不仅满足了消费者的日常营养需求，还能通过特定的成分对身体进行额外的支持。随着科技的不断进步，越来越多的功能性食品进入市场，种类和应用范围不断扩大。

1. 益生元和益生菌的功能性食品

近年来，益生元和益生菌类功能性食品逐渐成为市场的热点。益生元是指能够促进有益菌生长和活性的食物成分，而益生菌则是有益健康的活性微生物。随着对肠道健康的重视，含益生元和益生菌的食品逐渐流行。这些食品通过调节肠道菌群平衡，提高肠道的免疫功能，帮助预防和缓解便秘、腹泻、肠炎等消化系统疾病。常见的益生元食品包括酸奶、发酵食品、益生菌饮料等，而富含益生元的食品如膳食纤维、洋葱、大蒜、香蕉等，也成为现代饮食中不可或缺的一部分。

2. 膳食纤维的功能性食品

膳食纤维一直以来都是健康饮食中重要的成分，近年来，富含膳食纤维的功能性食品逐渐受到消费者的青睐。膳食纤维能够促进肠道健康，减少便秘，并帮助降低胆固醇，防止心血管疾病。富含膳食纤维的食物，如全谷物、豆类、蔬菜和水果，不仅满足了基本的营养需求，还帮助改善消化系统功能。现代食品技术通过改良膳食纤维的添加形式，使其更易于被消费者接受，如纤维补充剂、功能性饮料、早餐谷物等产品。这些创新为消费者提供了更多便捷的膳食纤维来源，同时帮助人们解决日常饮食中的纤维不足问题。

3. $\omega-3$ 脂肪酸的功能性食品

$\omega-3$ 脂肪酸被誉为"心脏健康的朋友"，是功能性食品中的另一重要成分。$\omega-3$ 脂肪酸在降低心血管疾病、改善大脑功能、缓解关节炎等方面具有显著作用。它主要存在于深海鱼类中，但随着科技的进步，$\omega-3$ 脂肪酸也被提取并加入到各种食品中，如 $\omega-3$ 强化鸡蛋、$\omega-3$ 补充饮料、$\omega-3$

植物油等。这些食品不仅为消费者提供了便捷的 ω-3 脂肪酸来源，还满足了现代人对心脏健康和大脑保健的需求。

4. 维生素与矿物质强化食品

随着营养学研究的深入，越来越多的维生素和矿物质被添加到日常食品中，以增强其功能性。例如，维生素 D 强化牛奶、矿物质强化麦片等。这些强化食品能够有效补充人体日常可能缺乏的微量营养素，帮助预防骨质疏松、贫血等疾病。此外，现代科技还使得这些维生素和矿物质的吸收率得到提升，从而增强了功能性食品的健康效益。

（二）传统的"吃饭"逐渐向"吃对的食物"转变

功能性食品的兴起不仅改变了食品产业，也推动了饮食文化的转变。从传统的"吃饱"到如今的"吃对的食物"，消费者的关注点已经从单纯的食物供应转向了食物的健康功能。饮食文化的这一变革促进了人们对食品的深度了解，使得人们更加注重食品的营养成分、功效及其对健康的潜在影响。

1. 从"吃饱"到"吃对的食物"

传统的饮食文化中，人们更多关注的是食物的数量和口感，满足日常的果腹需求。然而，随着健康意识的提升，现代人开始更加重视食物的质量和营养价值。尤其是在功能性食品的推动下，消费者不再单纯关注"吃得饱"，而是开始主动选择那些有益健康、具有特定功能的食物。比如，许多人在选择早餐时，开始注重含有高纤维、低糖的食品，选择含有益生菌和 ω-3 脂肪酸的食品以促进肠道健康和心脏健康。这种观念的转变不仅体现在个人饮食习惯上，也影响着家庭和社会对饮食的整体态度。

2. 个性化饮食的兴起

随着科技和食品产业的进步，个性化饮食逐渐成为趋势。消费者可以根据自己的健康需求，选择不同的功能性食品。例如，针对有糖尿病风险的消费者，可以选择低糖和富含膳食纤维的食品；对于有心血管疾病家族史的人群，增加 ω-3 脂肪酸的摄入成为一个重要选择。现代科技通过基因营养学和大数据分析，帮助消费者制定个性化的饮食计划，使其能够根据自身的健康状况和需求选择适合的功能性食品。这种个性化饮食理念的推广,正在逐步改变传统饮食文化中的"一刀切"观念,使饮食更加多元化和科学化。

3. 饮食文化的全球化与健康化

功能性食品的兴起不仅改变了各国的饮食结构,还推动了全球饮食文化的健康化进程。随着全球化的加速,消费者的饮食选择变得更加多样化,来自世界各地的功能性食品逐渐走进了人们的日常生活。例如,来自地中海的橄榄油和 ω-3 脂肪酸丰富的深海鱼类,成为全球消费者的健康选择;而亚洲的传统发酵食品,如酸奶、泡菜等,也因其益生元特性而受到青睐。全球范围内的健康饮食理念正通过功能性食品的传播,逐渐融入不同国家和地区的饮食文化,推动全球饮食文化向更健康、更营养的方向发展。

4. 健康饮食观念的普及

功能性食品的普及也促进了全球健康饮食观念的提高。随着消费者对食品营养价值、功效以及健康风险的关注日益增加,健康饮食的观念开始深入人心。从"吃得好"到"吃得健康",消费者逐渐将饮食与健康紧密相连,开始关注食品中的成分标签、营养密度和食物的功能特性。现代社会的饮食文化正逐步从传统的"吃大餐"转向更加注重平衡和营养的"健康饮食",这一转变为预防慢性病、提升生活质量提供了坚实的基础。

功能性食品的兴起代表了现代饮食文化的一次重要变革。随着科技的进步,越来越多具有特定健康功效的食品不断涌现,这些食品不仅满足了基本的营养需求,还能够帮助消费者根据自身的健康需求选择更加合适的食物。这种变革推动了全球饮食文化的健康化和个性化,使得传统的"吃饭"逐渐转向"吃对的食物"。随着全球健康意识的提升,功能性食品不仅满足了个体的健康需求,也促进了全球饮食文化的多元化和健康化进程。通过饮食的改善和科技的创新,未来的饮食文化将更加注重健康、营养和可持续发展。

四、食品科技与全球饮食文化的融合

随着全球化的加速发展,食品科技正在迅速改变世界各地的饮食习惯和文化。现代食品科技的不断创新和跨国传播,不仅提高了食品的生产效率、保存技术和运输方式，也为全球饮食文化的融合提供了可能。通过先进的加工技术、保鲜技术和物流网络，世界各地的食品得以跨越国界进入全球市场，进一步推动了全球化饮食文化的发展。同时，食品科技也为传统食品的创新和健康化提供了支持，许多传统食品被赋予了现代健康理念，使其更加符合现代人的饮食需求。

（一）世界各地的饮食文化交汇融合

现代食品科技的进步极大促进了全球食品市场的相互联系，使得世界各地的食品能够更加轻松地进入他国市场，推动了全球化饮食文化的渗透与融合。不同国家和地区的食品不再局限于本地消费，跨国公司通过先进的食品加工技术、保鲜技术和运输技术，使得食品的供应更加丰富多样，逐步改变了消费者的饮食习惯。

1. 跨国公司与全球食品供应链的建立

随着全球化的深入，跨国公司在食品科技和饮食文化融合中起到了重要作用。像麦当劳、肯德基、可口可乐等跨国公司，通过其全球化的经营模式，将各地的传统食物转变为全球范围内受欢迎的即食餐品。例如，速冻食品、即食餐和预包装食品的普及使得全球消费者在任何地方都可以轻松获得他国的美食。食品生产技术和保存技术的提升使得这些食物可以跨越国界，在全球范围内进行分销。消费者可以享受到从意大利的披萨到日本的寿司、从美国的汉堡到中国的方便面等世界各地的传统美食，这些食品已经成为全球饮食文化的一部分，推动了全球饮食文化的多样化和交融。

2. 速冻食品与即食餐的全球普及

速冻食品和即食餐是现代食品科技全球化的重要产物。速冻食品由于其方便性、长保质期和较低的生产成本，成为全球市场的重要食品类别。通过速冻技术，世界各地的食品能够保持原有的营养价值和口感，并通过冷链运输跨越大洋，进入全球各地的超市和餐厅。此外，即食餐也成为全球饮食文化的重要组成部分，尤其是在快节奏的现代社会中，消费者更倾向于选择便捷、快速的餐饮解决方案。这种趋势不仅仅是年轻人群体的选择，越来越多的上班族和家庭也开始选择即食餐作为日常饮食的一部分。

3. 食品加工技术的创新推动饮食文化全球化

随着食品加工技术的不断创新，传统的食物可以通过现代化的手段保存和包装，更容易进入国际市场。例如，利用真空包装、气调包装等技术，食品能够在长时间内保持新鲜，避免腐败和变质，适应国际运输和跨国分销。这使得全球化饮食文化更加渗透到每个家庭中，许多地方特色食品和全球知名品牌的食品，已经成为跨国食品供应链中的重要组成部分，从而促进了全球饮食文化的融合。

（二）现代食品科技也帮助传统食品创新

现代食品科技的创新不仅推动了全球饮食文化的融合，还对传统食品进行了健康化改良。随着全球消费者对健康饮食的需求日益增长，传统食品在保留风味的基础上，逐步加入现代健康理念，使其更加适应当代人的饮食标准。

1. 低脂、低糖食品的创新与改良

现代人越来越关注饮食的健康和营养价值，尤其是对于高脂肪、高糖分的传统食品，消费者的需求逐渐转向更健康的选择。现代食品科技通过采用低脂、低糖的配方，改良传统食品的营养成分。例如，低脂版的奶制品、低糖的饮料、低卡路里的点心等，不仅满足了消费者对传统风味的需求，还能够适应现代健康饮食的标准。食品行业通过使用天然甜味剂、低脂乳制品和替代成分等技术，将传统食品转化为健康、低卡的现代食品，满足了人们对美味和健康的双重需求。

2. 添加功能性成分的食品创新

除了减少脂肪和糖分，现代食品科技还通过添加功能性成分，如益生元、膳食纤维、ω-3脂肪酸、植物蛋白等，将传统食品改良为具有特定健康功能的食品。这些创新不仅使传统食品更加符合健康饮食的标准，也促进了食品营养成分的多样化。例如，一些传统的面包、饼干等通过加入高膳食纤维、植物蛋白或益生菌，能够有效改善肠道健康、增强免疫力和改善心血管健康。通过这种方式，传统食品得以焕发新生，满足了现代消费者对健康、营养的需求。

3. 植物性食品的崛起与创新

随着健康饮食和环保意识的提升，植物性食品逐渐成为食品创新的一

个重要方向。许多传统的动物性食品,如牛肉、鸡肉等,开始逐渐被植物性原料替代。植物性食品不仅富含膳食纤维、植物蛋白等营养成分,且通常比动物性食品具有更低的碳足迹,对环境更加友好。例如,植物性汉堡、植物奶等创新产品已经成为全球食品市场的热门产品。通过现代食品科技的创新,这些植物性替代食品不仅保留了传统食品的口感和风味,还满足了现代消费者对健康、环保、可持续性等多方面的需求。

4. 传统饮品的现代化创新

除了传统的固体食品,饮品行业也在现代科技的推动下经历了重要的创新。许多传统饮品,如茶、咖啡、果汁等,通过现代加工技术和创新配方,进入了健康饮品的市场。例如,传统的茶叶通过低温萃取技术,被制作成无糖、低卡的健康饮料;传统的果汁通过浓缩技术和添加天然成分,使其更加符合现代人对健康饮品的需求。这些创新不仅保留了传统饮品的独特风味,还通过现代化的技术手段,使其更加健康、营养和便捷。

现代食品科技的进步不仅推动了全球饮食文化的融合,还促进了传统食品的创新与健康化。通过先进的加工技术、保鲜技术、运输技术,世界各地的食品得以跨越国界进入全球市场,推动了全球饮食文化的多样化和全球化。而在现代健康饮食理念的引领下,传统食品通过低脂、低糖的改良,加入功能性成分,逐步适应了现代人对健康、营养食品的需求。这种科技推动的饮食文化变革,不仅丰富了全球消费者的饮食选择,也促进了饮食文化的健康转型。未来,食品科技的进一步创新将继续推动全球饮食文化向更加健康、可持续的方向发展,提升全球人民的健康水平。

第二节　基因营养学与个性化饮食

基因营养学作为一门新兴的交叉学科,结合了遗传学与营养学,揭示了遗传因素对个体饮食需求和代谢反应的影响。随着基因组学和生物技术的发展,个性化饮食的理念逐渐走入人们的视野。通过分析个体的基因组信息,基因营养学可以为每个人量身定制最适合其健康的饮食方案,开创了个性化健康管理的新局面。

一、基因营养学的基本原理

基因营养学作为一门新兴的交叉学科，结合了遗传学、营养学和生物化学等领域的知识，旨在通过深入分析个体的基因信息，了解不同基因型如何影响个体对食物的反应、吸收和代谢过程。随着基因组学和营养科学的不断发展，基因营养学逐渐揭示了一个全新的健康管理视角：每个人的饮食需求不仅仅受到环境和生活方式的影响，更与其遗传背景密切相关。

基因营养学的研究表明，个体的基因差异决定了不同人对相同食物的吸收、代谢和反应方式。这一发现彻底颠覆了传统的"一刀切"饮食建议，提出了个性化饮食方案的可能性。不同基因型的人可能在对乳糖、麸质、特定脂肪酸等成分的消化吸收、代谢处理甚至过敏反应上表现出极大的差异。基因营养学的最终目标是通过对个体基因差异的解析，量身定制饮食方案，以优化健康、提高生活质量，并在更高层次上预防疾病的发生。

（一）个体的基因差异决定了不同人对相同食物的吸收、代谢和反应方式

基因与食物的相互作用是基因营养学研究的核心。个体的基因差异不仅决定了其对食物成分的反应，还会影响营养物质的代谢、储存、运输和利用效率。随着基因组学技术的进步，科学家们逐渐揭示了不同基因型的人群在对食物的吸收和代谢上存在显著差异，传统的营养学建议不再适用于所有人群，而是需要根据个体基因差异量身定制。

1. 乳糖不耐症与基因关系

乳糖不耐症是一种常见的食物不耐症，通常表现为摄入乳制品后出现腹胀、腹泻等症状。乳糖不耐症的发生与个体的基因背景密切相关。具体而言，乳糖不耐症是由于缺乏足够的乳糖酶（一种分解乳糖的酶）导致的，而乳糖酶的产生与一个名为 LCT 基因的遗传因子有关。不同人群中 LCT 基因的变异程度不同，某些人群（如亚洲人群）在成年后乳糖酶的活性显著下降，而另一些人群（如北欧人群）则能够持续产生乳糖酶，因此能较好地消化乳糖。基因营养学研究通过解析个体的基因，能够预测一个人是否会出现乳糖不耐症，从而帮助个体决定是否应避免摄入乳制品。

2. 麸质不耐症与基因关系

麸质不耐症（也称为非乳糜泻性麸质敏感性）是一种由食用含麸质的食物引起的消化不良反应。对于某些人来说，麸质（一种存在于小麦、大麦和黑麦中的蛋白质）可能引起免疫系统反应，导致肠道不适甚至长期的健康问题。尽管麸质过敏或麸质不耐症在部分人群中较为常见，但是否发生麸质不耐症与个体的基因背景密切相关。研究表明，HLA-DQ基因是决定一个人是否容易患上麸质不耐症的重要基因。如果个体的基因组合存在特定变异，那么他们对麸质的耐受性较差，容易引发相关的健康问题。通过基因检测，科学家能够识别出哪些人群可能存在麸质不耐症的风险，并为其提供相应的饮食建议。

3. 脂肪酸代谢与基因关系

个体对不同类型脂肪酸的吸收、代谢和储存能力也与基因有密切关系。例如，ω-3和Omega-6脂肪酸是两种重要的多不饱和脂肪酸，广泛存在于鱼类、坚果和植物油中。这些脂肪酸对心血管健康具有重要作用，但每个人对其的代谢效率和对健康的影响却不同。研究发现，FADS基因（脂肪酸去饱和酶基因）在个体对ω-3和Omega-6脂肪酸的代谢中起着关键作用。具有特定FADS基因变异的人群可能在代谢ω-3脂肪酸时效率较低，从而需要更多的ω-3来源来保持心血管健康。而通过基因营养学的分析，可以为个体提供精准的饮食建议，以改善脂肪酸的代谢效率，优化健康状态。

4. 饮食与基因相互作用的个体差异

食物对每个人的影响不仅仅取决于食物本身的成分，还与个体基因的表达密切相关。例如，一些人可能对高糖食物产生较强的胰岛素反应，这增加了他们患糖尿病的风险；而另一些人则对同样的食物表现出较低的胰岛素反应。通过基因营养学的研究，可以预测不同人群对相同食物的代谢反应，从而制定更为个性化的饮食建议。这些个性化饮食方案不仅有助于保持健康的体重，还能帮助预防和管理慢性疾病，特别是与饮食相关的疾病，如糖尿病、心脏病和肥胖症。

（二）基因营养学的目标是为每个人量身定制饮食方案

基因营养学的核心目标是通过分析个体的基因组信息，为每个人量身定制饮食方案,从而优化健康状况,预防疾病的发生,甚至在某些情况下帮助治疗现有的健康问题。通过个性化饮食方案的实施,基因营养学能够促进个体在饮食上作出最符合其生理需求的选择,避免不适合的食物成分,最大限度地提升健康潜力。

1. 个性化饮食方案的制定

通过基因检测,个体能够了解自己在营养吸收、代谢和食品敏感性等方面的独特需求。基因营养学将这些基因信息与营养学相结合,提供精准的饮食建议。例如,对于基因中有某些变异的个体,可能需要增加特定维生素、矿物质或脂肪酸的摄入,以补偿基因变异带来的代谢缺陷。个性化饮食不仅可帮助个体选择合适的食物,还能为慢性病的预防和治疗提供科学依据。通过这种量身定制的饮食方案,个体能够保持最佳的健康状态,预防多种慢性疾病的发生。

2. 基因营养学在慢性病预防中的应用

基因营养学慢性病的预防具有巨大的潜力。例如,其通过对基因的深入分析,可以识别出个体对某些食物的代谢反应,从而制定适当的饮食方案来避免肥胖、糖尿病、心血管疾病等慢性疾病的发生。此外,基因营养学还可以帮助改善食物摄入与健康目标之间的匹配,提高人体对食物中营养成分的吸收效率,从而进一步降低慢性病的发生风险。

3. 改善生活质量和健康水平

基因营养学的另一个重要目标是提高个体的生活质量和健康水平。通过为每个人量身定制饮食方案,基因营养学可以帮助人们在确保日常饮食的营养均衡的同时,避免因不适合的食物选择而导致的健康问题。科学合理的饮食不仅能够帮助人们保持健康体重,还能改善皮肤状态、增强免疫力、提高体力和精力水平,从而全面提升生活质量。

4. 跨学科的合作与未来发展

基因营养学作为一个新兴领域,涉及遗传学、营养学、医学和数据科学等多个学科的合作。随着基因组学的快速发展和大数据分析技术的进步,未来基因营养学有望为更多人提供个性化的健康管理方案,推动全球健康管理的变革。科学家们正在深入探索如何将基因信息与生活方式、饮食习惯相结合，从而更全面地提升个体健康水平。

基因营养学通过揭示个体基因差异对食物反应的影响，为我们提供了一种全新的健康管理方式。通过对基因的精准分析，我们不仅能够获得个性化的饮食方案，还能有效预防和管理多种慢性疾病。基因营养学不仅为现代饮食文化带来了变革，也推动了个性化健康管理的时代进步，未来将为人类的健康提供更多科学、精准的指导。

二、个性化饮食的实现途径

随着科技的迅猛发展，个性化饮食逐渐成为现代健康管理的重要方向。个性化饮食是根据个体的遗传背景、生活习惯、健康状况等因素，为每个人量身定制的饮食方案。通过基因检测、血液测试等方法，个体可以获取有关其食物代谢、脂肪分解、糖代谢、维生素吸收等方面的信息，从而根据自己的生理需求选择最合适的食物和饮食方式。个性化饮食不仅能够帮助个体维持健康体重、提高健康水平，还能够有效预防或减缓慢性疾病的发生。

（一）基因检测帮助个体了解自身新陈代谢特征

基因检测是个性化饮食的重要工具，它通过解析个体的基因信息，揭示出个体在食物代谢、营养吸收等方面的遗传倾向。每个人的基因组信息是独一无二的，个体之间的基因差异决定了人们对不同食物的代谢和吸收方式。这些差异性为个性化饮食提供了科学依据，使得每个人能够根据自己的基因特点，选择最适合的饮食方式。

1. 食物代谢与基因的关系

食物的代谢过程涉及身体如何消化、吸收和利用食物中的营养成分。基因在这一过程中发挥着关键作用，决定了个体的食物代谢能力。例如，某些人的基因可能使他们在处理碳水化合物或脂肪时效率更高，而另一些人可能由于基因差异，导致食物代谢的效率较低。通过基因检测，个体可以了解自己在食物代谢方面的特点，从而优化食物摄入，避免因代谢不良引起的健康问题。例如，某些人可能容易将多余的糖分转化为脂肪，增加肥胖的风险，而通过合理调整饮食（如低糖饮食），可以有效降低此类风险。

2. 脂肪分解与基因的关系

脂肪分解能力的差异是导致个体在体重管理上出现差异的一个重要因素。基因决定了人们的脂肪储存和分解方式。例如，某些人可能由于基因变异，天生更容易储存脂肪，尤其是在腹部区域，而另一些人则可能有更高效的脂肪分解机制。这一差异使得同样的饮食和运动计划对不同个体产生不同效果。通过基因检测，个体可以知道自己是否倾向于脂肪储存型，进而通过调整饮食习惯（如减少高脂肪食物的摄入）来避免脂肪积累，从而控制体重和维持健康。

3. 糖代谢与基因的关系

糖代谢是体内最为复杂且最为关键的生理过程之一，涉及胰岛素的分泌、糖的吸收与利用。基因决定了人们对糖分的代谢能力。某些人可能由于基因突变，导致胰岛素的分泌不足或对胰岛素的反应较差，这可能使得他们更容易出现高血糖、胰岛素抵抗甚至糖尿病等问题。基因检测可以揭示出个体在糖代谢方面的潜在问题，帮助人们通过调整饮食〔如减少精细碳水化合物的摄入、增加低 GI（血糖生成指数）食物的摄入〕来保持血糖的稳定，从而预防糖尿病等代谢性疾病。

4. 维生素吸收与基因的关系

每个人的维生素吸收能力也与基因密切相关。例如，某些人可能由于基因变异，无法有效吸收某些维生素，如维生素 D、维生素 B12 等，导致其容易缺乏这些营养素。通过基因检测，个体可以了解自己在维生素吸收方面的潜在问题，从而调整饮食和补充剂的使用。例如，如果基因检测表明某人对维生素 D 的吸收能力较差，那么他可能需要增加含维生素 D 的食物摄入，如深海鱼类、蛋黄等，或通过补充维生素 D 来满足身体的需求。

（二）定制饮食建议帮助消费者调整日常饮食习惯

个性化饮食的实现不仅依赖于基因检测，还可以通过血液测试等其他方法帮助消费者获取针对性的饮食建议。这些测试可以检测个体体内的营养素水平、代谢情况以及潜在的健康问题，为制定个性化的饮食计划提供科学依据。

1. 血液测试与饮食建议

血液测试是获取个体健康状况的重要方式。通过血液测试，科学家可以检测出血液中的各种营养成分、激素水平以及糖、脂肪等代谢产物。例如，血糖水平、胆固醇、维生素D、铁、钙等在血液中的浓度可以反映出个体的营养状况。根据这些测试结果，营养师可以为个体提供个性化的饮食建议，如增加某些营养素的摄入、减少某些食品的食用等。这些测试帮助个体了解自己在营养方面的不足，从而有针对性地进行调整，确保体内各项营养素的平衡，优化健康水平。

2. 基因测试与健康风险评估

基因测试是个性化饮食方案的基础，它能够为消费者提供一个全面的健康风险评估。例如，基因测试可以揭示个体是否易患心血管疾病、糖尿病、某些类型的癌症等慢性病的风险。通过基因测试，消费者可以了解自己在生活方式、饮食习惯和遗传因素方面的风险，并据此作出改变。例如，如果基因测试显示某人有较高的心脏病风险，那么他可能需要增加含 $\omega-3$ 脂肪酸的食物摄入，减少饱和脂肪的摄入，从而降低心血管疾病的风险。

3. 定制化饮食方案的制定

基于基因测试和血液测试的结果，营养师可以为个体量身定制饮食方案。这些饮食方案不仅根据个体的健康状况、基因信息，还考虑到日常活动水平、生活方式、饮食偏好等因素。通过这种量身定制的饮食方案，个体能够根据自己的遗传特点和健康需求选择最适合的食物，避免不适合的食物成分，优化健康。例如，针对基因上有乳糖不耐症的人群，可以推荐无乳糖的食品；对于有肥胖基因的人群，可以建议高纤维、低脂肪、低糖的饮食。

4. 慢性疾病预防与个性化饮食

个性化饮食的最终目标是通过科学合理的饮食方案，帮助个体预防慢性疾病的发生。随着基因检测和血液测试技术的普及，人们可以更清楚地了解自己是否容易患上高血压、糖尿病、心脏病等慢性病，并根据自己的遗传特点和健康风险，调整饮食结构。个性化饮食可以减少慢性病的发生，延长寿命，提高生活质量。随着人们对个性化饮食的重视，慢性病的预防将不再依赖于单一的饮食模式,而是通过精准的健康管理来实现。

个性化饮食的实现途径已经不再仅仅是一个理论概念,现代科技的发展使得这一概念变得越来越可行。通过基因检测、血液测试等科学手段,消费者能够根据自己的遗传信息、健康状况和代谢需求,制定个性化的饮食方案。这不仅帮助个体优化健康水平、保持健康体重,还能有效预防慢性疾病的发生。随着个性化饮食的普及,人们将能够根据自己的独特生理特点,选择最适合的饮食方式,迈向更加健康、长寿的生活。

三、基因与饮食的关系:个性化饮食的应用

随着个性化健康管理理念的普及,基因与饮食之间的关系逐渐成为人们关注的重点。个体的基因差异影响了人们对食物的代谢、吸收和利用效率,从而决定了不同人在面对相同饮食时的健康反应。通过基因分析,营养专家能够设计出适合个体的饮食方案,从而帮助个体预防与饮食相关的慢性疾病,优化健康状况。个性化饮食方案的应用不仅仅是饮食学的创新,更是精准医学和营养学结合的产物,能够根据每个人独特的基因特征量身定制最合适的饮食方案,以最大化健康效果。

(一)个性化饮食方案可以预防与饮食相关的慢性病

现代营养学认为,饮食与健康之间的关系不仅仅是基于食物的热量和营养成分,还涉及基因如何调控这些成分在体内的吸收、代谢和利用。每个人的基因组不同,这意味着个体在面对相同的食物时,可能会表现出完全不同的反应。通过基因检测,能够识别出个体在饮食代谢过程中的特点,从而为其量身定制饮食方案,有效预防肥胖、糖尿病、心血管疾病等与饮食相关的慢性病。

1. 基因在肥胖中的作用

肥胖是全球范围内日益严重的健康问题,它不仅影响外貌,更是多种慢性病的高危因素,如心脏病、糖尿病、癌症等。遗传因素在肥胖的发生中起着重要作用,研究表明,一些基因变异会影响食物摄入、能量消耗、脂肪储存等生理过程。例如,FTO基因被认为是与肥胖风险密切相关的基因之一,这一基因的变异可能使得个体对食物的饥饿感更强,从而容易摄

入更多的食物，导致体重增加。通过基因检测，专家可以识别出个体是否携带这些基因变异，并为其量身设计低热量、高蛋白、低糖的饮食方案，以控制体重和减少肥胖风险。

2. 基因与糖尿病的关系

糖尿病，特别是 2 型糖尿病，是一种与饮食密切相关的慢性病。研究发现，糖尿病的发生与个体的遗传易感性有很大关系，某些基因变异会导致个体的胰岛素分泌和胰岛素敏感性发生变化。比如，TCF7L2 基因的变异会增加糖尿病的风险，这些变异可能导致胰岛素分泌不足或胰岛素作用效果不佳。根据基因分析，饮食专家可以为糖尿病高风险个体制定特定的饮食方案，如减少高血糖生成指数（GI）食物的摄入、增加低碳水化合物、低糖分的食物，从而帮助降低血糖波动，延缓糖尿病的发生。

3. 基因与心血管疾病的关系

心血管疾病是导致全球死亡率升高的主要原因之一。饮食对心血管健康的影响已经得到了广泛的关注，尤其是饱和脂肪、反式脂肪、盐和糖等摄入量的管理。某些基因变异可能导致个体对这些不健康食物成分的敏感度增加，从而提高心血管疾病的风险。例如，APOE 基因与血脂水平密切相关，APOE 基因的某些变异类型可能导致个体更容易积聚胆固醇，从而增加动脉硬化和心脏病的风险。通过基因检测，专家可以为携带这些基因变异的个体制定低胆固醇、低脂肪的饮食计划，并推荐富含纤维和 ω-3 脂肪酸的食物，以降低心血管疾病的发生风险。

（二）基因突变与高血压或糖尿病

基因差异不仅仅决定了人们对脂肪、碳水化合物等宏量营养素的代谢，还对微量元素如盐和糖的代谢产生影响。现代基因营养学揭示了某些基因变异如何增加个体对高盐、高糖饮食的敏感性，进而引发一系列健康问题，如高血压、糖尿病等。通过基因分析，饮食专家可以为个体提供更加个性化的饮食方案，帮助他们避免这些健康问题。

1. 基因与高盐敏感性的关系

高盐摄入是高血压的主要诱因之一，然而并非所有人对盐的摄入都表现出相同的反应。研究发现，某些基因变异会使得个体对钠的敏感性增高，长期高盐饮食可能导致他们出现高血压。例如,某些人携带的 AGT 基因变异,可能使其在摄入过多钠时血压上升更为明显。对于这些基因突变的人群,饮食专家建议低盐饮食,并增加钾、钙等矿物质的摄入,以帮助降低高血压的风险。

2. 基因与高糖敏感性的关系

高糖饮食已被证明与肥胖、糖尿病等健康问题密切相关。然而,一些人可能比其他人更容易因为糖的摄入而出现血糖升高和胰岛素抵抗。某些基因变异,尤其是在与胰岛素作用相关的基因中,可能导致个体在摄入糖分后产生较大的血糖波动。例如,某些基因变异会影响胰岛素的分泌或作用,从而使个体在摄入高糖食物后更容易发展为 2 型糖尿病。对于这些基因背景的人群,基因营养学的应用可以帮助制定低糖饮食方案,减少糖的摄入,并通过增加膳食纤维的摄入来优化糖代谢。

3. 饮食干预的个性化方案

通过基因检测,消费者可以明确知道自己对高盐、高糖食物的敏感性,从而帮助饮食专家为其制定个性化的饮食干预方案。例如,对于基因敏感的人群,可以减少含盐量高的加工食品、即食餐等的摄入,选择更多天然、低盐的食材;对于高糖敏感的人群,可以减少甜食、含糖饮料的摄入,选择低糖水果、富含膳食纤维的全谷物等。此外,个性化饮食还可以结合其他健康因素,如运动水平、生活习惯等,提供全面的健康管理方案。

个性化饮食的应用通过精准的基因分析和饮食建议,能够帮助个体针对其遗传背景、代谢特点、健康状况等因素进行饮食调整,从而有效预防和管理肥胖、糖尿病、心血管疾病等与饮食相关的慢性病。基因检测不仅揭示了人们在面对相同食物时的反应差异,还为饮食干预提供了科学依据。随着基因营养学的发展和个性化饮食方案的普及,越来越多的人能够在饮食中找到最适合自己的方式,帮助他们实现更好的健康管理和生活质量。这一科学的饮食方式标志着个性化健康管理的新时代,推动了全球饮食文化向更加健康、科学的方向发展。

四、基因营养学的挑战与前景

基因营养学作为一门新兴的学科，基于个体的基因组信息，探索营养与基因的相互关系，旨在提供个性化的饮食建议，以优化健康管理。然而，尽管这一领域的研究为个性化饮食和健康管理提供了全新的视角，它也面临着诸多挑战。从基因与环境、生活方式等因素的复杂交互作用，到目前技术的局限性，基因营养学的普及与应用仍需要时间的积淀和进一步的研究突破。

（一）基因与环境、生活方式等因素的交互作用

基因营养学的基本假设是，个体的基因组成与其饮食需求、健康状态之间存在密切联系。然而，现实情况远比理论要复杂。基因与环境、生活方式等因素之间的交互作用使得我们无法仅凭基因信息来预测个体的健康需求和疾病风险。

例如，基因决定了一个人的代谢特征、营养吸收能力以及对某些食物的敏感性。然而，基因只是影响健康的一个方面，环境因素、饮食习惯、运动、心理状态等也在共同作用着个体的健康。例如，一个遗传上容易患高血糖的人，如果通过合理的饮食控制血糖，并保持规律的运动，可能会避免糖尿病的发生。相反，即便没有明显的基因易感性，长期的高糖饮食和缺乏运动也会增加糖尿病的风险。

此外，不同个体对相同食物的反应也可能有所不同。这种差异不仅源于基因的差异，也与个人的生活习惯、心理状态以及饮食背景密切相关。因此，仅仅依靠基因信息来为个体提供饮食建议，可能会忽略掉许多影响健康的关键因素。基因营养学的研究尚未能够完全解决如何将基因与这些复杂的非遗传因素相结合，从而为个体提供最精确的健康管理方案。

（二）技术限制与数据复杂性

基因营养学的另一个主要挑战是技术限制与数据复杂性。基因组学和大数据分析技术的进步为个性化饮食的研究奠定了基础，但目前的基因数据还未能提供足够的全面性和准确性。例如，虽然科学家已经识别出一些与营养吸收、代谢能力等相关的基因变异，但这些研究多集中于少数基因

位点，且结果的普适性仍然有限。

目前的基因组学研究多数依赖于大规模的基因关联研究（GWAS），这些研究揭示了某些基因变异与特定健康状态之间的关联。然而，许多复杂的健康问题，如肥胖、心血管疾病、糖尿病等，往往受多基因的调控，这些基因的相互作用极其复杂，现有的技术还无法完全解析这些关系。此外，基因的表达不仅受遗传信息的影响，还会受到环境、生活方式等多种因素的调控。因此，即使一个基因变异与某种健康状况有显著关联，如何准确地在个体水平上应用这些信息，仍然是一个难题。

另外，基因数据的解读也面临着挑战。即使通过高通量测序技术获取了大量的基因信息，如何将这些数据转化为具有实际指导意义的营养建议，仍需要大量的临床试验和科学验证。目前，很多基因营养学的研究依然停留在基础科学阶段，尚未形成成熟的实践方案。

（三）基因营养学的未来前景

尽管基因营养学面临挑战，但随着基因组学、数据分析和人工智能技术的不断进步，基因营养学的应用前景依然广阔。未来，基因营养学有望在个性化饮食和健康管理领域发挥重要作用。

一方面，随着基因组学研究的深入，科学家将能够识别更多与健康相关的基因变异，并揭示它们与饮食、营养吸收之间的关系。未来的研究可能会发现更加复杂的基因—环境—生活方式交互模式，为个体提供更加精准的饮食建议。例如，通过对一个人的基因组和环境因素的综合分析，未来的基因营养学有可能提供更加个性化的饮食方案，从而帮助人们避免多种慢性病，提升健康水平。

另一方面，数据分析和人工智能技术的快速发展为基因营养学的应用提供了强有力的支持。通过大数据和机器学习技术，科学家可以更加高效地分析庞大的基因组数据和健康数据，识别出不同基因型人群的饮食需求和健康风险。这将使得个性化饮食方案不仅仅停留在理论层面，而是能够在实际生活中得到广泛应用。例如，AI技术能够根据个人的基因信息、生活习惯以及环境因素，制定出更为精确的饮食计划，并根据个人的健康变化进行动态调整。

此外，基因营养学的未来还可能推动健康管理的整体变革。随着越来越多的人了解基因与健康的关系，个性化饮食和营养建议将成为大众健康管理的重要组成部分。未来，人们不仅可以通过基因检测获得自己的基因信息，还能根据这些信息获得个性化的饮食、运动和生活方式建议，从而实现更高效的健康管理。

基因营养学为个性化饮食提供了全新的视角，但也面临着许多挑战。从基因与环境、生活方式等因素的复杂交互作用，到当前技术的局限性，基因营养学的研究和应用仍需要克服众多难题。然而，随着基因组学、数据分析和人工智能技术的不断进步，基因营养学的前景仍然广阔。个性化饮食有望成为未来健康管理的重要趋势，帮助个体实现更加精确的健康优化和疾病预防。

第三节　数字化健康管理与饮食监控

随着科技的不断进步，数字化健康管理和饮食监控正在逐渐改变人们的健康管理方式。通过智能设备、健康追踪软件和移动应用程序等技术手段，消费者能够实时监控自己的饮食习惯和健康状况，从而更好地实现健康管理与饮食调控。

一、数字化健康管理的基本概念

在信息技术快速发展的今天，数字化健康管理已成为现代健康管理的重要趋势。它利用数字技术、智能设备以及先进的数据分析方法，帮助个体实现健康状况的实时监控和动态管理。这种创新的健康管理方式不仅提升了传统健康管理的效率，还大大增加了个体健康管理的参与度和精准度。通过数字化健康管理，个体能够更加便捷、实时地掌握自己的健康信息，从而作出更加科学和合理的健康决策。

（一）数字化健康管理的定义和核心要素

数字化健康管理指的是通过数字技术和工具，收集、存储、分析和反馈个人的健康数据，从而提供个性化的健康指导和服务。它通过现代的智能设备、可穿戴设备、移动应用程序以及云计算技术，使得健康管理更加智能化和数据化。与传统的健康管理方式不同，数字化健康管理强调实时监控、动态反馈和个性化干预。

在数字化健康管理体系中，核心的要素包括数据收集、数据分析和反馈机制。首先，健康数据的收集通常依赖于各种智能设备和可穿戴设备，如智能手环、智能手表、血压计、体重秤等，可以实时监测和记录人体的生理数据，如体温、血糖、心率、血压、运动量、睡眠质量等。这些设备通过无线连接将数据传输至移动应用或云平台进行存储和处理。其次，通过先进的数据分析技术，健康数据被整理成有用的健康信息，帮助个体了解自己的健康状况。最后，系统会通过反馈机制，为用户提供定制化的健康建议。这些反馈可以是实时提醒、健康报告、饮食和运动建议等，旨在帮助用户改善健康并预防疾病。

（二）**数字化健康管理与智能设备的关系**

数字化健康管理的核心在于智能设备的使用，这些设备能够实时跟踪和监测个体的各项生理指标，确保健康数据的实时性和准确性。例如，智能手环和智能手表可以监测运动量、心率、睡眠等数据，用户可以随时查看并了解自己的身体状态，及时发现健康问题。对于患有慢性病的个体，诸如血糖监测仪、血压计等设备能够帮助他们实时跟踪自己的健康指标，进行及时的干预和调整。

这些智能设备通常与手机或其他终端设备相连接，形成健康数据的集成管理平台。通过与健康管理应用程序的配合使用，用户不仅能实时查看自己的健康数据，还可以根据数据反馈得到个性化的健康建议。例如，智能手表可以根据运动量和心率数据，分析个体的运动健康状况，给出是否需要休息或增加运动量的建议。智能饮食管理应用则可以通过用户的饮食数据，提供营养成分分析，帮助用户合理搭配饮食。

（三）**饮食监控是数字化健康管理的重要组成部分**

在数字化健康管理中，饮食监控是一个不可忽视的重要组成部分。饮食与健康密切相关，正确的饮食习惯不仅能够提高免疫力，还能有效预防许多慢性病，如肥胖、糖尿病、心血管疾病等。因此，数字化饮食监控不仅能够帮助个体了解自己的饮食状况，还能通过科学的调整优化饮食结构，改善健康状况。

饮食监控的主要方式包括智能饮食记录、营养成分分析和饮食习惯评估。智能饮食记录通过食物扫描、条形码识别等方式，帮助用户记录每餐的食物和饮料摄入量。许多智能应用还提供了数据库，能够自动识别食物种类，并计算出每种食物的热量、营养成分等信息。这样，用户就可以轻松了解自己每日的食物摄入情况，为控制热量和调整营养结构提供依据。

此外，饮食监控中的营养成分分析是非常重要的一环。随着大数据技术的发展，越来越多的数字健康平台提供了详细的营养成分分析。通过收集用户的饮食数据，并对其进行分析，平台可以为用户提供详细的报告，指出他们在热量、蛋白质、脂肪、糖分等方面的摄入情况。这些分析报告可以帮助用户评估自己的饮食是否均衡，是否存在过多摄入某些营养成分或缺乏其他必要营养素的情况。用户可以根据这些分析结果，合理调整自己的饮食结构，从而达到更健康的饮食目标。

另外，数字化健康管理平台通常还提供饮食习惯评估功能。通过对用户长期饮食数据的分析，平台可以识别出用户的饮食习惯。例如，用户是否常吃高热量、高糖、高脂肪的食物，是否偏爱某些特定的饮食方式等。根据这些评估结果，平台可以为用户提供个性化的饮食建议，并帮助用户形成更健康的饮食习惯。

（四）数字化健康管理的优势与挑战

数字化健康管理相较于传统的健康管理方法，具有许多明显的优势。

一是数字化健康管理能够实现健康数据的实时监控。通过智能设备和移动应用，用户可以随时查看自己的健康数据，无需等待传统体检或医院诊断。这种即时反馈有助于用户及时发现健康问题并进行干预，尤其对于慢性病患者来说，这种实时监测可以有效防止病情恶化。

二是数字化健康管理通过大数据分析，能够提供个性化的健康指导。通过长期记录用户的健康数据，平台可以识别出个体的健康特点，为其提供量身定制的饮食、运动和生活方式建议。这种个性化的健康指导比传统的"一刀切"健康建议更具针对性和有效性。

然而，数字化健康管理也面临一些挑战。一方面，健康数据的隐私问题仍然是一个重要的隐患。个人健康数据涉及隐私信息，如何保证这些数据的安全性是数字健康管理平台需要解决的关键问题。另一方面，虽然数字化健康管理可以提供个性化建议，但用户的健康素养和对技术的适应能力也影响着其效果。对于一些老年人或不熟悉数字技术的人群，如何简化操作流程并提高其使用的便利性，仍然是一个需要关注的问题。

数字化健康管理作为一种新兴的健康管理方式，凭借其便捷性、实时性和个性化特点，正逐渐改变着人们的健康管理方式。通过智能设备、可穿戴设备和移动应用的支持，数字化健康管理能够实时监测个体的健康数据，提供个性化的饮食、运动和生活方式建议，帮助用户改善健康。然而，要充分发挥数字化健康管理的优势，还需解决数据隐私、安全性和技术适应性等问题。随着技术的不断发展和完善，数字化健康管理有望在未来成为主流的健康管理模式，帮助更多人实现更好的健康管理。

二、饮食监控的技术手段

随着现代科技的迅速发展，饮食监控已经不再是单纯的手工记录和传统的营养分析方法，数字化技术在饮食管理中的应用为人们提供了更便捷、更精准的健康监测方式。通过智能饮食记录、可穿戴设备和营养成分分析等技术手段，消费者能够实时了解自己的饮食情况，进行科学管理，进而优化饮食习惯，改善健康水平。

（一）智能饮食记录

智能饮食记录作为数字化饮食监控的核心技术之一，通过智能手机应用程序，极大地简化了传统饮食记录的复杂过程。过去，人们常常需要手动记录每一餐的食物种类和摄入量，这不仅费时费力，而且容易因记忆疏漏或计算错误而影响数据的准确性。而智能饮食记录应用程序则通过自动化和智能化的方式，解决了这些问题，使饮食监控更加高效和便捷。

智能饮食记录的工作原理主要依赖于食物数据库、条形码扫描和语音识别等技术。消费者只需拍摄或扫描食物条形码，应用程序便可以自动识别食物种类及其营养成分，并记录其热量、蛋白质、脂肪等数据。如果用户无法通过条形码扫描提供食物信息，也可以通过手动输入或拍照的方式记录食物，系统利用先进的图像识别技术进行食物识别，进一步提升记录的准确性。某些智能饮食应用还能够根据用户的个人健康目标（如减肥、增肌、保持健康体重等）提供个性化的饮食建议，帮助用户调整饮食结构，以更好地实现健康目标。

此外，智能饮食记录应用的一个重要功能是数据分析。通过记录和整理用户的饮食数据，应用程序能够分析用户的热量摄入、营养成分配比，并提供详细的报告，帮助用户了解自己的饮食习惯。例如，系统可能会提醒用户某一天摄入的糖分或脂肪超过了推荐摄入量，并提供如何调整饮食的建议，帮助用户避免营养过剩或不足。通过长期的数据积累，智能饮食记录应用还能够帮助用户形成健康的饮食习惯，提高自我管理的能力。

（二）可穿戴设备帮助实时监控与饮食结合

除了智能手机应用外，可穿戴设备也在饮食监控中扮演着越来越重要的角色。可穿戴设备，如智能手表、健康手环等，不仅能够实时监测用户的运动量、热量消耗、心率、血压等生理数据，还能够将这些数据与饮食习惯相结合，提供更加全面的健康管理方案。它们通过精准的传感器和智能算法，帮助用户了解自己的健康状况，并通过实时反馈促使其作出相应的饮食调整。

例如，智能手表通过持续监测心率、运动量和睡眠质量，可以帮助用户了解自己的健康状况。结合用户的饮食记录数据，设备可以提供运动和饮食的综合建议。例如，如果用户当天运动量较低，系统可能会提醒用户增加运动量并调整饮食，避免因热量摄入过多而导致体重增加。而如果用户进行了较为剧烈的运动，系统则会根据运动消耗的热量建议适当增加食物摄入，以确保身体所需的能量得到满足。

此外，某些可穿戴设备还具备体脂测量、血糖监测等功能，能够帮助用户实时监控身体成分的变化。例如，连续血糖监测系统能够帮助糖尿病患者或有糖尿病风险的个体监控血糖波动，结合饮食数据，可以有效避免餐后血糖过高或过低的情况，从而更好地控制饮食，维持健康的血糖水平。通过与智能饮食记录系统相结合，可穿戴设备不仅能够提供运动和健康数据，还能为用户提供更加个性化的饮食建议，帮助其在日常生活中维持健康的体重和良好的生理状态。

（三）图像识别技术做好营养成分分析

随着图像识别技术的进步，营养成分分析已经迈向了更加智能化的阶段。过去，营养分析通常需要通过手动输入食物成分或查询食品标签来实现，既繁琐又容易出错。而如今，消费者可以通过拍摄食品照片，利用图像识别技术实时获取该食物的营养成分数据。这一技术的应用极大提高了食品识别和营养分析的效率，使得消费者可以更加方便地了解自己所摄入的每一种食物的热量、蛋白质、脂肪、糖分等成分。

图像识别技术的工作原理是基于深度学习和大数据算法。通过大规模的食品数据库和机器学习模型，图像识别系统能够识别不同种类的食物，并快速提取其营养成分。消费者只需简单地用手机拍摄食品的照片，系统便能够自动识别食物的种类，并计算出其营养成分。某些先进的图像识别应用还能够根据照片的细节，准确分析食物的分量，并计算出其精确的热量和营养成分。这样，消费者可以更加轻松地掌握每餐的热量摄入，避免因估计错误而导致热量超标或营养不均衡。

此外，图像识别技术还能够帮助消费者在外出就餐时更方便地记录食物。许多餐厅的菜单中并未明确标示食物的热量和营养成分，而图像识别技术通过拍摄食物照片，能够帮助消费者在外出就餐时进行快速的营养分析，帮助他们作出更合理的饮食选择。通过长期的饮食记录和数据分析，用户可以逐渐建立起对自己饮食模式的全面了解，进而优化饮食结构，保持健康的体重和身体状态。

（四）技术手段的优势与挑战

饮食监控的技术手段带来了许多便利，特别是在个性化健康管理和饮食优化方面，提供了前所未有的可能性。通过智能饮食记录、可穿戴设备和营养成分分析等技术，用户可以更加清晰地了解自己的饮食习惯、运动状况以及健康数据，从而作出更科学的健康决策。这些技术不仅使饮食管理更加便捷和高效，还帮助用户避免了过度依赖传统经验的局限，提升了健康管理的精准度。

然而，尽管这些技术带来了许多优势，仍然存在一些挑战。一方面，数据的准确性和隐私问题仍然是消费者关注的焦点。智能饮食记录和图像识别技术虽然便捷,但其识别精度和数据分析的准确性也有待提升。例如,某些图像识别系统可能无法准确识别食物的种类或分量,导致营养分析出现误差。另一方面,虽然这些技术可以帮助用户监控饮食并调整习惯,但并非所有消费者都能充分理解和有效利用这些技术。对于一些缺乏技术使用经验的人群,如何降低技术的使用门槛,提高其接受度和适应能力,也是亟待解决的问题。

饮食监控的技术手段为现代人提供了便捷、高效的健康管理工具。通过智能饮食记录、可穿戴设备和营养成分分析等技术,消费者能够更好地监控自己的饮食状况,科学调整饮食结构,优化健康水平。然而,随着技术不断发展,如何提高数据的准确性、确保隐私安全,并提升技术的普及度和易用性,仍然是技术进步过程中需要关注的重要课题。未来,随着科技的不断创新和优化,饮食监控的技术手段将在帮助人们保持健康和改善生活质量方面发挥更大作用。

三、饮食管理与个性化健康建议

在现代社会中,人们越来越注重健康,而饮食作为维持健康的重要因素之一,已成为个体健康管理的核心。随着数字化健康管理技术的迅速发展,个性化饮食建议已经逐渐成为一种趋势。借助先进的数字工具和技术,消费者可以根据自身的健康数据,获得量身定制的饮食计划,从而达到改善健康、预防疾病,甚至优化体型的效果。个性化饮食管理不仅能帮助人们维持良好的健康状态,还能够根据每个人的健康目标、饮食习惯和身体特征提供更为精准的饮食指导。

(一)数字化健康管理中的个性化饮食建议

数字化健康管理的核心理念是通过收集和分析个体的健康数据,为用户提供个性化的健康方案。而在饮食管理中,个性化健康建议则是这一理念的重要体现。通过数字化技术,如智能设备、可穿戴设备、移动应用等,用户可以方便地记录自己的饮食、运动、睡眠等健康数据,并通过这些数据获得个性化的饮食计划和健康建议。

例如,许多饮食管理应用程序能够根据用户设定的健康目标(如减肥、增肌、维持体重等)来提供量身定制的饮食方案。如果用户的目标是减肥,系统会根据其个人信息（如年龄、性别、体重、身高、活动量等）计算出日常所需的热量摄入，并为其提供包含低卡路里、低脂肪、营养均衡的饮食计划。若用户的目标是增肌，系统则会根据用户的运动量和代谢需求，建议增加蛋白质和适量碳水化合物的摄入，以便更好地支持肌肉的生长。

个性化饮食建议不仅是基于健康目标的量化，还会考虑到每个个体的具体情况，包括遗传背景、健康历史、生活习惯等因素。例如，对于一些存在高血糖风险或患有糖尿病的人群，数字化健康管理系统会特别考虑食物的血糖生成指数（GI 值），并建议选择低 GI 值食物，以帮助控制血糖水平。而对于那些存在高血压问题的人群，系统则会建议减少钠盐的摄入，并增加钾、钙和镁等矿物质的摄入，以有助于血压的控制。

此外，某些先进的饮食管理应用还会通过与其他健康数据（如运动量、睡眠质量等）的结合，综合制定出更加完整的个性化健康方案。例如，结合可穿戴设备所提供的运动数据，系统能够根据用户的每日运动量调节其饮食计划，以确保用户能够保持所需的热量和营养素平衡，从而帮助其更好地达成健康目标。

（二）基于饮食监控数据的饮食调整与健康预防

数字化健康管理的另一大优势在于其对饮食监控数据的实时分析与反馈能力。通过智能饮食记录和其他健康监测工具，用户的饮食数据被实时收集，并与其健康目标、运动数据等信息相结合，为用户提供及时的饮食调整建议，确保其能够维持健康的饮食结构。

例如，系统可以在用户饮食记录中发现其摄入的某种食物成分超过了健康推荐值，并及时发出提醒。例如，若某用户的饮食记录显示其在一天内摄入了过多的糖分，系统会自动提醒用户糖分的过量摄入可能带来的健康风险（如增加肥胖、糖尿病等疾病的风险），并提供调整建议，如减少甜食或选择更健康的食物替代品。类似地，对于摄入过多脂肪、盐分或蛋白质等不平衡的情况，系统也会根据用户的健康状况和需求提出合理的调整建议，帮助其避免不良饮食习惯。

另外，基于饮食监控数据的分析，系统还能够帮助用户发现潜在的健康问题，提供早期预警。例如，对于长期摄入过多高盐食物的个体，系统可以结合用户的血压数据，提醒其注意高血压的风险，并建议减少盐的摄入量。同样，系统也能够帮助用户监控营养素的摄入情况，避免因某些营养素摄入不足而导致的健康问题，如缺乏维生素 D、钙、铁等，或因长期高蛋白摄入导致的肾脏负担过大。

饮食调整不仅限于食品种类的选择，还包括饮食结构的优化。数字化饮食管理系统能够根据用户的日常饮食数据，分析其整体饮食结构，发现其中的不足与不平衡。以此为基础，系统能够提供具体的饮食结构调整建议，比如增加蔬菜和水果的摄入，减少加工食品和高糖食物的摄入，或者合理搭配蛋白质、碳水化合物、脂肪等营养素的比例，从而帮助用户保持良好的营养平衡和健康状态。

（三）个性化饮食建议对健康管理的长远影响

随着数字化健康管理技术的发展，个性化饮食建议将会在预防和管理疾病方面发挥越来越重要的作用。在过去，饮食的管理往往依赖于普遍适用的健康饮食建议，忽视了个体差异。而通过个性化的饮食方案，数字化健康管理能够针对不同个体的特征提供量身定制的饮食指导，从而实现更加精确和有效的健康管理。

个性化饮食管理不仅有助于预防和控制各种慢性病（如糖尿病、高血压、肥胖症等），还可以帮助个体实现更高效的健康目标。对于有减肥需求的人群，个性化饮食方案能够根据其代谢速率、活动水平等因素提供科学的热量控制建议，有效帮助他们实现体重管理。对于希望增加肌肉或提高运动表现的人群，个性化饮食则能够提供支持肌肉生长的营养素摄入建议，如增加高蛋白食物的摄入，从而帮助他们达成增肌目标。

更重要的是，个性化饮食建议还能够帮助用户养成长期健康的饮食习惯。通过数字化健康管理，用户不仅能实现短期健康目标，还能在长期中保持健康饮食的习惯和意识。例如，系统会通过定期的健康报告提醒用户关注自己的饮食趋势和变化，从而促使其对健康饮食形成自觉的维护意识。而随着时间的推移，个性化饮食方案将更加精准地与用户的健康需求契合，帮助其维持理想的身体状态。

数字化健康管理为个体提供了前所未有的饮食管理能力。通过个性化的饮食建议，用户不仅能够根据自己的健康目标获得量身定制的饮食方案，还能基于饮食监控数据调整自己的饮食结构，避免不良饮食习惯的养成，从而实现疾病预防和健康管理的目标。随着技术的不断进步和个性化健康管理理念的普及，数字化健康管理必将在未来的健康管理领域发挥越来越重要的作用，帮助更多人实现健康的生活方式。

四、数字化健康管理的未来发展

随着技术的日新月异，数字化健康管理的未来充满了无限的可能性。大数据、人工智能（AI）和物联网（IoT）等技术的不断进步，为健康管理领域带来了革命性的变化。未来，数字化健康管理将不仅仅局限于监测和记录健康数据，更将通过智能化的数据分析和实时反馈，为个体提供更加精准、个性化的健康指导。同时，个性化医疗的崛起和基因分析技术的结合，也将使得健康管理更加精准，为用户提供量身定制的健康建议，开启个性化健康管理的新纪元。

（一）数字化健康管理：精准与智能化的未来

随着大数据、人工智能和物联网技术的持续发展，数字化健康管理将变得更加精准和智能。大数据技术能够收集和分析大量的健康信息，包括生理数据、行为数据、环境数据等，这些数据的整合不仅可以为健康管理提供强有力的支持，还能通过深度学习和模式识别技术挖掘出个体健康问题的潜在风险，从而为个体提供更加精准的健康预警和干预建议。

例如，未来的健康管理系统能够通过与多个智能设备（如可穿戴设备、智能家居设备等）的连接，实时获取个体的健康数据。这些数据包括体重、心率、睡眠质量、运动量、血糖、血压等，甚至环境因素如空气质量、温度和湿度等信息。通过对这些数据的综合分析，数字化健康管理平台可以实时监控个体的健康状况，精准预测可能的健康问题，并在问题发生之前提供预警和干预建议。

在饮食管理方面，未来的数字化健康系统将不仅仅通过记录和分析食物的摄入量来提供饮食建议，还将结合个体的运动数据、睡眠数据和其他健康数据，给出更为全面和个性化的饮食调整方案。例如，如果系统检测到某个用户的运动量减少并且睡眠质量下降，它可以结合用户的饮食记录，建议增加某些营养素的摄入（如增加高蛋白食物以增强能量）或调整食物种类，以提高睡眠质量或恢复体力。这种智能化的饮食管理系统，能够根据实时数据和动态变化，精准满足用户的健康需求。

人工智能的引入也将大大提升健康管理的智能化水平。AI 可以帮助健康管理系统进行大规模数据分析，预测潜在的健康风险，并通过自然语言处理和语音识别技术，使得用户与健康管理系统的互动更加自然和高效。AI 还能够根据个人的健康历史、基因背景和行为习惯，生成个性化的健康报告和建议，实时调整饮食和生活方式，以帮助用户达到最佳健康状态。

（二）个性化医疗与基因分析的结合

随着基因组学的进步，基因分析在健康管理中的应用已经逐渐成为可能。未来，数字化健康管理系统将能够结合个体的基因信息，为用户提供更为精准的健康管理方案。个性化医疗和基因分析的结合，意味着数字化健康管理将不仅仅关注传统的生活方式、饮食习惯和运动情况，还将深入到基因层面，为个体提供定制化的健康指导。

基因组学的研究表明，不同个体对某些食物的反应、营养素的吸收、代谢的能力等都受到基因的影响。因此，数字化健康管理系统将能够通过基因检测获得个体的基因数据，并根据这些数据提供更加精准的饮食建议。例如，某些人可能因基因变异而更容易摄入脂肪或糖分过多而导致体重增加，系统可以根据这一点，建议其减少高脂肪或高糖食物的摄入，从而有效预防肥胖和其他相关疾病。对于具有高风险心血管疾病的个体，基因数据将帮助系统更好地评估其心血管健康，并提供相应的饮食和生活方式调整建议。

此外，基因分析还将帮助个体更好地理解自己在药物反应、代谢速率、抗氧化能力等方面的个体差异。例如，一些基因变异可能导致某些人对咖啡因或酒精的代谢能力较弱，系统可以根据这些信息提供个性化的饮食和生活方式建议，帮助个体避免摄入过多的刺激性物质，从而减少对健康的负面影响。

个性化医疗与基因分析的结合，不仅能够帮助人们预防疾病，还能够在治疗过程中提供个性化的支持。未来，基因检测技术将与电子健康记录系统、人工智能和大数据分析相结合，使得医生和健康管理平台能够在治疗过程中根据个体的基因背景，为患者量身定制药物和治疗方案。这一发展不仅能够提高医疗效果，还能够减少药物副作用，改善患者的生活质量。

(三)数字化健康管理的普及与挑战

尽管数字化健康管理的前景广阔,但在其普及和应用过程中仍面临着一定的挑战。首先,数据隐私和安全问题是人们对数字化健康管理最大的关注点之一。健康数据涉及个人的隐私信息,因此如何保护用户的健康数据安全,防止信息泄露和滥用,是数字健康管理平台需要解决的关键问题。随着技术的不断进步,加密技术、区块链技术等将可能成为保障数据安全的重要手段,确保用户的数据得到充分保护。

其次,虽然大数据、人工智能和物联网技术的应用在数字化健康管理中起到了至关重要的作用,但如何让这些技术为普通用户提供更加友好的使用体验,仍然是一个值得关注的问题。很多健康管理平台在数据处理和健康建议上过于复杂,普通用户可能会因操作困难或理解障碍而放弃使用。因此,数字化健康管理系统需要更加注重用户体验,通过简化操作流程、优化界面设计和提供智能化的反馈,使得普通用户能够更轻松地使用和理解系统。

最后,数字化健康管理的普及还面临技术和成本的问题。虽然大部分技术已经进入成熟阶段,但如何确保这些技术能够广泛普及并以低成本应用,仍是实现全面健康管理的重要课题。在一些发展中地区,由于基础设施建设的不足和技术的普及率较低,数字化健康管理系统的应用仍面临较大障碍。因此,推动数字健康技术的普及,尤其是为低收入群体提供平价的健康管理工具,将是未来发展的一个重要方向。

数字化健康管理的未来将会变得更加精准、智能和个性化。通过大数据、人工智能、物联网技术的结合,未来的健康管理系统能够实时监控个体的健康状况,并为其提供个性化的饮食、运动和疾病预防建议。同时,基因分析技术的引入将使得健康管理更加精细化,其能够根据个体的基因背景、健康历史和生活习惯提供定制化的健康方案。尽管面临一些挑战,如数据隐私问题和技术普及问题,但随着技术的不断进步和完善,数字化健康管理必将迎来更加广阔的发展前景,成为未来健康管理的重要组成部分,帮助人们实现更加科学、个性化的健康管理。

参考文献

［1］乔淑英．中国饮食文化概论［M］．北京：北京理工大学出版社，2011．

［2］杜莉．中西饮食文化比较［M］．成都：四川科学技术出版社，2020．

［3］张先锋，高颖．中国饮食文化概论［M］．武汉：华中科技大学出版社，2022．

［4］青闰．饮食文化［M］．合肥：中国科学技术大学出版社，2021．

［5］王仁湘．至味中国：饮食文化记忆［M］．郑州：河南科学技术出版社，中原出版传媒集团，中原传媒股份公司，2022．

［6］逯耀东．肚大能容：中国饮食文化散记［M］．北京：生活·读书·新知三联书店，2021．

［7］白宁．饮食素养 从饮食文化到营养安全［M］．北京：中国纺织出版社，2020．

［8］陈云度．饮食文化与城市风情：饮食［M］．兰州：兰州大学出版社，2019．

［9］冯玉珠．饮食文化旅游开发与设计［M］．杭州：浙江工商大学出版社，2017．

［10］高成鸢．饮食之道：中国饮食文化的理路思考［M］．济南：山东画报出版社，2008．

［11］王莉莉．宴时梦幻 饮食文化美学谈［M］．北京：北京燕山出版社，1993．

［12］张卉．中国历代流行饮食［M］．南京：江苏人民出版社，2024．

［13］侯永华，黄玉洁．中华传统文化三十六讲［M］．郑州：文心出版社，2023．

［14］南志刚，等.浙东文化与秦晋文化比较研究［M］.杭州：浙江大学出版社，2017.

［15］（元）贾铭.中华烹饪古籍经典藏书 饮食须知［M］.北京：中国商业出版社，2020.

［16］杨艾军，丁建民.茶马古道餐饮文化［M］.昆明：云南人民出版社，2012.

［17］〔马来西亚〕陈志明.东南亚的华人饮食与全球化［M］.公维军，孙凤娟，译.厦门：厦门大学出版社，2017.

［18］姚伟钧.中国饮食礼俗与文化史论［M］.武汉：华中师范大学出版社，2008.

［19］〔德〕贺东劢.五味之地 中国的饮食文化［M］欧晓蕾译.上海：上海文化出版社，2015.

［20］李扬.走进田野 民俗文化调查札记［M］.青岛：中国海洋大学出版社，2021.

［21］赵荣光.中国饮食文化史［M］.上海人民出版社，2006.

［22］杜莉，孙俊秀，高海薇，等.筷子与刀叉：中西饮食文化比较［M］.四川科学技术出版社，2007.

［23］杨保求，李述刚，张娜.番茄汁巴旦木复合饮料的研制［J］.塔里木大学学报，2008（8）：3.

［24］张娜，鲍亚莉，汪燕，等.赤霉素对采后圆脆红枣保鲜效果的初步研究［J］.食品工业，2012（12）：3.

［25］李述刚，侯旭杰，张娜，等.发酵型巴旦杏、花生复合酸乳冰淇淋的研制［J］.食品科学，2007，28（1）：3.